Conversations avec Dieu

Un dialogue hors du commun

Tome 2

Neale Donald Walsch

Traduit de l'américain par Michel Saint-Germain

Ariane Éditions

Titre anglais original :
Conversations with God, an uncommon dialogue, book 2
©1997 by Neale Donald Walsch
Publié par Hampton Roads Publishing Company Inc.
134 Burgess Lane, Charlottesville, VA, 22902 USA

©1997 pour l'édition française
Ariane Éditions Inc.
1209, Bernard O., bureau 110
Outremont, Qc., Canada H2V 1V7
514/276-2949 * Fax : 514/276-4121
Site internet : www.Mlink.net/ ~ Ariane
Courrier électronique : Ariane@Mlink.net

Révision : Marielle Bouchard, Réjeanne Dupuis, Jeanne Barry
Mise en page : Ariane Éditions
Illustration de la page couverture : Louis Jones
The Louis & Susan Jones Art Gallery,
999 Waterside Dr., Norfolk, VA, USA 23510
Graphisme : Carl Lemyre

Première impression : août 1997

ISBN : 2-920987-22-4
Dépot légal : 3e trimestre 1997
Bibliothèque nationale du Québec
Bibliothèque nationale du Canada
Bibliothèque nationale de Paris

Diffusion
Québec : L'Art de S'Apprivoiser - 514/929-0296
France : D.G. Diffusion - 05.61.62.63.41
Belgique : Rabelais - 22.18.73.65
Suisse : Transat - 23.42.77.40

Imprimé au Canada

Pour
Samantha
Tara-Jenelle
Nicholas
Travis
Karus
Tristan
Devon
Dustin
Dylan

*Vous m'avez donné bien plus
que je ne vous ai jamais donné.
Je n'ai pas été le père que j'avais espéré être.
Mais attendez. Nous n'avons pas fini.
C'est un travail en cours.*

Remerciements

Comme toujours, je tiens avant tout à remercier Ce Qui Est Toutes Choses, la Source de tout, y compris ce livre. Comme moi, certains d'entre vous préfèrent l'appeler Dieu, mais peu importe le nom que l'on donne à La Source, Elle était, est et sera toujours La Source Éternelle, au-delà même de l'éternité.

Deuxièmement, je veux reconnaître le fait d'avoir eu des parents merveilleux, d'où a jailli la réserve de vie que Dieu m'a donnée et tant de mes souvenirs les plus importants. Ensemble, maman et papa formaient une équipe formidable. Ceux qui les ont observés à partir des coulisses ne seront peut-être pas tous d'accord, mais ils étaient tous deux très clairs là-dessus. Ils se surnommaient «Casse-pieds» et «Poison». Maman trouvait papa «casse-pieds» et papa disait que maman était un «poison» auquel il ne pouvait résister.

Anne, ma mère, était une personne extraordinaire; c'était une femme d'une compassion infinie, d'une profonde intelligence, d'une clémence calme et infinie, d'une douce sagesse et d'une foi constante en Dieu. Sa foi était si forte que, quelques instants avant sa mort, le nouveau et jeune prêtre qui lui avait administré les derniers rituels de l'Église catholique romaine (et qui était carrément nerveux) est venu me souffler à l'oreille, tremblant d'admiration: «Mon Dieu, même de son lit de mort, elle était en train de me réconforter.»

Le plus grand hommage que je puisse faire à maman, c'est de dire que cela ne m'a pas étonné.

Mon père, Alex, n'avait pas beaucoup des grâces accordées aux êtres plus doux. Bourru, il avait tendance à tempêter; il pouvait être parfois si abrasif que c'en était gênant. Certains disent qu'il était souvent cruel, surtout envers ma mère. Je ne veux pas le juger pour cela (ni pour quoi que ce soit d'autre). Ma mère refusait aussi de le juger ou de le condamner (bien au contraire, elle le louangeait, même dans ses dernières paroles), et je ne peux imaginer à quoi pourrait me servir d'ignorer son exemple en m'abaissant à cela.

Pour le reste, papa avait un tas de traits énormément positifs, des traits que maman n'a jamais perdus de vue. Il avait, entre autres, une foi inébranlable dans le fait que rien ne peut dominer l'esprit humain, et il était très clair pour lui que, pour changer une situation, il ne servait à rien de se plaindre; il fallait au contraire assumer un leadership. Il m'a enseigné que je pouvais accomplir n'importe quoi si j'étais suffisamment déterminé. Sa femme et sa famille pouvaient compter sur lui et l'ont fait jusqu'à la toute fin. Il était l'incarnation absolue de la loyauté, de l'absence d'indécision : au contraire, il prenait toujours position, refusait d'accepter un refus de la part d'un monde qui en avait découragé tant d'autres. Aux forces antagonistes les plus puissantes, il opposait son mantra : «Ah, ce n'est rien». J'ai utilisé ce mantra dans tous les moments pénibles de ma vie. Il a été efficace à chaque fois.

Le plus grand hommage que je puisse faire à papa, c'est de dire que cela ne m'a pas étonné.

Entre mon père et ma mère, j'ai senti un défi à relever et un appel vers un endroit de suprême confiance en moi-même et d'amour inconditionnel pour tous les autres. Quel tandem!

Dans mon livre précédent, j'ai remercié d'autres membres de ma famille et de mon cercle d'amis dont l'apport envers moi a été énorme et l'est encore. Je tiens ici à remercier deux personnes extraordinaires qui sont arrivées dans ma vie suite à la parution du premier livre et qui ont eu un énorme impact sur ma vie :

Le docteur Leo et madame Letha Bush... qui m'ont montré au quotidien que c'est dans des moments de bienveillance désintéressée envers la famille et les proches, de souci envers les amis, de gentillesse pour ceux qui sont dans le besoin, d'hospitalité envers tous, de foi et d'amour durables l'un pour l'autre, qu'on trouve les plus grandes récompenses de la vie. Ils m'éclairent et m'inspirent profondément.

De même, je veux remercier certains de mes autres maîtres,

des anges spéciaux que Dieu m'a envoyés pour m'apporter un message particulier qui, j'en suis convaincu à présent, avait de l'importance pour moi. Certains d'entre eux m'ont touché personnellement, certains de loin, et certains d'un point de la Matrice si éloigné qu'ils ne savent même pas (à un niveau conscient) que j'existe. Néanmoins, leur énergie a été reçue ici, dans mon âme. Par ces êtres, en cette vie présente, j'ai reçu des cadeaux et des bienfaits :

Dolly Parton... dont la musique, le sourire et la personne entière ont gratifié tout un pays et si souvent réjoui mon cœur, même lorsqu'il était brisé et que j'étais sûr qu'il ne retrouverait plus jamais la joie. Ça, c'est de la magie.

Terry Cole-Whittaker... dont l'esprit, la sagesse, la finesse, la joie de vivre et l'honnêteté absolue ont incarné pour moi un exemple et un modèle depuis le jour où je l'ai rencontrée. Grâce à elle, des milliers de gens ont vécu une croissance, une amélioration et un regain de vitalité.

Neil Diamond... qui a atteint les profondeurs de son âme et de la mienne par son sens artistique, et touché l'âme d'une génération. Son talent, ainsi que la générosité d'émotions avec laquelle il l'a partagé, est monumental.

Thea Alexander... qui a osé, à travers ses écrits, m'éveiller à la possibilité d'exprimer l'affection humaine sans limite ni méchanceté, ni intentions cachées, ni jalousies amères, ni besoin d'explications. Elle a rallumé dans le monde l'esprit remuant de l'amour sans limite et de notre désir le plus naturel de célébration sexuelle, lui rendant son caractère merveilleux, sa beauté et son innocente pureté.

Robert Rimmer... qui a fait exactement la même chose.

Warren Spahn... qui m'a enseigné que l'atteinte de l'excellence, dans tous les domaines de la vie, veut dire poser les normes les plus élevées et refuser d'en redescendre; exiger le meilleur de soi-même, même lorsque le fait d'accepter moins que cela passerait presque inaperçu (surtout, peut-être, dans ce cas). Un héros sportif de premier ordre, un héros militaire essuyant le feu, et un héros dans la vie, dont l'engagement envers l'excellence n'a jamais chancelé, peu importe la somme de travail nécessaire pour y arriver.

Jimmy Carter... qui insiste courageusement pour jouer à la politique internationale sans jouer à la politique, mais à partir du cœur et de ce qu'il sait être vrai selon la Loi la plus élevée. Une bouffée d'air si frais que ce monde blasé sait à peine quoi en faire.

Shirley Maclaine... qui a montré que l'intellect et le divertissement ne s'excluent pas mutuellement; que nous pouvons nous élever au-dessus du primaire, du banal et du plus petit commun dénominateur. Elle insiste pour que nous puissions parler des choses plus grandes autant que des petites; des choses plus lourdes autant que des légères; des choses plus profondes autant que des superficielles. Elle se bat pour élever le niveau de notre discours et, ainsi, de notre conscience; pour utiliser de façon constructive son énorme influence sur le marché des idées.

Oprah Winfrey... qui fait exactement la même chose.

Stephen Spielberg... qui fait exactement la même chose.

George Lucas... qui fait exactement la même chose.

Ron Howard... qui fait exactement la même chose.

Hugh Downs... qui fait exactement la même chose.

Et Gene Roddenberry... dont l'Esprit peut entendre ceci à présent, et qui sourit... parce qu'il a ouvert la voie pour tant de ces choses; parce qu'il a relevé le pari; parce qu'il s'est rendu à la limite; parce qu'il est allé, vraiment, là où personne n'était allé avant.

Ces gens sont des trésors, comme nous tous. À la différence de certains d'entre nous, toutefois, ils ont choisi de donner le trésor de leur Soi à une échelle massive; de se livrer d'une façon immense; de tout risquer, de perdre leur intimité et de mettre à jamais leur monde personnel sens dessus dessous, afin de donner de ce qu'ils sont vraiment. Ils ne savaient même pas si le cadeau qu'ils avaient à donner serait reçu. Mais ils l'ont donné.

Je les remercie pour cela. Merci, vous tous. Vous avez enrichi ma vie.

Introduction

Ce document est extraordinaire.

C'est un message de Dieu, un projet de révolution sociale, pédagogique, politique, économique et théologique jamais vu et rarement imaginé sur cette planète.

Cette proposition est émise en rapport avec les désirs que nous avons énoncés en tant qu'habitants de la planète. Nous avons affirmé notre décision de créer une meilleure vie pour tous, d'élever notre conscience, de rechercher un monde plus neuf. Peu importe notre choix, Dieu ne nous condamnera pas mais, si c'est notre choix, Il voudra bien nous montrer le chemin. Il ne nous obligera pas, cependant, à accepter Ses suggestions. Ni maintenant, ni jamais.

Je trouve les paroles de ce livre à la fois captivantes, dérangeantes, stimulantes et édifiantes. Elles sont captivantes parce que l'envergure et l'étendue de leur portée me sidèrent. Elles sont dérangeantes parce qu'elles nous reflètent, moi-même et le reste de la race humaine, d'une façon très inquiétante. Elles sont stimulantes parce qu'elles me lancent un défi sans précédent. Oser être meilleur, oser être plus grand que jamais, oser être la Source d'un monde dans lequel la colère, la jalousie mesquine, la dysfonction sexuelle, l'injustice économique, les bêtises du système éducatif, l'inégalité sociale et le secret politique, les chicanes et les jeux de pouvoir ne feront plus jamais partie de l'expérience humaine. Elles sont réjouissantes parce qu'elles offrent l'espoir que tout cela est possible.

Pouvons-nous vraiment bâtir un tel monde? Dieu dit que oui et qu'il suffit de vraiment choisir de le faire.

Ce livre est un véritable dialogue avec Dieu. C'est le deuxième d'une série de trois rapportant une conversation avec la Déité. Elle a duré au moins cinq ans et se poursuit encore à ce jour.

Vous ne croirez peut-être pas que ce document vient vraiment de Dieu, et je ne vous demande pas de le croire. Tout ce qui compte pour moi, c'est que ce document lui-même ait une certaine valeur, apporte des idées, produise un éveil, déclenche un désir renouvelé ou amène un changement fructueux dans notre vie quotidienne sur la Terre. Dieu sait que quelque chose doit changer. Nous ne pouvons continuer comme nous l'avons fait jusqu'ici.

La trilogie des «*Conversations avec Dieu*» a débuté par la publication du Tome 1 en mai 1995. Ce livre, où il était surtout question de préoccupations personnelles, a changé ma vie. Il a changé bien des vies. En quelques semaines, il s'est vendu à un rythme renversant et sa distribution a atteint des niveaux époustouflants. À la fin de sa première année, il s'en vendait 12 000 exemplaires par mois, et ça ne faisait qu'augmenter. Bien entendu, l'«auteur» de ce livre n'était pas tout à fait un inconnu. Et c'est ce qui rendait ce document si intrigant et si fort.

Je suis profondément reconnaissant d'être engagé dans ce processus, un processus qui rappelle certaines grandes vérités à des milliers de personnes. Je ressens un plaisir et un bonheur personnel du fait que tant de gens aient trouvé une valeur à cette œuvre.

Je veux que vous sachiez qu'au départ, j'étais mort de frayeur. J'ai craint de passer pour un fou ravagé par des illusions de grandeur. J'ai eu peur que des gens, croyant que ce document avait véritablement été écrit sous l'inspiration divine, en suivent vraiment les conseils. Et pourquoi avais-je peur de cela? C'est simple. Je savais que tout ce que j'avais écrit pouvait bien être faux.

Puis, les lettres commencèrent à affluer. Des lettres de partout dans le monde. C'est alors que j'ai su. Au fond de moi, j'ai su. C'était bien. C'était exactement ce que le monde avait besoin d'entendre et exactement au bon moment!

(Bien entendu, il n'y a ni «bien» ni «mal», sauf dans le contexte de l'expérience relative de notre existence. Ce que je veux dire, c'est que le livre «tombait pile», dans le contexte de qui et de ce que nous voulons être sur cette planète).

À présent arrive le Tome 2 et je me rends compte que la peur me revient. Ce livre traite d'aspects plus vastes de nos vies individuelles, de considérations géophysiques et géopolitiques d'une envergure mondiale. Ce volume contiendra, je le soupçonne, beaucoup plus d'énoncés avec lesquels le lecteur moyen pourrait se trouver en désaccord. Alors, j'ai peur. J'ai peur que vous n'aimiez pas ce que vous allez lire ici. J'ai peur que vous réfutiez une partie de ce texte. J'ai peur de secouer un nid de guêpes, de provoquer une furie, de faire des vagues. Et une fois de plus, j'ai peur que tout cela soit faux.

Je ne devrais pas avoir ces craintes. Après tout, n'avais-je pas lu mon propre premier livre? Eh bien, ça y est. Mon humanité, encore. Voyez-vous, en rendant publiques ces transcriptions, je n'ai pas l'intention de secouer les gens. Je veux vous transmettre honnêtement et directement ce que Dieu m'a communiqué en répondant à mes questions. Comme j'ai promis à Dieu de rendre publiques ces conversations, je ne peux rompre ma promesse.

Vous ne pouvez rompre votre promesse, vous non plus. De toute évidence, vous avez promis de permettre que toutes vos pensées, idées et croyances soient continuellement remises en question. Il est clair que vous vous êtes profondément engagés à croître indéfiniment. Seule une personne ayant pris un tel engagement choisirait de lire un livre comme celui-ci.

Alors, dirait-on, nous voilà engagés ensemble. Et il n'y a rien à craindre. Par conséquent, nous sommes ce que nous sommes, nous faisons ce que nous faisons; nous n'avons qu'à rester fidèles à cela et il n'y aura rien à craindre. Ce que je vois, ce qui est sûr, j'imagine, pendant tout ce temps, c'est que nous sommes des messagers, vous et moi. Sinon, je ne serais pas en train d'écrire ces lignes et vous ne seriez certainement pas en train de les lire. Nous sommes des messagers et nous avons du travail à faire. Nous devons d'abord nous assurer de bien comprendre le message que nous avons reçu dans les livres *CAD*. Deuxièmement, nous devons intégrer ce message à notre vie afin qu'il devienne fonctionnel. Et, troisièmement, nous devons transmettre ce message aux autres, en en confiant la vérité à tous ceux dont nous touchons la vie, par le simple et merveilleux stratagème de notre exemple.

Je suis content que vous ayez décidé d'entreprendre ce voyage avec moi. Avec vous, c'est beaucoup plus facile et amusant que sans vous. Maintenant, cheminons ensemble à travers ces pages. Ce sera peut-être un peu inconfortable ici et là. Le Tome 2, en effet, sera différent du Tome 1. Dans le premier livre, on ressentait l'étreinte de Dieu; une grosse accolade bien chaude qui enveloppait les épaules. Le Tome 2, c'est Dieu qui vous secoue les épaules d'une façon tout aussi aimante mais avec, en plus, une douce discordance. C'est un réveil. Un défi de passer au niveau suivant.

Il y a toujours un niveau suivant, vous savez. Votre âme, qui est venue ici pour faire l'expérience la plus riche et non la plus douteuse, la plus grande et non la moindre, préfère que vous ne vous reposiez pas. Et même si le choix vous appartient toujours, votre âme préfère que vous ne deveniez jamais complaisant ou satisfait de vous-même et, à coup sûr, ne jamais vous voir sombrer dans l'apathie, car il y a trop de choses à changer dans votre monde, trop de choses qu'il vous reste à créer. Il y a toujours une nouvelle montagne à grimper, une nouvelle frontière à explorer, une nouvelle peur à vaincre. Il y a toujours un endroit plus grandiose, un concept plus élevé, une vision plus large.

Par conséquent, ce livre sera peut-être un peu plus inconfortable que le Tome 1. Restez avec cet inconfort, lorsque vous le sentirez. Agrippez-vous à la barque si elle se met à ballotter. Puis, vivez au sein d'un nouveau paradigme. Mieux encore, à travers la merveille et l'exemple de votre propre vie, aidez à en créer un nouveau, à votre tour.

Neale Donald Walsch
Ashland, Oregon
Mars 1997

1

Merci d'être venu. Merci d'être là.

Vous aviez pris rendez-vous, c'est vrai; pourtant, vous auriez pu ne pas vous présenter. Vous auriez pu décider de ne pas venir. Vous avez plutôt choisi d'être là, à l'heure convenue, à l'endroit convenu, pour que ce livre vous tombe dans les mains. Alors, merci.

Mais si vous avez fait tout cela de façon inconsciente, sans même savoir ce que vous faisiez ni pourquoi, une partie de ce livre est peut-être un mystère pour vous et il convient de vous donner quelques explications.

Je commencerai par vous faire remarquer que ce livre est arrivé dans votre vie au bon moment, au moment parfait. Vous ne le savez peut-être pas maintenant, mais quand vous aurez terminé l'expérience qui vous est réservée, vous le saurez absolument. Tout arrive au moment parfait et l'arrivée de ce livre dans votre vie ne fait pas exception.

Ce que vous trouverez ici, c'est ce que vous cherchez, ce que vous désirez depuis longtemps. Ce que vous trouverez ici, c'est votre plus récent, et pour certains d'entre vous, peut-être votre premier, contact très réel avec Dieu.

C'est *vraiment* un contact, et il est très réel.

À présent, Dieu va entamer une conversation véritable avec vous, par mon intermédiaire. Je n'aurais pas dit cela il y a quelques années; je le dis maintenant parce que j'ai déjà eu un tel dialogue, et je sais par conséquent qu'une telle chose est possible. Non seulement elle est possible, mais elle se produit continuellement. Tout comme ceci est en train d'arriver, ici même, en ce moment.

Ce qu'il faut que vous compreniez, c'est que vous avez provoqué cela, en partie, tout comme vous avez fait en sorte que ce livre vous arrive entre les mains en ce moment. Nous sommes tous un facteur dans la création des événements de notre vie et nous sommes tous co-créateurs avec Le Grand Créateur, en produisant chacune des circonstances qui mènent à ces événements.

La première fois que j'ai parlé à Dieu en votre nom remonte à 1992-93. J'avais écrit une lettre de colère à Dieu, lui demandant pourquoi ma vie était devenue un tel monument de luttes et d'échecs. En tout : mes relations amoureuses, ma vie professionnelle, mes rapports avec mes enfants, ma santé, en tout, je ne vivais que luttes et échecs. Dans ma lettre à Dieu, j'exigeais de savoir pourquoi et ce qu'il fallait faire pour que ma vie fonctionne.

À mon étonnement, cette lettre a reçu des réponses.

La façon dont elle reçut ces réponses et la nature de ces réponses, tout cela est devenu un livre, publié en mai 1995 sous le titre *Conversations avec Dieu, Tome 1*. Peut-être en avez-vous entendu parler, peut-être même l'avez-vous lu. Dans ce cas, vous n'avez besoin d'aucun autre préambule.

Si vous ne connaissez pas le premier livre, j'espère que vous le connaîtrez bientôt, car le Tome 1 retrace de façon très détaillée comment tout cela a commencé et répond à bien des questions sur nos vies personnelles; des questions à propos de l'argent, de l'amour, du sexe, de Dieu, de la santé, de l'alimentation, des relations, du «travail juste» et de bien d'autres aspects de notre expérience quotidienne qui ne sont pas mentionnés ici.

S'il n'y avait qu'un cadeau que je demanderais à Dieu de donner au monde à cet instant, ce serait le contenu du Tome 1. Comme c'était à prévoir («*Avant même que tu ne demandes, j'aurai répondu*»), Dieu l'a déjà fait.

Alors, j'espère qu'après avoir lu ce livre (ou peut-être même avant que vous ne l'ayez terminé), vous choisirez de lire le premier. C'est une question de choix, tout comme le Pur Choix vous a amené à lire ces paroles. Tout comme le Pur Choix a créé chacune des expériences que vous avez jamais eues. (Un concept qui est expliqué dans ce premier livre.)

Ces premiers paragraphes du Tome 2 ont été écrits en mars 1996, afin de fournir une brève introduction à l'information qui suit. Comme dans le Tome 1, le processus par lequel cette information est «arrivée» était d'une exquise simplicité. Sur une feuille de papier vierge, j'écrivais tout simplement une question; n'importe quelle question... habituellement, la première qui me venait à l'esprit. À peine avais-je terminé que la réponse se formait dans ma tête, comme si Quelqu'un était en train de me la souffler à l'oreille. Je prenais une dictée!

À l'exception de ces quelques lignes d'introduction, tout le contenu de ce livre a été couché sur papier entre le printemps 1993 et un peu plus d'un an plus tard. J'aimerais vous le présenter à présent, exactement comme il m'est venu et comme il m'a été donné...

***

Nous sommes le Dimanche de Pâques 1993, et, tel qu'entendu, me voilà. Me voilà, crayon à la main, bloc-notes devant moi, prêt à commencer.

Je suppose que je devrais vous dire que Dieu m'a demandé d'être là. Nous avions rendez-vous. Nous allons commencer, aujourd'hui, le Tome 2, le deuxième d'une trilogie dont Dieu, vous et moi faisons l'expérience ensemble.

Je n'ai encore aucune idée de ce que ce livre va raconter, ni même des sujets précis que nous allons aborder, car je n'ai aucun plan en tête. C'est impossible. Ce n'est pas moi qui décide de ce que contiendra ce livre. C'est Dieu.

Le Dimanche de Pâques 1992, il y a un an aujourd'hui, Dieu a entamé un dialogue avec moi. Je sais que cela semble ridicule, mais c'est ce qui est arrivé. Il n'y a pas longtemps, ce dialogue a pris fin. On m'a donné l'instruction de me reposer... mais on m'a dit également que j'avais un «rendez-vous» pour retourner à cette conversation ce jour même.

Vous aviez, vous aussi, un rendez-vous. Vous voilà en train de le respecter. Je sais clairement que ce livre est en voie d'être écrit non seulement pour moi, mais pour vous à *travers* moi. Apparemment, vous avez cherché Dieu, et la Parole *de* Dieu, pendant longtemps. Moi aussi.

Aujourd'hui, nous allons trouver Dieu ensemble. C'est toujours la meilleure façon de trouver Dieu. Ensemble. Nous ne trouverons jamais Dieu séparés. Je dis cela dans les deux sens. Je veux dire que, tant que *nous* sommes séparés, nous ne trouverons jamais Dieu; car la première étape, si nous voulons trouver que nous ne sommes pas séparés de Dieu, est de découvrir que nous ne sommes pas séparés les uns des autres. Et jusqu'à ce que nous sachions et réalisions que *nous* ne faisons *tous* qu'Un, nous ne pourrons savoir ni réaliser que Dieu et nous ne faisons qu'Un.

Dieu n'est jamais séparé de nous : nous croyons *seulement* être séparés de Dieu.

C'est une erreur courante. Nous croyons également être séparés les uns des autres. Ainsi, la façon la plus rapide de «trouver Dieu», ai-je découvert, est de nous trouver les uns les autres, de cesser de nous cacher les uns des autres. Et, bien sûr, de cesser de nous cacher à nos propres yeux.

Commencez tout de suite à dire la vérité et ne cessez jamais. Commencez par vous dire la vérité à vous-même, à propos de vous-même. Puis, dites-vous la vérité à vous-même à propos des autres. Puis, dites la vérité à propos de vous-même à d'autres. Puis, dites la vérité à propos d'un autre à cet autre. Finalement, dites la vérité à chacun à propos de chaque chose.

Ce sont les *Cinq Niveaux de la Sincérité*. C'est la quintuple voie qui mène à la vérité. Et la vérité vous libérera.

Ce livre parle de la vérité. Non pas ma vérité, mais celle de Dieu.

Notre dialogue initial, entre Dieu et moi, s'est terminé il y a un mois seulement. Je suppose que celui-ci va se dérouler tout comme le premier. C'est-à-dire : je pose des questions et Dieu répond. Je crois que je vais m'arrêter ici, et tout de suite poser une question à Dieu.

Dieu, est-ce que ça va se passer ainsi?

Oui.

C'est bien ce que je croyais.

Sauf que, dans ce livre, Je vais Moi-même soulever certains sujets, sans te le demander. Je n'ai pas tellement fait cela dans le premier livre, comme tu sais.

Oui. Pourquoi ajoutes-Tu ce changement de direction?

Parce que ce livre est écrit à Ma demande. C'est Moi qui t'ai demandé d'être ici, comme tu l'as souligné. Le premier livre était un projet que tu avais toi-même lancé.

Dans le premier livre, tu avais un programme. Dans celui-ci, tu n'en as aucun, sinon celui d'accomplir Ma Volonté.

Oui. C'est exact.

C'est un très bel espace, Neale. J'espère que tu y viendras souvent, et les autres aussi.

Mais je croyais que Ta Volonté était ma volonté. Comment puis-je *ne pas* faire Ta Volonté si c'est aussi la mienne?

C'est une question complexe et ce n'est pas un mauvais point de départ; ce n'est pas du tout un mauvais point de départ pour entamer, ensemble, ce dialogue.

Revenons en arrière. Je n'ai jamais dit que Ma Volonté était ta volonté.

Mais oui, Tu l'as dit! Dans le dernier livre, Tu m'as dit très clairement : «Ta volonté est Ma Volonté.»

En effet; mais ce n'est pas la même chose.

Ah non? Je n'y ai vu que du feu.

Quand je dis «Ta volonté est Ma Volonté», ce n'est pas la même chose que de dire que Ma Volonté est ta volonté.

Si tu accomplissais tout le temps Ma Volonté, tu n'aurais rien d'autre à faire pour atteindre l'Illumination. Le processus serait terminé. Tu y serais déjà.

Une *journée* passée à n'accomplir que Ma Volonté t'apporterait l'Illumination. Si tu avais accompli Ma Volonté toutes les années que tu as vécu, tu n'aurais pas tellement besoin de t'engager dans ce livre à présent.

Donc, il est clair que tu n'as pas accompli Ma Volonté. En fait, la plupart du temps, tu ne *connais* même pas Ma Volonté.

Ah non?

Non, tu ne la connais pas.

Alors, pourquoi ne me dis-Tu pas ce que c'est?

Je le fais. Mais tu ne m'écoutes pas. Et quand tu écoutes, tu n'entends pas vraiment. Et quand tu entends, tu ne crois pas ce que tu entends. Et quand tu crois ce que tu entends, tu ne suis pas les instructions, de toute façon.

Alors, dire que Ma Volonté est la tienne, c'est visiblement inexact.

D'un autre côté, ta volonté *est* Ma Volonté. Premièrement, parce que Je la connais. Deuxièmement, parce que Je l'accepte. Troisièmement, parce que Je la glorifie. Quatrièmement, parce que je l'adore. Cinquièmement, parce que je l'assume et que *Je l'appelle Mienne.*

Cela veut dire que tu as le *libre-arbitre* de faire ce que tu veux et que Je *fais* Mienne ta volonté, par l'amour inconditionnel.

Alors, pour que Ma Volonté soit la tienne, tu devrais faire de même.

D'abord, il te faudrait la connaître. Deuxièmement, il te faudrait l'accepter. Troisièmement, il te faudrait la louanger. Quatrièmement, il te faudrait l'aimer. Finalement, il te faudrait *l'appeler tienne.*

Dans toute l'histoire de ta race, quelques-uns d'entre vous seulement ont fait cela de façon constante. Une poignée d'autres l'ont presque toujours fait. Un grand nombre d'entre vous l'ont souvent fait. Bien des gens l'ont fait de temps à autre. Et presque chacun l'a fait en de rares occasions, bien que certains ne l'aient jamais fait.

Et moi, j'appartiens à quelle catégorie?

Est-ce important? À quelle catégorie veux-tu appartenir *à partir de maintenant*? N'est-ce pas cette question qui importe?

Oui.

Et quelle est ta réponse?

J'aimerais appartenir à la première catégorie. J'aimerais connaître et accomplir Ta Volonté en tout temps.

C'est louable, appréciable et probablement impossible.

Pourquoi?

Parce qu'il te faudra croître bien davantage avant de pouvoir prétendre à cela. Mais Je te dis ceci : Tu pourrais prétendre à cela, tu *pourrais* tendre à la Divinité, à cet *instant* si tu le choisissais. Ta croissance n'a pas à être si longue.

Alors, pourquoi *a-t-elle* vraiment été si longue?

En effet. Pourquoi donc? Qu'attends-tu? Tu ne t'imagines sûrement pas que c'est Moi qui te retiens?

Non. Je sais clairement que c'est moi qui me retiens.

Bien. La clarté est la première étape de la maîtrise.

J'aimerais atteindre à la maîtrise. Comment faire?

Continue de lire ce livre. C'est précisément là que Je t'amène.

2

Je ne suis pas sûr de comprendre l'objet de ce livre. Je ne sais pas vraiment où commencer.

Prenons le temps.

Combien de temps devons-nous prendre? Déjà, il m'a fallu *cinq mois* pour passer du premier chapitre à celui-ci. Je sais, les lecteurs s'imaginent que c'est écrit d'une seule traite. Ils ne réalisent pas que 20 *semaines* séparent les 32e et 33e paragraphes de ce livre. Ils ne comprennent pas que les moments d'inspiration sont parfois *éloignés de six mois*. Combien de temps devrons-nous prendre?

Ce n'est pas ce que Je voulais dire. Je veux dire : prenons le «Temps» comme premier sujet, comme point de départ.

Oh. D'accord. Mais puisque nous y sommes, pourquoi faut-il *vraiment* des mois pour compléter un simple paragraphe? Pourquoi espaces-Tu autant Tes visites?

Mon cher et merveilleux fils, Je n'espace pas Mes «visites». Je ne suis jamais loin de toi. Tu n'en as tout simplement pas conscience.

Pourquoi? Pourquoi ne suis-je pas conscient de Toi si Tu es toujours ici?

Parce que ta vie est absorbée par autre chose. Soyons francs : tu as passé cinq mois plutôt chargés.

C'est vrai. Oui, c'est vrai. Il s'est passé un tas de choses.

Et tu as fait en sorte que ces choses soient plus importantes que Moi.

Cela ne me semble pas être ma vérité.

Je t'invite à examiner tes actions. Tu t'es profondément engagé dans ta vie matérielle. Tu as accordé très peu d'attention à ton âme.

Ç'a été une période avec beaucoup de défis.

Oui. Raison de plus pour inclure ton âme dans le processus. Ces derniers mois auraient pu être bien plus agréables avec Mon aide. Alors, puis-Je te suggérer de ne pas perdre contact?

J'essaie de rester proche, mais j'ai l'impression de me perdre, d'être pris, comme Tu le dis, dans mon propre drame. Et alors, pour une raison ou pour une autre, je n'arrive pas à te consacrer du temps. Je ne médite pas. Je ne pris pas. Et je n'écris certainement pas.

Je sais. C'est une ironie de la vie : c'est quand tu as le plus grand besoin de Notre lien que tu t'en éloignes.

Comment puis-je cesser de le faire?

Cesse de le faire.

C'est ce que je viens de dire. Mais comment?

Tu cesses de le faire en cessant de le faire.

Ce n'est pas aussi simple.

C'est aussi simple.

J'aimerais que ce le soit.

Alors, ce le *sera* vraiment, car tes souhaits sont Mes ordres. Rappelle-toi, Mon bien-aimé, que tes désirs sont Mes désirs. Ta volonté est Ma Volonté.

Très bien. D'accord. Alors, j'aimerais que ce livre soit terminé avant mars. Nous sommes en octobre. J'aimerais qu'il n'y ait plus de trou de cinq mois dans l'acheminement du contenu.

Alors, cela se passera ainsi.

Bien.

À moins que non.

Oh, mon vieux. Devons-nous vraiment jouer ce genre de jeu?

Non. Mais jusqu'ici, c'est ainsi que tu as décidé de vivre ta Vie. Tu changes sans cesse d'idée. Rappelle-toi, la vie est un processus continuel de création. Tu crées la vie à chaque instant. Souvent, la décision que tu prends aujourd'hui n'est pas le choix que tu feras demain. Mais tous les Maîtres ont un secret : *toujours choisir la même chose.*

Continuellement? Une fois ne suffit pas?

Continuellement, jusqu'à ce que ta volonté se manifeste dans ta réalité.

Pour certains, cela pourrait prendre des années. Pour d'autres, des mois. Pour d'autres, des semaines. Pour ceux qui approchent la maîtrise, des jours, des heures ou même des minutes. Pour les *Maîtres,* la création est *instantanée.*

Tu pourras dire que tu es sur la voie de la maîtrise lorsque tu verras rétrécir la distance entre la Volonté et l'Expérience.

Tu disais : «Souvent, la décision que tu prends aujourd'hui n'est pas le choix que tu feras demain». Et alors? Es-Tu en train de dire que nous ne devrions jamais nous permettre de changer d'idée?

Change d'idée aussi souvent que tu le veux. Mais rappelle-toi que chaque fois que tu changes d'idée, cela produit un changement dans la direction de l'univers entier.

Quand tu «te fais une idée» à propos d'une chose, tu engages l'univers dans une direction. Des forces qui dépassent ta capacité de comprendre, des forces beaucoup plus subtiles et plus complexes que tu ne peux l'imaginer sont engagées dans un processus dont tu ne fais que commencer à comprendre la dynamique complexe.

Ces forces et ce processus font tous partie de l'extraordinaire réseau d'énergies interactives qui comprend la totalité de l'existence que tu appelles la vie même.

Ils sont, essentiellement, *Moi.*

Alors, quand je change d'idée, je Te complique la tâche, n'est-ce pas?

Pour Moi, rien n'est compliqué, mais c'est à toi que tu peux compliquer la tâche. Par conséquent, envisage une chose avec résolution et fermeté d'intention. Et n'en détache pas ton esprit avant de l'avoir produite dans la réalité. Reste concentré. Reste centré.

C'est ce qu'on entend par la résolution. Si tu choisis une chose, choisis-la avec toute ta force, avec tout ton coeur. Ne sois pas timoré. Continue! Continue d'aller vers elle. Sois déterminé.

Un refus n'est pas une réponse.

Exactement.

Mais que faire si un refus est la bonne réponse? Que faire si ce que nous voulons ne nous est pas destiné, n'est pas pour notre bien, pas dans notre meilleur intérêt? Alors, Tu ne nous le donneras pas, n'est-ce pas?

C'est faux. Je vais te «donner» tout ce que tu invoques, que ce soit «bon» ou «mauvais» pour toi. As-tu examiné ta vie, ces derniers temps?

Mais on m'a enseigné qu'on ne peut avoir tout ce qu'on désire, que Dieu ne nous le donnera pas si ce n'est pas pour notre plus grand bien.

C'est ce que les gens te disent lorsqu'ils ne veulent pas que tu sois déçu à propos d'un résultat en particulier.

Tout d'abord, soyons clairs à propos de Notre relation. Je ne te «donne» rien: c'est toi qui l'invoques. Le Tome 1 explique exactement de quelle façon, en détails.

Deuxièmement, Je ne prononce pas de jugement sur ce que tu invoques. Je ne qualifie pas une chose de «bonne» ou de «mauvaise». (Il vaut mieux que tu ne le fasses pas, toi non plus.)

Tu es un être créatif, à l'image et à la ressemblance de Dieu. Tu peux obtenir tout ce que tu choisis. Mais tu peux ne pas obtenir ce que tu veux. En fait, tu n'auras jamais *rien* de ce que tu veux si tu le veux suffisamment.

Je sais. Tu as expliqué cela dans le Tome 1 aussi. Tu disais que le fait de vouloir une chose la repousse loin de nous.

Oui, et te rappelles-tu pourquoi?

Parce que les pensées sont créatives, et que le fait de penser vouloir une chose est une affirmation envoyée à l'univers, la déclaration d'une vérité, que l'univers produit ensuite dans ma réalité.

Précisément! Exactement! Tu as *vraiment* appris. Tu comprends *vraiment*. C'est superbe.

Oui, c'est ainsi que ça fonctionne. Dès que tu dis «Je veux» quelque chose, l'univers dit «En effet, tu le veux» et te donne cette expérience précise : *l'expérience du fait de «vouloir»!*

Tout ce que tu places après le mot «je» devient ton ordre créatif. Le génie dans la bouteille, que Je Suis, n'existe que pour t'obéir.

Je produis ce que tu invoques! Tu invoques précisément ce que tu penses, sens et dis. C'est aussi simple que cela.

Alors, dis-moi encore. Pourquoi est-ce que je mets tellement de temps à créer la réalité que je choisis?

Pour un certain nombre de raisons. Parce que tu ne crois pas pouvoir avoir ce que tu choisis. Parce que tu ne sais pas quoi choisir. Parce que tu essaies sans cesse de te figurer ce qu'il y a de «mieux» pour toi. Parce que tu veux à l'avance des garanties sur tes choix. Et parce que tu changes sans cesse d'idée!

Voyons si je comprends bien. Je ne devrais pas essayer de déterminer ce qu'il y a de mieux pour moi?

«Mieux» est un terme relatif, en rapport avec cent variables. Cela rend les choix très difficiles. Il ne devrait y avoir qu'une seule considération lorsqu'on décide quoi que ce soit : Est-ce que cela affirme

Qui Je Suis? Est-ce que cela annonce Qui Je Choisis d'Être?

Toute la vie doit être une telle déclaration. En fait, toute la vie en est une. Tu peux laisser cette déclaration se faire par hasard ou par choix.

Une vie vécue par choix est une vie d'actions conscientes. Une vie vécue au hasard est une vie de réactions inconscientes.

La réaction n'est que cela : une action que tu as déjà accomplie. Lorsque tu «ré-agis», tu évalues l'information qui entre, fouilles ta banque de mémoire à la recherche de la même expérience ou presque, et agis de la *même façon qu'avant.* C'est un travail de l'esprit, et non de l'âme.

Ton âme voudrait que tu fouilles sa «mémoire» pour voir comment tu pourrais créer une *expérience véritablement* authentique de Toi dans l'Instant présent. C'est l'expérience d'«introspection» dont tu as si souvent entendu parler, mais tu dois littéralement «perdre la tête» pour la faire.

Lorsque tu passes ton temps à essayer de découvrir ce qui vaut «mieux» pour toi, *tu perds ton temps.* Mieux vaut *gagner* du temps qu'en perdre.

Perdre la tête est une façon magnifique de gagner du temps. Les décisions sont rapides, les choix sont rapidement activés, parce que ton âme ne crée qu'à partir de l'expérience présente, sans examen, ni analyse, ni critique des rencontres passées.

Rappelle-toi ceci : l'âme crée, l'esprit réagit.

Dans Sa sagesse, l'âme sait que ton expérience en Cet Instant t'a été envoyée par Dieu avant que tu en aies conscience. C'est ce qu'on entend par l'expérience «pré-sente»*. Même si tu la cherches, elle est déjà en route vers toi, car avant même que tu ne demandes, Je t'aurai répondu. Chaque Instant présent est un glorieux cadeau de Dieu. Voilà pourquoi on l'appelle le présent.

L'âme cherche intuitivement la circonstance et la situation parfai-

---

* Calembour divin : *present* = *pre-sent* = «pré-envoyée» (N.d.T.)

tes qu'il te faut, à chaque instant, pour guérir d'une pensée fausse et te donner l'expérience légitime de Qui Tu Es Vraiment.

L'âme désire te ramener à Dieu, te ramener chez toi, vers Moi.

L'âme veut se connaître de façon *expérientielle*, et ainsi, Me connaître, car l'âme comprend que Toi et Moi ne faisons qu'Un, même si l'esprit nie cette vérité et que le corps agit à partir de ce déni.

Par conséquent, aux moments de grande décision, perds la tête et cherche ton âme.

L'âme comprend ce que l'esprit ne peut concevoir.

Si tu passes ton temps à essayer d'imaginer ce qui vaut «mieux» pour toi, tes choix seront prudents, tes décisions s'éterniseront et ton voyage débutera sur une mer d'attentes.

Si tu ne fais pas attention, tu vas te *noyer* dans tes attentes.

Ouf! C'est toute une réponse! Mais comment écouter mon âme? Comment reconnaître la vérité de ce que j'entends?

L'âme te parle sous forme de sentiments. Écoute tes sentiments. Suis tes sentiments. Respecte tes sentiments.

Pourquoi me semble-t-il que le fait de respecter mes sentiments est précisément la cause de mes problèmes?

Parce que tu considères la croissance comme un «problème» et l'immobilité comme de la «sécurité».

Je te dis ceci : tes sentiments ne t'attireront *jamais* des «problèmes», parce que tes sentiments constituent ta *vérité*.

Si tu veux vivre une vie où tu ne suivras jamais tes sentiments, mais où chaque sentiment sera filtré à travers la machinerie de ton esprit, continue. Prends des décisions à partir de l'analyse que fait ton esprit de la situation. Mais ne cherche pas de joie dans de telles machinations, ni de célébration de Qui Tu Es Vraiment.

Rappelle-toi ceci : la célébration véritable n'a rien à voir avec l'esprit.

Si tu écoutes ton âme, tu sauras ce qui vaut «mieux» pour toi, car ce qui vaut mieux pour toi est ce qui est vrai pour toi.

Lorsque tu n'agis qu'à partir de ce qui est vrai pour toi, tu accélères ton parcours sur la voie. Lorsque tu crées une expérience fondée sur la «vérité présente» plutôt que de *réagir* à une expérience fondée sur une «vérité passée», tu produis un «nouveau toi».

Pourquoi faut-il autant de temps pour créer la réalité que tu choisis? Voici pourquoi : parce que tu n'as pas vécu ta vérité.

Connais la vérité, et la vérité te libérera.

Mais lorsque tu auras connu ta vérité, cesse de *changer d'idée à son propos*. C'est ton esprit qui essaie d'imaginer ce qui vaut «mieux». Arrête! Sors de ta tête. Reviens à tes *sens*!

Voilà ce que veut dire «revenir à tes sens». C'est un retour vers ta façon de *sentir*, et non de *penser*. Tes pensées ne sont que des pensées. Des constructions mentales. Des créations «inventées» par ton esprit. Mais *tes sentiments, eux, sont réels*.

Les sentiments sont le langage de l'âme. Et ton âme est ta vérité.

Voilà. Alors, est-ce que cela t'éclaire?

Est-ce que ça signifie que nous devons exprimer chacun de nos sentiments, même s'ils sont négatifs ou destructeurs?

Les sentiments ne sont ni négatifs ni destructeurs. Ce ne sont que des vérités. Ce qui importe, c'est ta façon d'exprimer ta vérité.

Lorsque tu exprimes ta vérité avec amour, cela entraîne rarement des résultats négatifs ou blessants mais, le cas échéant, c'est habituellement parce qu'un autre a choisi de faire l'expérience de ta vérité d'une façon négative ou blessante. Dans un tel cas, tu ne peux probablement rien faire pour éviter le résultat.

À coup sûr, il serait peu approprié de *ne pas exprimer* ta vérité. Mais c'est ce que les gens font tout le temps. Ils ont si peur de provoquer ou d'affronter un désagrément potentiel, qu'ils dissimulent complètement leur vérité.

Rappelle-toi ceci : ce qui compte, ce n'est pas tellement la façon dont un message est reçu que celle dont il est envoyé.

Tu ne peux te rendre responsable de la façon dont un autre accepte ta vérité; tu ne peux que faire en sorte qu'elle soit bien communiquée. Et par «bien», Je ne veux pas seulement dire «claire-ment»; Je veux dire : de façon aimante, compatissante, sensible, courageuse et complète.

Cela ne laisse aucune place aux demi-vérités, à la «vérité brutale» ni même à la «pure vérité». Cela veut dire la vérité, toute la vérité, rien que la vérité, que Dieu vous vienne en aide.

C'est le «que Dieu vous vienne en aide» qui apporte les qualités divines d'amour et de compassion, car Je t'aiderai à toujours commu-niquer de cette façon, si tu Me le demandes.

Alors, oui, exprime ce que tu appelles tes sentiments les plus «négatifs», mais pas de façon destructrice.

Ne pas exprimer (ou expulser) tes sentiments négatifs, ne les fait pas disparaître; *cela les garde à l'intérieur.* La négativité «retenue» taxe le corps et alourdit l'âme.

Mais si une autre personne entendait chaque pensée négative que j'ai à son sujet, cela affecterait notre relation, même si ces pensées étaient livrées avec amour.

Je t'ai dit d'exprimer (faire sortir, te débarrasser de) tes senti-ments négatifs; Je n'ai pas dit comment ni à qui.

Il n'est pas nécessaire de partager toute négativité avec la personne à propos de laquelle elle est ressentie. Communiquer ces sentiments à l'autre n'est nécessaire que lorsque ton silence pourrait compromettre ton intégrité ou inciter l'autre à croire une fausseté.

La négativité n'est jamais un signe de vérité ultime, même si, sur le coup, elle paraît être ta vérité. Elle peut surgir d'une partie de toi qui n'a pas été guérie. En fait, *c'est toujours le cas.*

C'est pourquoi il est si important de laisser sortir ces choses négatives, de les libérer. Ce n'est qu'en les libérant, en les mettant là, en les plaçant devant toi, que tu pourras les voir de façon suffi-samment claire pour savoir si tu les crois vraiment.

Vous avez tous dit des choses, des choses laides, pour ensuite découvrir que, une fois dites, elle ne semblaient plus «vraies».

Vous avez tous exprimé des sentiments : peur, colère, rage, pour ensuite découvrir que, une fois exprimés, ils ne révélaient plus votre état *véritable*.

Ainsi, les sentiments peuvent être délicats. Les sentiments sont le langage de l'âme, mais tu dois t'assurer d'écouter tes *véritables sentiments* et non un modèle contrefait, une construction de ton esprit.

Oh, mon vieux, alors, maintenant, je ne peux même pas me fier à mes *sentiments*. Bravo! Je pensais que c'était la voie qui menait à la vérité! Je croyais que c'était ce que Tu m'*enseignais*.

C'est *vraiment* ça. C'est *vraiment* ce que Je t'enseigne. Mais écoute, car c'est plus complexe que ce que tu en comprends maintenant. Certains sentiments sont des *sentiments véritables*, c'est-à-dire des sentiments nés dans l'âme, et certains sont contrefaits. Ces derniers sont des constructions de ton esprit.

Autrement dit, ce ne sont pas du tout des «sentiments», ce sont des *pensées*, des pensées *déguisées* en sentiments.

Ces pensées sont fondées sur ton expérience antérieure et sur l'expérience des autres telle que tu l'as observée. *Tu* vois quelqu'un grimacer en se faisant extraire une dent; *tu* grimaces lorsque tu te fais extraire *ta* dent. Cela ne fait peut-être même pas *mal*, mais tu grimaces de toute façon. Ta réaction n'a rien à voir avec la réalité, elle ne concerne que ta *perception* de la réalité, fondée sur l'expérience des autres ou sur un événement de ton *passé*.

Le plus grand défi des êtres humains, c'est d'Être Ici Maintenant, de cesser d'inventer des histoires! Cesse de créer des pensées à propos d'un instant pré-sent (un instant que tu t'es «envoyé» *avant* d'y avoir pensé). Sois *dans l'instant*. Rappelle-toi : tu as *envoyé* cet instant en cadeau à ton Soi. Cet instant contenait le germe d'une vérité immense. C'est une vérité que tu voulais te rappeler. Mais dès que le moment est arrivé, tu t'es mis à construire des pensées à son propos. Au lieu d'être *dans* l'instant, tu t'es tenu à l'*extérieur* de l'instant et tu l'as jugé. Puis, tu as ré-agi. C'est-à-dire : tu as agi comme tu l'*avais déjà fait*.

Alors, regarde ces deux mots :
RÉACTION
CRÉATION

Remarque que c'est le *même mot*. Seul le C a bougé! Lorsque tu vois les choses correctement, tu produis une Création, plutôt qu'une Réaction.

C'est très habile.

Eh bien, Dieu est comme cela.

Mais, tu vois, ce que j'essaie de te dire, c'est que lorsque tu accueilles chaque instant d'une façon claire, *sans pensée préalable, tu peux créer Qui Tu Es, plutôt que de rejouer qui tu as déjà été.*

La vie est un processus de création et tu continues de la vivre comme si c'était un processus de re-présentation!

Mais comment un être humain rationnel peut-il ignorer son expérience antérieure à l'instant où une chose se produit? N'est-il pas normal de se rappeler tout ce qu'on sait à son sujet et de réagir à partir de cela?

C'est peut-être normal, mais ce n'est pas naturel. «Normal» qualifie une chose qu'on fait habituellement. «Naturel», c'est l'état dans lequel tu te trouves lorsque tu n'essaies pas d'être «normal»!

Naturel et normal, ce n'est pas la même chose. À tout moment tu peux faire ce que tu fais normalement ou faire ce qui vient naturellement.

Je te dis ceci : *rien n'est plus naturel que l'amour.*

Si tu agis avec amour, tu agiras naturellement. Si tu agis avec peur, ressentiment, colère, tu agiras peut-être *normalement*, mais tu n'agiras jamais *naturellement*.

Comment puis-je agir avec amour quand toute mon expérience antérieure me hurle qu'un «moment» particulier est susceptible d'être pénible?

Ignore ton expérience antérieure et sois *dans l'instant*. Sois Ici

Maintenant. Vois avec quoi il faut travailler *maintenant afin de te créer à neuf.*

Rappelle-toi, *c'est ce que tu fais ici.*

Tu es venu en ce monde ainsi, à cette époque, à cet endroit, pour savoir Qui Tu Es et pour créer Qui Tu Souhaites Être.

C'est le but de toute la vie. La vie est un processus continuel, éternel, de re-création. Vous continuez de vous recréer à l'image d'une meilleure idée que vous vous faites de vous-mêmes.

Mais n'est-ce pas plutôt comme l'homme qui a sauté du plus haut édifice, certain de pouvoir voler? Il ignorait son «expérience antérieure» *et* l'«expérience des autres telle qu'il l'avait observée», et a sauté du haut de l'édifice, tout en déclarant «Je suis Dieu!» Cela ne semble pas très brillant.

Et Je te dis ceci : des hommes ont atteint des résultats beaucoup plus grands que le vol. Des hommes ont guéri la maladie. Des hommes ont ranimé des morts.

Un homme l'a fait.

Tu penses qu'un seul homme a reçu de tels pouvoirs sur l'univers matériel?

Un seul homme en a fait la démonstration.

Pas du tout. Qui a écarté les eaux de la Mer Rouge?

Dieu.

En effet, mais qui a invoqué Dieu pour le faire?

Moïse.

Exactement. Et qui M'a invoqué pour guérir les malades et ranimer les morts?

Jésus.

Oui. Alors, crois-tu que ce que Moïse et Jésus ont fait, tu ne *peux pas* le faire?

Mais ils ne l'ont pas *fait*! Ils T'ont demandé à *Toi* de le faire! C'est différent.

D'accord. Tenons-nous-en, pour l'instant, à ton idée. Et crois-tu que *tu* ne peux Me demander ces mêmes choses miraculeuses?

Je suppose que oui.

Et te les accorderais-Je?

Je ne sais pas.

Voilà la différence entre Moïse et toi! Voilà ce qui te sépare de Jésus!

Bien des gens croient que s'ils demandent au nom de Jésus, Tu leur accorderas *vraiment* leur requête.

Oui, bien des gens croient cela. Ils croient n'avoir aucun pouvoir, mais comme ils ont *vu* (ou croient d'autres qui ont vu) le pouvoir de Jésus, ils demandent en son nom. Même s'il a dit : «Pourquoi êtes-vous si étonnés? Ces choses, et bien d'autres, vous les ferez aussi.» Mais les gens ne pouvaient pas le croire. Beaucoup ne le croient pas encore.

Vous vous croyez tous indignes. Alors, vous demandez au nom de Jésus. Ou de la Bienheureuse Vierge Marie. Ou du «saint patron» de ceci ou cela. Ou du Dieu Soleil. Ou de l'esprit de l'Orient. Vous utilisez le nom de n'importe qui, de *n'importe qui*, sauf le vôtre!

Mais je te dis ceci : *demande et tu recevras. Cherche et tu trouveras. Frappe et on t'ouvrira.*

Saute en bas de l'édifice et tu voleras.

Il y a des gens qui ont lévité. Peux-tu croire cela?

Oui, j'en ai entendu parler.

Et des gens qui ont traversé les murs. Et qui ont même quitté leur corps.

Oui, oui. Mais je n'ai jamais *vu* personne traverser les murs et je ne suggère à personne d'essayer. Je ne crois pas non plus qu'il faille sauter en bas des édifices. Ce n'est probablement pas bon pour la santé.

Cet homme a trouvé la mort non pas parce qu'il n'aurait pas pu voler à partir du bon état d'Être mais parce qu'il n'aurait *jamais* pu faire montre de Divinité en essayant de montrer qu'il était séparé de vous.

Explique, s'il Te plaît.

L'homme qui se trouvait au sommet de l'édifice vivait dans un monde d'illusions : il s'imaginait différent de vous. En déclarant «Je suis Dieu», il *commençait* sa démonstration par un mensonge. Il espérait devenir séparé. Plus grand. Plus puissant.

C'était un acte de l'ego.

L'ego, ce qui est séparé, individuel, ne peut jamais reproduire ou démontrer ce qui est Un.

En cherchant à démontrer qu'il était Dieu, l'homme qui se trouvait au sommet de l'édifice ne démontrait que sa séparation, et non son unité avec toutes choses. Ainsi, il a cherché à démontrer la Divinité en démontrant l'Indivinité, et a échoué.

Jésus, par contre, démontrait la Divinité en démontrant l'Unité, et en voyant l'Unité et l'Entièreté partout où (et avec qui que ce soit) il regardait. En cela, sa conscience et Ma conscience ne faisaient qu'Une et, dans cet état, tout ce qu'il invoquait devenait manifeste dans sa Divine Réalité en cet Instant Sacré.

Je vois. Alors, il suffit d'avoir, pour accomplir des miracles, la «Conscience du Christ»! Eh bien, cela devrait simplifier les choses...

C'est déjà le cas. C'est plus simple que tu ne le crois. Et bien des gens ont atteint cette conscience. Beaucoup sont devenus Christ, pas seulement Jésus de Nazareth.

Toi aussi, tu peux devenir Christ.

Comment...?

En cherchant à l'être. En choisissant de l'être. Mais c'est un choix que tu dois faire à chaque jour, à chaque minute. Cela doit devenir le *but même de ta vie*.

C'est le but de ta vie; seulement, tu ne le sais pas. Et même si tu le sais, même si tu te rappelles l'exquise raison de ton existence, tu ne sembles pas savoir comment y arriver à partir de ta situation actuelle.

Oui, c'est vrai. Alors, comment *puis-je* passer de mon état actuel à celui que je veux atteindre?

Je te le dis, encore une fois : *cherche et tu trouveras. Frappe et on t'ouvrira*.

Je «cherche» et je «frappe» depuis 35 ans. Pardonne-moi si cette réplique m'ennuie un peu.

Pour ne pas dire que tu te sens «déçu», n'est-ce pas? Mais en réalité, même si Je dois te donner de bonnes notes pour avoir essayé, un «A pour l'effort», en quelque sorte, Je ne peux pas dire, Je ne peux pas être d'accord avec toi lorsque tu dis que tu cherches et que tu frappes depuis 35 ans.

Entendons-nous pour dire que tu cherches et que tu frappes par *intermittence* depuis 35 ans; la plupart du temps, tu ne le fais pas.

Dans le passé, alors que tu étais très jeune, tu ne venais à Moi que lorsque tu étais en difficulté, lorsque tu avais besoin de quelque chose. À mesure que tu as vieilli et mûri, tu t'es aperçu que ce n'était probablement pas une *relation juste* avec Dieu et tu as cherché à créer quelque chose de plus significatif. Même alors, J'étais un phénomène occasionnel, sans plus.

Encore plus tard, à mesure que tu en es venu à comprendre que l'*union* avec Dieu ne peut être atteinte que par la *communion* avec Dieu, tu as entrepris les pratiques et comportements par lesquels tu pouvais *atteindre* à la communion, mais même là, tu t'y engageais de façon sporadique et inconstante.

Tu as médité, tu t'es livré à des rituels, tu M'as invoqué par la prière et la psalmodie, tu as évoqué l'Esprit de Moi en toi, mais seulement lorsque cela te convenait, seulement lorsque tu en sentais l'inspiration.

Et, même si ton expérience de Moi était splendide en ces occasions, tu as passé 95 pour cent de ta vie coincé dans l'illusion de la *séparation*, et quelques moments fugaces, çà et là, dans la réalisation de la *réalité ultime*.

Tu crois encore que ta vie se résume à des réparations d'auto, à des factures de téléphone et à ce que tu veux tirer de tes relations, qu'elle tient dans les *drames* que tu as créés, plutôt que dans créateur de ces drames.

Il te faudra encore apprendre *pourquoi* tu continues de créer tes drames. Tu es trop occupé à les jouer.

Tu dis comprendre le sens de la vie, mais tu ne vis pas ce que tu en comprends. Tu dis connaître la *voie* qui mène à la communion avec Dieu, mais tu ne l'empruntes pas. Tu prétends être sur la voie, mais tu n'y chemines pas.

Puis tu viens Me voir en disant que tu cherches et que tu frappes depuis 35 ans.

Je déteste devoir t'enlever tes illusions, mais...

Il est temps que tu cesses d'entretenir des illusions à Mon égard et que tu commences à *te* chercher tel que tu es vraiment.

Maintenant, Je te dis ceci : tu veux «devenir Christ»? *Agis* comme le Christ, *à chaque minute de chaque jour*. (Ce n'est pas que tu ne saches pas comment. Il t'a montré la voie.) Sois comme le Christ en toute circonstance. (Ce n'est pas faute de moyens. Il t'a laissé des *instructions*.)

Tu n'es pas dépourvu d'aide en cela, au cas où tu en chercherais. Je te donne des directives à chaque minute de chaque jour. Je Suis la petite voix calme à l'intérieur, qui sait de quel côté aller, quel sentier emprunter, quelle réponse donner, quelle action appliquer, quelle parole prononcer, quelle *réalité* créer si tu cherches véritablement la communion et l'unité avec Moi.

Contente-toi de *M'écouter*.

J'imagine que je ne sais pas comment faire.

Oh, quelle sottise! *C'est ce que tu es en train de faire!* **Fais-le** *tout le temps*, **c'est tout.**

Je ne peux pas me promener avec un bloc-notes jaune, de format légal, à chaque minute de la journée. Je ne peux tout arrêter et commencer à T'écrire des notes, en espérant que Tu te pointeras avec l'une de Tes brillantes réponses.

Merci. Elles *sont* **vraiment brillantes! Et en voici une autre :** *oui, tu le peux!*

Autrement dit, si quelqu'un te disait que tu peux avoir un Lien direct avec Dieu, un lien direct, une ligne directe, à la seule condition de t'assurer d'avoir, en tout temps, du papier et un stylo à portée de la main, le ferais-tu?

Euh, oui, *bien sûr.*

Et pourtant, tu viens de dire que tu ne le ferais *pas.* **Ou que tu «ne peux pas». Alors, qu'est-ce qui se passe? Qu'est-ce que tu dis? Quelle** *est* **ta vérité?**

Alors, la Bonne Nouvelle, c'est que tu n'as même pas besoin d'un bloc-notes et d'un stylo. Je suis toujours avec toi. Je ne vis pas dans le stylo. *Je vis en toi.*

C'est *vrai*, n'est-ce pas... Je veux dire : je peux vraiment croire ça, non?

Bien sûr, que tu peux le croire. C'est ce que Je te *demande* **de croire depuis le début. C'est ce que chaque Maître, y compris Jésus, t'a dit. C'est l'enseignement central. C'est la vérité ultime.**

Je suis avec toi, toujours, même jusqu'à la fin des temps.
Peux-tu croire cela?

Oui, maintenant, je le crois. C'est-à-dire plus que jamais.

Bien. Alors, *utilise*-**Moi. Si c'est efficace, dans ton cas, de prendre un bloc-notes et un stylo (et, je dois dire, cela semble plutôt efficace dans ton cas), alors** *prends un bloc-notes et un stylo.* **Plus** *souvent.*

À chaque jour. À chaque heure, s'il le faut.

Rapproche-toi de Moi. *Rapproche-toi de Moi* ! Fais ce que tu peux. Fais ce que tu dois. *Fais le nécessaire.*

Récite un chapelet. Embrasse une pierre. Incline-toi vers l'Est. Psalmodie. Fais balancer un pendule. Fais un test musculaire.

Ou écris un livre.

Fais le nécessaire.

Chacun de vous a sa propre structure. Chacun de vous M'a compris, M'a créé à sa façon.

Pour certains d'entre vous, Je suis un homme. Pour certains d'entre vous, Je suis une femme. Pour certains, Je suis les deux. Pour certains, Je ne suis ni l'un ni l'autre.

Pour certains d'entre vous, je suis pure énergie. Pour certains, le sentiment ultime, que vous appelez amour. Et certains d'entre vous n'ont aucune idée de ce que Je suis. Vous savez tout simplement que JE SUIS.

Et c'est vrai.

JE SUIS.

Je suis le vent qui ébouriffe tes cheveux. Je suis le soleil qui réchauffe ton corps. Je suis la pluie qui danse sur ton visage. Je suis l'odeur des fleurs dans l'air et Je suis les fleurs qui font monter leur parfum. Je suis l'air qui *transporte* le parfum.

Je suis le commencement de ta première pensée. Je suis la fin de ta dernière. Je suis l'idée qui a déclenché ton moment le plus brillant. Je suis la gloire de son accomplissement. Je suis le sentiment qui a alimenté la chose la plus affectueuse que tu aies faite. Je suis la part de toi qui désire sans cesse ce sentiment.

Tout ce qui te convient, tout ce qui le fait arriver, peu importe le rituel, la cérémonie, la démonstration, la méditation, la pensée, la chanson, le mot ou l'action qu'il te faut pour te «relier», *fais-le.*

Fais-le en souvenir de Moi.

3

Alors, si je récapitule et que je résume ce que Tu me dis, j'arrive aux points suivants :

· La vie est un processus continuel de création.

· L'un des secrets de tous les Maîtres consiste à cesser de changer d'idée, c'est-à-dire à continuer de choisir la même chose.

· Un refus n'est pas une réponse.

· Nous «invoquons» ce que nous pensons, sentons et disons.

· La vie peut être un processus de création ou de réaction.

· L'âme *crée*, l'esprit *réagit*.

· L'âme comprend ce que l'esprit ne peut concevoir.

· Cesse d'essayer d'imaginer ce qui vaut «mieux» pour toi (comment gagner le plus, perdre le moins, obtenir ce que tu veux) et commence à aller du côté de ce qui te semble être Qui Tu Es.

· Tes sentiments sont ta vérité. Ce qui te convient le mieux, c'est ce qui est vrai pour toi.

· Les pensées ne sont *pas* des sentiments; ce sont plutôt des idées sur la façon dont tu «devrais» te sentir. Lorsque les pensées et les sentiments deviennent confus, la vérité s'embrouille et se perd.

· Pour revenir à tes sentiments, *sors de ta tête* et *reviens à tes sens.*

· Lorsque tu connais ta vérité, *vis-la.*

· Les sentiments négatifs ne sont pas de véritables sentiments; ce sont tes pensées à propos de quelque chose, toujours fondées sur ton expérience antérieure ou sur celle des autres.

· L'expérience antérieure n'est pas un signe de vérité, car la

Pure Vérité se crée ici et maintenant : ce n'est pas une re-présentation.

· Si tu veux réagir autrement à une chose, sois dans l'instant présent (c'est-à-dire le «pré-sent»); l'instant qui t'a été envoyé et qui était ce qu'il était avant ta première pensée à son sujet... Autrement dit, sois Ici Maintenant et non dans le passé ou l'avenir.

· Le passé et l'avenir ne peuvent exister qu'en pensée. L'Instant pré-sent est la Seule Réalité. *Restes-y!*

· Cherche et tu trouveras.

· Fais tout ce qu'il faut pour rester en liaison avec Dieu/ Déesse/Vérité. N'abandonne pas les pratiques, les prières, les rituels, les méditations, les lectures, l'écriture, tout ce qui peut te permettre de rester en contact avec Tout Ce Qui Est.

Ça va, jusqu'ici?

Magnifique! Jusqu'ici, tout va bien. Tu as compris. Maintenant, peux-tu le vivre?

Je vais essayer.

Bien.

Oui. Alors, pouvons-nous reprendre? Parle-moi du Temps.

Aucun moment ne vaut le pré-sent!
Tu as déjà entendu cela, J'en suis sûr. Mais tu n'as pas compris. Maintenant, tu comprends.
Il n'y a d'autre temps que *celui-ci*. Il n'y a d'autre instant que celui-ci. Il y a «maintenant», c'est tout.

Et «hier» et «demain»?

Des créations de ton imagination. Des constructions de ton esprit. Inexistantes dans l'Ultime Réalité.
Tout ce qui est jamais arrivé, est en train d'arriver et arrivera jamais, est en train d'arriver *maintenant*.

Je ne comprends pas.

Tu ne peux pas. Pas complètement. Mais tu peux *commencer* à

comprendre. Et une petite idée de départ, c'est tout ce qu'il te faut, à présent.

Alors... écoute.

Le «temps» n'est pas un continuum. C'est un élément de relativité vertical et non horizontal.

Ne t'imagine pas qu'il va de gauche à droite, comme une prétendue ligne temporelle qui irait de la naissance à la mort pour chaque individu, et d'un point délimité à un point délimité pour l'univers.

Le «temps» est vertical! Imagine un pique-notes qui représenterait l'Éternel Instant présent.

Alors, imagine des feuilles de papier empilées sur la tige. Ce sont les éléments du temps. Chaque élément est séparé et distinct, mais chacun existe *en même temps que l'autre*. Toutes les feuilles sont sur la tige en même temps! Autant qu'il y en aura jamais, autant qu'il y en a jamais eu...

Il n'y a qu'Un Seul Instant, *cet* instant, l'Éternel Instant de Maintenant.

C'est *maintenant* que tout se passe et qu'on Me glorifie. La gloire de Dieu ne connaît pas l'attente. J'ai procédé ainsi parce que *Je ne pouvais tout simplement pas attendre*! J'étais si *heureux* d'Être Qui Je Suis que je brûlais tout simplement de manifester cela dans Ma réalité. Alors, BOUM, voici : ici, maintenant, TOUT ÇA!

Cela n'a ni Commencement ni Fin. Cela, l'Ensemble de Tout, EST, tout simplement.

C'est dans l'Être que repose ton expérience, et ton plus grand secret. Tu peux circuler dans la conscience, au sein de l'Être, vers le «moment» ou l'«endroit» de ton choix.

Tu veux dire que nous pouvons voyager dans le temps?

En effet, et beaucoup d'entre vous l'ont fait. D'ailleurs, vous l'avez *tous* fait, et vous le faites régulièrement, en général dans ce que vous appelez l'état de rêve. La plupart d'entre vous n'en ont pas conscience. Vous ne pouvez en retenir la conscience. Mais l'énergie s'accroche à vous comme de la colle et, parfois, il y a suffisamment de résidus pour que d'autres, sensibles à cette énergie, puissent saisir des choses de votre «passé» ou de votre «futur». Ceux qui sentent ou «lisent» ces résidus, vous les appelez voyants ou clairvoyants. Parfois, les résidus sont suffisant pour que vous constatiez vous-même, avec votre conscience limitée, que vous avez «déjà été ici». Tout votre être est soudainement ébranlé par la prise de conscience que vous «avez déjà fait tout cela».

Le déjà-vu!

Oui. Ou ce merveilleux sentiment, lorsque vous rencontrez quelqu'un, de l'avoir *connu toute votre vie*, de toute *éternité*!

C'est un sentiment spectaculaire. C'est un sentiment merveilleux. Et c'est un sentiment *véritable*. Vous *connaissez* cette âme depuis *l'éternité*!

L'éternité, c'est maintenant!

Alors, tu as souvent regardé vers le haut, ou vers le bas, à partir de ton «bout de papier» sur la tige, et vu tous les autres bouts de papier! Et tu t'es vu toi-même, là, car *une partie de Toi se trouve sur chaque feuille*!

Comment est-ce possible?

Je te dis ceci : tu as toujours été, tu es maintenant et tu seras à jamais. Il n'y a *jamais* eu un seul instant où tu n'étais pas, et il n'y en *aura* jamais.

Attends! Et l'idée de «*vieilles âmes*»! Certaines âmes ne sont-elles pas plus «vieilles» que d'autres?

Rien n'est «plus vieux» *que quoi que ce soit*. J'ai créé TOUT EN MÊME TEMPS, et Tout Cela existe *maintenant*.

L'expérience de «plus vieux» et de «plus jeune» à laquelle tu fais référence a quelque chose à voir avec les niveaux de *conscience* d'une âme particulière, ou les Aspects de l'Être. Tu es tous les Aspects de l'Être, tout simplement des parties de Ce Qui Est. Dans chacune de ses parties est incrustée la conscience de l'Ensemble. Chaque élément en porte l'empreinte.

La «prise de conscience» est l'expérience de l'éveil de cette conscience. L'aspect individuel du TOUT prend conscience de Lui-même. Il devient, littéralement, *conscient de soi.*

Puis, graduellement, il prend conscience de tous les autres, puis du fait qu'il n'y a *personne* d'autre, que Tout est Un.

Puis, en définitive, de Moi. De Moi le Magnifique!

Dis donc, Tu *T'aimes* vraiment, non?

Pas toi...?

Oui, oui! Je Te trouve extraordinaire!

Je suis d'accord. Et Je *te* trouve extraordinaire! C'est le seul point de désaccord entre Toi et Moi. *Tu ne te trouves pas extraordinaire!*

Comment puis-je me trouver extraordinaire quand je vois tous mes défauts, toutes mes fautes, tout mon mal?

Je te dis ceci : il n'y a *pas* de mal!

J'aimerais tellement que ce soit vrai.

Tu es parfait, tel quel.

J'aimerais que ce soit vrai, ça aussi.

Mais *c'est* vrai! Un arbre n'est pas moins parfait parce que c'est une graine. Un petit enfant n'est pas moins parfait qu'un adulte. C'est la *perfection même.* Parce qu'il ne *peut* rien faire, ne *sait* rien, cela ne le rend pas moins parfait.

Une enfant fait des erreurs. Elle se dresse. Elle fait ses premiers pas. Elle tombe. Elle se redresse, vacille un peu, s'accroche à la jambe de sa maman. Est-ce que cette enfant est imparfaite pour autant?

Je te dis que c'est tout le contraire! Cette enfant est la *perfection même*, totalement et parfaitement adorable.

Il en va de même pour *toi.*

Mais cette enfant n'a rien fait de mal! Cette enfant n'a pas

consciemment désobéi, blessé personne, ne s'est fait aucun tort
à elle-même.

Cette enfant ne *fait* pas la différence entre le bien et le mal.

Précisément.

Toi non plus.

Mais je la fais! Je sais qu'il est mal de tuer des gens et bien
de les aimer. Je sais qu'il est mal de blesser et bien de guérir,
d'améliorer les choses. Je sais qu'il est mal de prendre ce qui ne
m'appartient pas, d'utiliser quelqu'un d'autre, d'être malhonnête.

Je pourrais te montrer des cas où chacun de ces «torts» serait
correct.

Tu te moques de moi, maintenant.

Pas du tout. J'énonce des faits.

Si tu dis qu'il y a des exceptions à chaque règle, alors je suis
d'accord.

S'il y a des *exceptions* à une règle, alors ce n'est pas une *règle.*

Es-Tu en train de me dire qu'il n'est *pas* mauvais de tuer, de
blesser, de voler?

Cela dépend de ce que tu tentes de *faire.*

D'accord, d'accord, je pige. Mais ça ne *légitime* pas ces
choses. Parfois, il faut faire de mauvaises choses pour arriver à
une bonne fin.

Ça n'en fait pas du tout de «mauvaises choses», alors, non? Ce
ne sont que des moyens pour arriver à une fin.

Es-Tu en train de me dire que la fin justifie les moyens?

Qu'en penses-tu?

Non. Absolument pas.

Ainsi soit-il.

Ne vois-tu pas ce que tu es en train de faire? Tu *inventes les règles à mesure que tu avances!*

Et ne vois-tu rien d'autre? *C'est parfaitement correct.*

C'est ce que tu es *censé* faire!

Toute la vie est un processus qui consiste à décider Qui Tu Es, puis à en faire l'expérience.

À mesure que tu élargis ta vision, tu inventes de nouvelles règles pour l'englober! À mesure que tu élargis ton idée à propos de ton Soi, tu crées de nouvelles obligations et interdictions, des oui et des non autour de cela. Ce sont des frontières qui «retiennent» ce qui ne peut pas être retenu.

Tu ne peux te limiter à «toi», car tu es illimité comme l'Univers. Mais tu peux créer un *concept* à partir de ton être sans limite : en imagi-nant, puis en acceptant des *frontières*.

En un sens, c'est ta façon de te *connaître* dans ce que tu as de particulier.

Ce qui est sans frontière est sans frontière. Ce qui est sans limite est sans limite. Cela ne peut exister nulle part, parce que c'est partout. Si c'est *partout*, ce n'est *nulle part en particulier*.

Dieu est partout. Par conséquent, Dieu n'est nulle part en particu-lier, car pour être quelque part en particulier, Dieu devrait *ne pas être ailleurs*, ce qui *n'est pas possible pour Dieu*.

Une seule chose n'est «pas possible» pour Dieu : c'est que Dieu ne *soit pas Dieu*. Dieu ne peut pas «ne pas être». Et Dieu ne peut pas ne pas être semblable à Lui-même. Dieu ne peut Se «dédiviniser».

Je suis partout, c'est tout. Comme je suis partout, je ne suis nulle part. Si je ne suis NULLE PART, où suis-je?

ICI MAINTENANT *.

J'aime ça! Tu as soulevé ce point dans le premier livre, mais j'aime ça, alors je Te laisse continuer.

C'est très gentil de ta part. Et comprends-tu mieux maintenant?

* *NOWHERE = NOW HERE. (N.d.T.)*

Vois-tu comment tu as créé tes idées de «bien» et de «mal»? Vois-tu que tu as créé les concepts de «bien» et de «mal» tout simplement pour *définir Qui Tu Es*?

Vois-tu que, sans ces définitions, ces frontières, tu n'es rien? Et vois-tu que, comme Moi, tu changes sans cesse les frontières à mesure que tu changes les Idées que tu te fais de Qui Tu Es?

Bon, je comprends ce que Tu dis, mais je n'ai pas l'impression d'avoir beaucoup changé les frontières, mes propres frontières personnelles. Pour moi, tuer a toujours été un mal. Voler a toujours été un mal. Blesser quelqu'un a toujours été un mal. Les concepts les plus élevés selon lesquels nous nous gouvernons sont en place depuis le commencement des temps et la plupart des êtres humains s'entendent là-dessus.

Alors, pourquoi faites-vous la guerre?

Parce qu'il y a toujours quelqu'un qui enfreint les règles. Dans n'importe quel baril, il y a une pomme gâtée.

Ce que Je vais te dire maintenant, et dans les passages qui suivent, sera peut-être très difficile à comprendre et à accepter pour certaines personnes. Cela va à l'encontre d'une grande part de ce qui est tenu pour vrai dans votre système de pensée actuel. Cependant, pour que ce dialogue vous soit utile, Je ne peux pas vous laisser vivre davantage avec ces structures de pensée. Alors, nous devons maintenant, dans ce deuxième livre, affronter certains de ces concepts. Mais pour un certain temps, ce sera cahoteux. Es-tu prêt?

Je crois bien que oui. Merci de l'avertissement. Qu'y a-t-il de si dramatique ou de difficile à comprendre ou à accepter dans ce que Tu vas me dire?

Je vais te dire ceci : il n'y a pas de «pommes pourries». Il n'y a que des gens qui sont en *désaccord avec ton point de vue*, des gens qui construisent un modèle du monde différent. Je vais te dire ceci: personne ne fait rien de mauvais, compte tenu de son modèle du monde.

Alors, c'est que son «modèle» est complètement faussé. *Je sais ce qui est bien et mal et, si d'autres ne le savent pas, je ne suis pas fou pour autant. Ce sont* eux *qui sont fous!*

Je regrette de te dire que c'est cette attitude précise qui déclenche les guerres.

Je sais, je sais. Je le disais exprès. Je ne faisais que répéter ici ce que j'ai entendu dire par bien d'autres gens. Mais *comment* puis-je répondre à ces gens? Que *pourrais*-leur dire?

Tu pourrais leur dire que les idées que les gens se font du «bien» et du «mal» changent, et ont changé, continuellement d'une culture à une autre, d'une période à une autre, d'une religion à une autre, d'un endroit à un autre... et même d'une famille à une autre et d'une personne à une autre. Tu pourrais leur rappeler que ce qu'une foule de gens trouvaient «bien» à une époque, brûler les gens au bûcher pour ce qu'on appelait alors la sorcellerie, par exemple, est aujourd'hui considéré comme étant «mauvais».

Tu pourrais leur dire qu'une définition du «bien» et du «mal» est une définition fondée non seulement sur le temps, mais aussi sur la simple géographie. Tu pourrais leur faire remarquer que certaines activités sur votre planète (la prostitution, par exemple) sont illégales à un endroit mais légales ailleurs, à seulement quelques kilomètres. Ainsi, que l'on juge une personne pour avoir fait quelque chose de «mal», ce n'est pas tellement en fonction de ce que cette personne a fait, mais de l'endroit où elle l'a fait.

Je vais maintenant répéter une chose que J'ai dite dans le Tome 1, et Je sais que certains ont eu beaucoup de mal à la saisir, à la comprendre.

Hitler est allé au ciel.

Je ne suis pas sûr que les gens soient ouverts à cette idée.

Le but de ce livre, comme de tous les livres de la trilogie que nous sommes en train de créer, est de susciter une ouverture d'esprit; une ouverture d'esprit envers un nouveau paradigme, une nouvelle

compréhension : une vision plus vaste, une vision plus grandiose.

Eh bien, je vais devoir poser ici les questions que tant de gens, je le sais, se posent et veulent poser. Comment un homme comme Hitler a-t-il pu aller au ciel? Chaque religion du monde... j'imagine, vraiment *chacune* d'entre elles, l'a condamné et envoyé en enfer.

Tout d'abord, il ne pouvait pas aller en enfer parce que l'enfer n'existe pas. Par conséquent, il ne pouvait aller qu'à un seul endroit. Mais cela soulève la question. La vraie question, c'est : les gestes d'Hitler étaient-ils «mauvais»? Toutefois, J'ai dit et répété qu'il n'y a ni «bien» ni «mal» dans l'univers. En soi, une chose n'est ni bonne ni mauvaise. Une chose *est*, tout simplement.

Alors, l'idée selon laquelle Hitler était un monstre est fondée sur le fait qu'il a ordonné le meurtre de millions de gens, n'est-ce pas?

De toute évidence, oui.

Mais si je te disais que ce que tu appelles la «mort» est *la chose la plus belle qui puisse arriver à quiconque*, qu'en dirais-tu?

J'aurais de la difficulté à l'accepter.

Tu crois que la vie sur Terre est meilleure que la vie au ciel? Je te dis ceci : à l'instant de ta mort, tu atteindras la liberté la plus grande, la paix la plus grande, la joie la plus grande et l'amour le plus grand que tu aies jamais connus. Par conséquent, punirons-nous le renard pour avoir poussé le lapin dans les ronces?

Tu ignores le fait que, même si la vie après la mort est merveilleuse, notre vie ici-bas ne doit pas prendre fin contre notre volonté. Nous sommes venus ici pour accomplir quelque chose, pour faire l'expérience de quelque chose, pour apprendre quelque chose : il n'est pas bien que nos vies soient interrompues par un truand maniaque aux idées malsaines.

Tout d'abord, vous n'êtes pas ici pour *apprendre quoi que ce soit*. (Relis le Tome 1!) La vie n'est pas une école et ton but ici n'est pas d'apprendre; il est de te r-appeler, de te souvenir. Quant à ton argument principal, la vie est souvent «interrompue» par bien des choses... un ouragan, un tremblement de terre...

C'est différent. Tu parles d'un Acte de Dieu.

Chaque événement est un Acte de Dieu.

T'imagines-tu qu'un événement puisse survenir contre Ma volonté? T'imagines-tu pouvoir même lever le petit doigt si Je décidais le contraire? Tu ne peux *rien* faire si Je suis contre.

Mais continuons à explorer ensemble cette idée que la mort est «mauvaise». Est-il «mauvais» qu'une vie soit interrompue par la maladie?

«Mauvais» n'est pas le terme approprié ici. Ce sont des causes naturelles. Ça ne se compare pas à un être humain comme Hitler qui tue des gens.

Et un accident? Un stupide accident...?

Même chose. C'est malheureux, tragique, mais c'est la Volonté de Dieu. Nous ne pouvons regarder dans l'esprit de Dieu pour y découvrir pourquoi ces choses arrivent. Nous ne devrions pas essayer, car la Volonté de Dieu est immuable et incompréhensible. Chercher à percer le Divin Mystère, c'est chercher une connaissance, ce n'est pas du tout dans nos cordes. C'est un péché.

Comment le sais-tu?

Parce que si Dieu voulait que nous comprenions tout cela, nous le *comprendrions*. Le fait que nous ne le comprenions *pas*, que nous ne puissions *pas* le comprendre, prouve que Dieu ne veut pas que nous le comprenions.

Je vois. Le fait que tu ne le *comprennes* pas est la preuve de la Volonté de Dieu. Le fait que cela *arrive* n'est *pas* la preuve de la Volonté de Dieu. Hmmmm...

J'imagine que je n'arrive pas très bien, en partie, à expliquer cela, mais je sais ce que je crois.

Crois-tu à la Volonté de Dieu, crois-tu que Dieu est Tout-Puissant?

Oui.

Sauf en ce qui concerne Hitler. Ce qui s'est passé là n'était *pas* la Volonté de Dieu.

Non.

Comment est-ce possible?

Hitler a enfreint la Volonté de Dieu.

Alors, comment aurait-il pu faire cela, selon toi, si Ma Volonté est toute-puissante?

Tu lui as permis de le faire.

Si Je lui ai *permis* de le faire, alors Ma *Volonté* était qu'il le fasse.

Il semble que oui... mais pour quelle *raison* l'aurais-Tu fait? Non. Ta Volonté était qu'il ait le Libre Choix. C'est par *sa volonté* qu'il a fait ce qu'il a fait.

Tu brûles. Tu brûles.

Tu as *raison*, bien sûr. Ma Volonté était qu'Hitler, comme vous *tous* ait le Libre Choix. Mais Ma Volonté n'était *pas* que vous soyez sans cesse punis, à l'infini, si vous ne faites pas le choix que Je veux. Si c'était le cas, quel degré de «liberté» aurais-je donné à *votre* choix? Êtes-vous vraiment libres de faire ce que vous voulez, si vous savez qu'on vous fera souffrir de façon indescriptible si vous ne faites pas ce que *Je* veux? Quel genre de choix est-ce là?

Ce n'est pas une question de punition. Ce n'est que la Loi Naturelle. Ce n'est qu'une question de conséquences.

Je vois qu'on t'a bien appris toutes les constructions théologiques qui te permettent de Me considérer comme un Dieu vengeur, sans M'en rendre responsable.

Mais qui a *créé* ces Lois Naturelles? Et si nous nous entendons sur le fait que Je les ai mises en place, pourquoi mettrais-Je en place de telles lois, pour vous donner ensuite le pouvoir de les enfreindre?

Si Je n'avais pas voulu qu'elles vous affectent, si Ma Volonté avait été que Mes merveilleux êtres ne souffrent jamais, pourquoi en aurais-Je créé la *possibilité*?

Et alors, pourquoi continuerais-Je de vous inciter, jour et nuit, à enfreindre les lois que J'ai établies?

Ce n'est pas Toi qui nous tente. C'est le diable.

Te revoilà à M'enlever la responsabilité.

Ne vois-tu pas que ta seule façon de pouvoir justifier ta théologie est de Me rendre impuissant? Ne comprends-tu pas que la seule façon dont tes constructions puissent avoir un sens, c'est si les Miennes n'en ont *pas*?

Cela ne t'inquiète-t-il pas de penser qu'un Dieu ait créé un être dont Il ne peut contrôler les actions?

Je n'ai pas dit que Tu ne pouvais contrôler le diable. Tu peux contrôler *tout*. Tu es *Dieu!* Seulement, Tu *choisis de ne pas le faire*. Tu *permets* au diable de nous tenter, de tenter de gagner nos âmes.

Mais *pourquoi?* Pourquoi *ferais*-Je cela si Je ne *veux* pas que vous ne reveniez pas vers Moi?

Parce que Tu veux que nous venions vers Toi par choix et non parce que nous n'avons pas le choix. Tu as créé le Ciel et l'enfer pour nous donner un choix. Pour que nous puissions agir par choix, au lieu de nous contenter de suivre une voie parce qu'il n'y en a pas d'autre.

Je vois comment tu en es arrivé à cette idée. Comme c'est ainsi que J'ai établi les règles de votre monde, tu crois qu'il doit en être de même dans le *Mien*.

Dans ta réalité, le Bon *ne* peut exister sans le Mauvais. Donc, tu crois qu'il doit en être ainsi dans la Mienne.

Mais Je te dis ceci : là où Je Suis, il n'y a rien de «mauvais». Et il n'y a pas de Mal. Il n'y a que le Grand Tout. L'Unité. Et la Conscience, l'Expérience de cela.

Mon Royaume est le Royaume de l'Absolu, où Une Chose n'existe pas en relation avec Une Autre, mais de façon complètement indépendante de tout.

Mon espace est là où Tout Ce Qui Est est Amour.

Et ce que nous pensons, disons ou faisons sur Terre est sans conséquence?

Oh, mais il y *a* des conséquences. Regarde autour de toi.

Je veux dire : après la mort.

La «mort» n'existe pas. La vie continue à jamais. La Vie Est. Tu changes de forme, tout simplement.

D'accord, comme Tu voudras. Après, nous «changeons de forme».

Une fois que vous avez changé de forme, il n'y a plus de conséquences. Il n'y a que la Connaissance.

Les conséquences sont un élément de la relativité. Elles n'ont aucune place dans l'Absolu parce qu'elles dépendent du «temps» linéaire et d'événements séquentiels. Ces choses n'existent pas dans le Royaume de l'Absolu.

Dans ce royaume, il n'y a que la paix, la joie et l'amour.

Dans ce royaume, tu sauras enfin la Bonne Nouvelle : que ton «diable» n'existe pas, que tu es ce que tu as toujours cru être : bonté et amour. Cette idée que tu te fais, que tu puisses être autre chose, t'est venue d'un monde extérieur malsain qui t'a amené à agir d'une façon malsaine. Un monde extérieur de jugement et de condamnation. D'autres t'ont jugé et, à partir de leurs jugements, tu t'es jugé toi-même.

Alors, tu veux que Dieu te juge, mais Je ne le ferai pas.

Et parce que tu ne peux comprendre un Dieu qui n'agit pas comme le font les humains, tu es perdu.

Votre théologie est une tentative, de votre part, de vous retrouver.

Tu dis que nos théologies sont malsaines, mais comment une théologie peut-elle fonctionner sans un système de Récompense et de Punition?

Tout dépend de ce que vous croyez être le but de la vie et, par conséquent, la base de la théologie.

Si vous percevez la vie comme un examen, une épreuve, une période d'évaluation ayant pour but de vérifier si vous êtes «dignes», vos théologies commencent à tenir debout.

Si vous croyez que la vie est une *occasion*, un processus qui vous permet de découvrir (de vous rappeler) que vous êtes dignes (et l'avez *toujours* été), alors vos théologies semblent malsaines.

Si vous croyez que Dieu est un égocentrique qui exige de l'attention, de l'adoration, de l'appréciation et de l'affection, *au point de tuer pour en avoir*, alors vos théologies commencent à avoir un sens.

Si vous croyez que Dieu n'a ni ego ni besoins, mais se trouve être la *source* de toutes choses et le siège de toute sagesse et de tout amour, alors vos théologies tombent en pièces.

Si vous croyez que Dieu est vengeur, jaloux de Son amour, courroucé dans sa colère, alors vos théologies sont parfaites.

Si vous croyez que Dieu est paisible, joyeux dans Son amour et passionné dans Son extase, alors vos théologies sont inutiles.

Je te dis ceci: le but de la vie n'est pas de plaire à Dieu. Le but de la vie est de connaître, et de recréer, Qui Vous Êtes.

Ce faisant, vous plaisez *vraiment* à Dieu, et vous *La* glorifiez aussi.

Pourquoi emploies-tu le féminin? Es-Tu de sexe féminin?

Je ne suis ni de sexe masculin *ni* de sexe féminin. J'utilise à l'occasion le pronom féminin pour secouer votre esprit de clocher.

Si vous imaginez Dieu sous une forme précise, vous penserez que Dieu n'est pas telle autre forme. Et ce serait une grossière erreur.

Hitler est allé au ciel pour les raisons suivantes :

Comme il n'y a pas d'enfer, il ne pouvait aller ailleurs.

Ses actions étaient ce que vous appelleriez des erreurs (les actions d'un être non évolué) et les erreurs ne sont pas condamnables, mais on les traite en offrant une chance de correction, d'évolution.

Les erreurs d'Hitler n'ont fait aucun tort ni aucun dommage à ceux dont il a provoqué la mort. Ces âmes ont été libérées de leur prison terrestre, comme des papillons émergeant d'un cocon.

Les survivants ne pleurent ces morts que parce qu'ils ne connaissent pas la joie dans laquelle ces âmes sont entrées. Ceux qui ont fait l'expérience de la mort ne *pleurent jamais la mort de qui que ce soit*.

Lorsque tu affirmes que leurs morts étaient tout de même prématurées, et donc quelque peu «mauvaises», tu suggères qu'il pourrait se passer dans l'univers quelque chose *d'inopportun*. Mais étant donné Qui et Ce Que Je Suis, c'est impossible.

Tout ce qui arrive dans l'univers arrive à la perfection. Dieu n'a pas fait d'erreur depuis très longtemps.

Lorsque tu vois l'absolue perfection en tout, non seulement en ces choses avec lesquelles tu es d'accord mais (et peut-être surtout) les choses avec lesquelles tu ne l'es pas, tu atteins la maîtrise.

Je sais tout cela, bien entendu. Nous avons vu tout cela dans le Tome 1. Mais pour ceux qui n'ont pas lu le Tome 1, j'ai cru important de fournir une base de compréhension au début de ce livre-ci. C'est pourquoi j'ai employé cette série de questions et de réponses. Mais maintenant, avant de continuer, j'aimerais parler un tout petit peu plus de certaines des théologies fort complexes que nous, humains, avons créées. Par exemple, on m'a enseigné, enfant, que j'étais un pécheur, que tous les humains étaient des pécheurs, que nous ne pouvions rien y faire; que nous étions nés ainsi. Que nous étions nés *dans le péché*.

C'est une idée intéressante. Comment est-on arrivé à te faire croire cela?

On m'a raconté l'histoire d'Adam et Ève. Dans la classe de catéchisme, à l'école primaire, on m'a dit que, eh bien, même si *nous* n'avions peut-être jamais péché, et même si les *bébés* ne l'ont certainement pas fait, Adam et Ève l'avaient *fait*, eux, et que, puisque nous en étions les descendants, nous avions hérité de leur culpabilité et de leur nature de pécheurs.

Tu vois, Adam et Ève ont mangé le fruit défendu, ont pris part à la connaissance du Bien et du Mal et ont donc condamné tous leurs héritiers et descendants à être séparés de Dieu dès leur naissance. Nous sommes tous nés l'âme entachée par ce «Péché originel». Chacun de nous partage la culpabilité. Alors, on nous donne le Libre Choix pour voir, j'imagine, si nous ferons la même chose qu'Adam et Ève et désobéirons à Dieu, ou si nous pourrons surmonter notre tendance naturelle et innée à «faire le mal», pour plutôt faire les bonnes choses, malgré les tentations du monde.

Et si vous «faites le mal»?

Alors, Tu nous envoies en enfer.

Moi, Je fais cela?

Oui. Sauf si nous nous repentons.

Je vois.

Si nous disons que nous regrettons, que nous faisons un acte de contrition parfaite, tu nous sauveras de l'enfer, mais pas de *toute* souffrance. Nous devrons tout de même aller au purgatoire pendant un certain temps, pour nous purifier de nos péchés.

Combien de temps devrez-vous passer au «purgatoire»?

Cela dépend. Il faut brûler nos péchés. Ce n'est pas très agréable, laisse-moi Te dire. Et plus nous avons de péchés, plus ils mettent de temps à brûler et plus nous devons rester longtemps. C'est ce qu'on m'a dit.

Je comprends.

Mais au moins, nous n'irons pas en enfer, car l'enfer est éternel. Par contre, si nous mourons en état de péché mortel, nous irons *droit* en enfer.

De péché mortel?

C'est le contraire du péché véniel. Si nous mourons avec un péché véniel sur l'âme, nous n'allons qu'au purgatoire. Le péché mortel nous mène *droit* en enfer.

Peux-tu Me donner un exemple des diverses catégories de péchés dont on t'a parlé?

Bien sûr. Les péchés mortels sont graves. Un peu comme les Grands Crimes. Ce sont des forfaits théologiques. Des choses comme le meurtre, le viol, le vol. Les péchés véniels sont plutôt mineurs. Ce sont des délits théologiques. Un péché véniel, ce serait du genre : manquer la messe du dimanche. Ou, autrefois, manger de la viande le vendredi.

Minute! Ce Dieu-là t'envoyait au purgatoire si tu mangeais de la viande le vendredi?

Oui. Mais plus maintenant. Pas depuis le début des années cinquante. Mais si nous mangions de la viande le vendredi *avant* le début des années cinquante, nous étions cuits.

Vraiment?

Absolument.

Eh bien, qu'est-il arrivé au début des années cinquante pour que ce «péché» n'en soit plus un?

Le pape a dit que ce n'était plus un péché.

Je vois. Et ce Dieu-là, Il t'*oblige* à Le vénérer, à aller à l'église le dimanche? Sous peine de punition?

Manquer la messe est un péché, oui. Et si on ne se confesse pas, si on meurt avec ce péché sur l'âme, il faut aller au purgatoire.

Mais... et un enfant? Et ce petit enfant innocent qui ne connaît pas toutes ces «règles» selon lesquelles Dieu aime?

Eh bien, si un enfant meurt avant d'être baptisé dans la foi, cet enfant va dans les limbes.

Va *où*?

Dans les limbes. Ce n'est pas un lieu de punition, mais ce n'est pas le ciel non plus. C'est... euh... les *limbes*. On ne peut pas être avec Dieu mais au moins, on n'est pas obligé d'«aller au diable».

Mais pourquoi ce bel enfant innocent ne pourrait-il pas être avec Dieu? Cet enfant n'a rien fait de *mal*...

C'est vrai, mais cet enfant n'a pas été baptisé. Même les bébés innocents et immaculés, comme n'importe qui, d'ailleurs, doivent avoir été baptisés pour aller au ciel. Autrement, Dieu ne peut les accepter. C'est pourquoi il est important de faire baptiser les enfants rapidement, aussitôt après la naissance.

Qui t'a dit tout cela?

Dieu. À travers son Église.

Quelle Église?

La Sainte Église catholique romaine, bien entendu. *C'est* l'Église de Dieu. En fait, si on est catholique et qu'on se trouve à fréquenter une *autre* Église, c'est aussi un péché.

Je croyais que c'était un péché de *ne pas* aller à l'église!

Oui. Mais c'est aussi un péché d'aller à la *mauvaise* église.

Qu'est-ce que c'est, une «mauvaise» église?

Toute église qui n'est pas catholique. On ne peut être baptisé dans la mauvaise église, on ne peut se marier dans la mauvaise église, on ne peut même pas *fréquenter* une mauvaise église. Je sais très bien cela parce que, quand j'étais jeune, j'ai voulu aller avec mes parents au mariage d'un ami, en fait, on m'avait demandé de participer au mariage en tant que placier, mais les religieuses m'ont dit que je ne pouvais accepter l'invitation parce que c'était dans la *mauvaise église*.

Leur as-tu obéi?

Aux religieuses? Non. Je me suis dit que Dieu, Toi, Se trouverait à l'autre église avec tout autant de bonne volonté qu'à la mienne, et j'y suis donc allé. Je suis resté debout dans le sanctuaire, en smoking, et ça me convenait.

Bien. Alors, voyons, maintenant : nous avons le ciel, nous avons l'enfer, nous avons le purgatoire, nous avons les limbes, nous avons le péché mortel, nous avons le péché véniel. Y a-t-il autre chose?

Eh bien, il y a la confirmation, la communion et la confession, il y a l'exorcisme et l'Extrême-Onction. Il y a...

Attends..

... il y a les Saints Patrons et les Saintes Journées d'Obligation...

Chaque journée est sanctifiée. Chaque *minute* est sacrée. *Ceci, maintenant*, est *l'Instant Sacré*.

Eh bien, oui, mais certaines journées sont *vraiment* saintes, les Saintes Journées d'Obligation, et ces jours-là, nous devons également aller à l'église.

Revoilà les obligations. Et qu'arrive-t-il si tu n'y vas pas?

C'est un péché.

Alors, on va en enfer.

En fait, si on meurt avec ce péché sur l'âme, on va au purgatoire. C'est pourquoi il est bon d'aller à confesse. Vraiment, aussi souvent qu'on le peut. Certaines personnes y vont chaque semaine. Certaines, tous les *jours*. Ainsi, elles peuvent passer l'éponge, effacer l'ardoise au cas où elles mourraient...

Bigre... c'est ce qui s'appelle vivre dans la peur constante.

Oui, Tu vois, c'est le but de la religion : nous insuffler la peur de Dieu. Alors, nous faisons le bien et résistons à la tentation.

Ah, bon. Et si tu commets un «péché» entre deux confessions, puis que tu es victime d'un accident ou d'autre chose, et que tu meurs?

Ça va. Pas de panique. Il suffit de faire un acte de contrition parfaite. «Mon Dieu, je regrette vraiment de T'avoir offensé...»

D'accord, d'accord, ça suffit.

Mais attends. Ce n'est que l'une des religions du monde. Tu ne veux pas examiner les autres?

Non. Je me suis fait une idée.

Eh bien, j'espère que les gens ne pensent pas que je ne fais que ridiculiser leurs croyances.

Vraiment, tu n'en ridiculises aucune, tu les exposes tout simplement telles quelles sont. C'est comme le disait votre président américain Harry Truman. Lorsque les gens criaient : «Étripe-les, Harry!», il leur répondait : «Je n'ai pas besoin de les étriper. Je n'ai qu'à les citer, et on voit *bien* que c'est de la merde.»

4

Dis donc, on a vraiment dérivé. On a commencé par parler du Temps et on a abouti à la religion organisée.

Eh bien, voilà ce que c'est que de discuter avec Dieu. Il est difficile de limiter le dialogue.

Voyons si je peux résumer les points que Tu as avancés au chapitre 3.

· Il n'y a d'autre temps que *ce* temps-ci; il n'y a d'autre instant que cet instant-*ci*.

· Le temps n'est pas un continuum. C'est un aspect de la Relativité qui existe dans un paradigme vertical, avec des «instants» ou des «événements» empilés les uns sur les autres, qui arrivent ou se produisent en même «temps».

· Nous voyageons constamment entre des réalités dans ce royaume du «temps-non-temps-tout le temps», en général durant notre sommeil. Le *déjà-vu* est pour nous une façon d'en prendre conscience.

· Il n'y a jamais eu de temps où nous n'étions «pas», et il n'y en aura jamais.

· Appliqué aux âmes, le concept d'«âge» se rapporte à des niveaux de conscience plutôt qu'à une longueur de «temps».

· Le mal n'existe pas.

· Nous sommes parfaits, tels que nous sommes.

· Le «mal» est un concept de l'esprit, fondé sur l'Expérience relative.

· Nous inventons les règles à mesure que nous avançons, en les modifiant pour les adapter à notre Réalité présente, et c'est parfaitement correct. C'est ainsi que les choses devraient se passer, *doivent* se passer, pour notre évolution.

· Hitler est allé au ciel (!)

· Tout ce qui arrive est la Volonté de Dieu : *tout*, y compris les ouragans, les tornades et les tremblements de terre, mais aussi Hitler. Le secret, pour comprendre, est de connaître le *Dessein* qui se cache derrière tous les événements.

· Il n'y a pas de «punitions» après la mort. Il n'y a de conséquences que dans l'Expérience relative et non dans le Domaine de l'Absolu.

· Les théologies humaines constituent une tentative malsaine, de la part de l'humanité, d'expliquer un Dieu malsain qui n'existe pas.

· La seule façon de donner un sens aux théologies humaines, ce serait d'accepter un Dieu qui n'aurait aucun sens.

Qu'est-ce que Tu dis de cela? Encore un bon résumé?

Excellent.

Bien, car à présent, j'ai un million de questions. Les énoncés 10 et 11, par exemple, exigent des explications. *Pourquoi* Hitler est-il allé au ciel? (Je sais, Tu viens d'essayer de l'expliquer mais pour une raison quelconque, il m'en faut davantage.) Quel est le dessein qui se cache derrière tous les événements? Et comment ce Plus Grand Dessein est-il relié à Hitler et aux autres despotes?

Parlons d'abord du Dessein.

Tous les événements, toutes les expériences ont pour dessein la création *d'occasions*. Les événements et expériences sont des Occasions. Ni plus ni moins.

Ce serait une erreur que de les juger comme étant des «Oeuvres du diable», des «punitions de Dieu», des «récompenses du Ciel», ou quoi que ce soit de semblable. Ce ne sont que des Événements et des Expériences; des choses qui arrivent.

C'est ce que nous en *pensons*, ce que nous en *faisons*, ce que nous *sommes* en réaction à eux, qui leur donne une signification.

Les événements et les expériences sont des occasions attirées

vers toi, créées *par toi*, individuellement ou collectivement, à travers la conscience. La conscience crée l'expérience. Tu essaies d'élever ta conscience. Tu as attiré ces occasions afin de pouvoir t'en servir, comme des outils, pour créer et vivre Qui Tu Es. Qui Tu Es, c'est un être d'une conscience plus élevée que celle dont tu fais montre à présent.

Parce que Ma Volonté est que tu connaisses et fasses l'expérience de Qui Tu Es, Je te laisse t'attirer tout événement ou expérience que tu choisis de créer pour ce faire.

D'autres Joueurs du Jeu Universel se joignent à toi de temps à autre; soit en tant que Brèves Rencontres, Participants Périphériques, Coéquipiers Temporaires, Interacteurs à Long Terme, Parenté et Famille, Très Chers Proches, ou Partenaires à Vie sur la Voie.

Ces âmes sont attirées vers toi *par* toi. Tu es attiré vers elles *par* elles. C'est une expérience de création mutuelle, qui exprime vos choix et désirs à tous deux.

Personne ne vient vers toi par accident.

Il n'y a pas de coïncidences.

Rien n'arrive par hasard.

La vie n'est pas un résultat du hasard.

Les événements, comme les gens, sont attirés vers toi, par toi, dans tes buts à toi. Les expériences et développements planétaires plus grands résultent d'une conscience de groupe. Ils sont attirés vers ton groupe dans son ensemble à la suite des choix et désirs du groupe dans son ensemble.

Qu'entends-Tu par l'expression «ton groupe»?

La *conscience de groupe* est une chose que peu de gens comprennent, mais elle est extrêmement puissante et, si vous n'y prenez garde, elle peut souvent dépasser la conscience individuelle. Vous devez donc vous efforcer, toujours, partout où vous allez et dans tout ce que vous faites, de créer une conscience de groupe, si vous voulez que votre expérience générale de vie sur la planète soit harmonieuse.

Si tu fais partie d'un groupe dont la conscience ne reflète la tienne et que tu es incapable, actuellement, de modifier avec succès la conscience du groupe, il est sage de quitter ce groupe, sinon ce groupe pourrait *te* diriger. Il ira où *il* veut, peu importe où tu veux te rendre.

Si tu ne peux trouver un groupe dont la conscience corresponde à la tienne, sois la *source* d'un groupe. D'autres, de conscience semblable, seront attirés vers toi.

Pour qu'il y ait un changement permanent et significatif sur votre planète, les individus et les petits groupes doivent affecter les groupes plus grands et, en définitive, le groupe le plus grand, qui est L'ENSEMBLE de l'humanité.

Ton monde, et l'état dans lequel il se trouve, est un reflet de la conscience totale et combinée de chacun de ceux qui y vivent.

Comme tu peux le voir en regardant autour de toi, il reste beaucoup de travail à faire. À moins, bien sûr, que tu ne sois satisfait de ton monde tel qu'il est.

Curieusement, *la plupart des gens* le sont. Voilà pourquoi le monde ne change pas.

La plupart des gens sont vraiment satisfaits d'un monde dans lequel on respecte les différences, mais non les similitudes, et où on règle les désaccords par le conflit et la guerre.

La plupart des gens *se* satisfont d'un monde où la survie est réservée au plus fort, où «la raison du plus fort est toujours la meilleure», où la compétition est obligatoire et où gagner est considéré comme le plus grand bien.

Si ce système se trouve également produire des «perdants», alors, qu'il en soit ainsi, pourvu que tu n'en fasses pas partie.

La plupart des gens *sont* satisfaits, même si un tel modèle produit des gens qui, souvent, se font tuer lorsqu'on les juge «mauvais», crèvent de faim et deviennent des sans-abri lorsqu'ils sont «perdants», deviennent opprimés et exploités lorsqu'ils ne sont pas «forts».

La plupart des gens trouvent «mauvais» ce qui est différent d'eux. En particulier, on ne tolère pas les différences religieuses, ni un grand nombre de différences sociales, économiques ou culturelles.

La classe supérieure justifie l'exploitation de la classe inférieure en disant, pour se féliciter, que ses victimes vivent désormais dans de meilleures conditions qu'avant. Selon ce critère, la classe supérieure peut ignorer le problème de savoir comment il *faudrait* traiter tous les gens si on était vraiment *juste*, plutôt que de se contenter d'améliorer un tout petit peu une horrible situation, en faisant un profit obscène par-dessus le marché.

La plupart des gens *rient* lorsqu'on propose une autre sorte de système que celui qui prévaut actuellement, et disent que des comportements comme la compétition, le meurtre et le principe «au plus fort la poche» sont des facteurs de la grandeur de leur civilisation! La plupart des gens pensent même qu'il n'y a aucune autre façon naturelle *d'être*, que c'est dans la *nature* des humains que de se conduire ainsi, et que le fait d'agir de toute autre façon tuerait la force intérieure qui pousse l'homme à réussir. (Personne ne pose la question : «Réussir à *quoi*?»)

Bien que cela soit difficile à comprendre pour des êtres véritablement éclairés, la plupart des gens, sur votre planète, soutiennent cette philosophie et c'est pourquoi la plupart des gens ne se soucient *pas* des masses souffrantes, de l'oppression des minorités, de la colère de la classe inférieure ou des besoins de *survie* de quiconque sauf eux-mêmes et leur famille immédiate.

La plupart des gens ne voient pas qu'ils sont en train de détruire leur Terre, la planète même qui leur donne la *Vie*, parce que leurs actions ne visent qu'à améliorer leur propre qualité de vie. Curieusement, ils ne voient pas suffisamment loin pour observer que les gains à court terme peuvent engendrer des pertes à long terme, comme c'est souvent le cas et comme ce sera encore souvent le cas.

La plupart des gens se sentent *menacés* par la conscience de groupe, par un concept comme le bien collectif, par l'idée générale d'un monde unique, ou par un Dieu en union avec toute la création plutôt que séparé d'elle.

Cette peur de tout ce qui mène à l'unification, en plus du fait que votre planète glorifie Tout Ce Qui Sépare, produit la division, la disharmonie, la discorde, mais vous ne semblez même pas capables de tirer des leçons de votre propre expérience : vous maintenez donc vos comportements, avec les mêmes résultats.

L'incapacité de ressentir la souffrance d'un autre comme étant la sienne propre, voilà ce qui permet à une telle souffrance de continuer.

La séparation engendre l'indifférence, la fausse supériorité. L'unité produit la compassion, l'égalité authentique.

Les événements qui se produisent sur votre planète, régulièrement, depuis 3 000 ans, sont, ai-Je dit, un reflet de la Conscience collective de «votre groupe», de tout le groupe de votre planète.

Ce niveau de conscience est carrément primitif.

Hmmm. Oui. Mais j'ai l'impression que nous nous sommes éloignés de la question de départ.

Pas vraiment. Tu m'as posé une question à propos d'Hitler. L'Expérience Hitler a été rendue possible en conséquence de la conscience de groupe. Bien des gens disent que Hitler a manipulé un groupe (dans ce cas, ses compatriotes) par la ruse et la maîtrise de sa rhétorique. Mais cela jette un blâme facile sur Hitler, exactement comme le veut la masse des gens.

Mais Hitler ne pouvait rien faire sans la coopération, l'appui et la soumission volontaire de millions de gens. Le sous-groupe appelé les Allemands doit assumer un énorme fardeau de responsabilité pour l'Holocauste. Tout comme, à un certain degré, le groupe plus grand appelé les Humains qui, même s'il n'a rien fait d'autre, s'est permis de rester indifférent et apathique devant la souffrance en Allemagne, jusqu'à ce qu'elle atteigne une échelle si énorme que même les isolationnistes les plus impitoyables ne pouvaient plus l'ignorer.

Tu vois, c'est une *conscience collective* qui a fourni un sol fertile à la croissance du mouvement nazi. Hitler a saisi l'occasion, mais il ne l'a pas créée.

Il est important, ici, de comprendre la *leçon*. Une conscience de groupe qui parle constamment de séparation et de supériorité produit une perte de compassion à une échelle massive, et une perte de la compassion engendre inévitablement une perte de conscience morale.

Un concept collectif enraciné dans le nationalisme strict ignore les épreuves des autres, mais rend tous les autres responsables des *vôtres*, justifiant ainsi les représailles, le «redressement» et la guerre.

Auschwitz était la solution nazie, une tentative de «redressement», du «Problème juif».

L'horreur de l'Expérience Hitler n'est pas qu'il l'ait perpétrée sur la race humaine, mais que la *race humaine lui ait permis de le faire*.

Ce qui est étonnant, ce n'est pas seulement qu'un Hitler se soit manifesté, mais aussi que tant d'autres lui aient *donné* leur appui.

La honte, ce n'est pas seulement qu'Hitler ait tué des millions de Juifs, mais aussi que des millions de Juifs aient *dû* mourir avant qu'on arrête Hitler.

Le but de l'Expérience Hitler était de montrer l'humanité à elle-même.

Tout au long de l'histoire, vous avez eu des maîtres remarquables, et chacun vous présentait d'extraordinaires occasions de vous rappeler Qui Vous Êtes Vraiment. Ces maîtres vous ont montré le point le plus élevé et le point le plus bas du potentiel humain.

Ils ont présenté des exemples vivants et stupéfiants de ce que peut vouloir dire être humain, jusqu'où on peut mener l'expérience et jusqu'où vous *tous* pouvez aller et *irez, en fonction de votre conscience*.

Ce qu'il faut se rappeler, c'est que la conscience est partout et crée votre expérience. La *conscience de groupe* est puissante et produit des résultats d'une beauté ou d'une laideur indicibles. Le choix vous appartient toujours.

Si vous n'êtes pas satisfaits de la conscience de votre groupe, essayez de la changer.

La meilleure façon de changer la conscience des autres, c'est par l'exemple.

Si ton exemple ne suffit pas, forme ton propre groupe, sois *toi-même* la *source* de la conscience que tu veux que les autres vivent. Ils *la vivront* quand tu la vivras.

Cela commence par *toi*. Tout. Vraiment tout.

Tu veux que le monde change? Change les choses dans ton propre monde.

Hitler vous a donné une occasion en or de le faire. L'Expérience Hitler, comme l'Expérience Christ, a des implications et des vérités profondes qu'elle vous a révélées à propos de vous. Mais ces consciences plus grandes ne vivent, dans le cas de Hitler ou de Bouddha, de Genghis Kahn ou de Krishna, de Attila le Hun ou de Jésus-Christ, qu'aussi longtemps que vos souvenirs d'elles.

C'est pourquoi les juifs élèvent des monuments à l'Holocauste en vous demandant de ne jamais l'oublier, car il y a un peu de Hitler en chacun de vous, et ce n'est qu'une question de degré. Effacer un peuple, c'est effacer un peuple, que ce soit à Auschwitz ou à Wounded Knee.

Donc, Hitler nous a été envoyé pour nous donner une leçon sur les horreurs que l'homme peut commettre, les niveaux auxquels l'homme peut s'abaisser?

Hitler ne vous a pas été envoyé. Hitler a été créé *par* vous. Il a surgi de votre Conscience collective et n'aurait pu exister sans elle. *Voilà* la leçon.

La conscience de la séparation, de la ségrégation, de la supériorité, «nous» contre «eux», «nous» et «eux», voilà ce qui crée l'Expérience Hitler.

La conscience de la Divine Fraternité, de l'Unité, du Un, du «nous» plutôt que du «votre»/«mien», voilà ce qui crée l'Expérience christique.

Lorsque la douleur est «nôtre» et non seulement «vôtre», lorsque la joie est «nôtre» et non seulement «mienne», lorsque toute *l'expérience de la vie* est Nôtre, alors c'est enfin vraiment cela : une expérience de Vie Intégrale.

Pourquoi Hitler est-il allé au ciel?

Parce que Hitler n'a rien fait de «mal». Hitler a fait ce qu'il a fait, c'est tout. Je te rappelle encore une fois que, pendant des années, des millions de gens croyaient qu'il avait «raison». Comment, alors, pouvait-il ne pas le croire?

Si tu lances une idée stupide et que dix millions de gens sont d'accord avec toi, tu ne te croiras peut-être pas si fou.

Le monde a décidé, finalement, que Hitler avait «tort». C'est-à-dire que les gens du monde entier ont procédé à une nouvelle évaluation de Qui Ils Étaient, et de Qui Ils Choisissaient D'Être, en relation avec l'Expérience Hitler.

Il a fourni un barème! Il a établi un paramètre, une frontière par rapport à laquelle nous pouvions mesurer et limiter nos idées à propos de nous-mêmes. Le Christ a fait la même chose, à l'autre bout du spectre.

Il y a eu d'autres Christs, et d'autres Hitlers. Et il y en aura encore d'autres. Alors, reste toujours vigilant, car il y a parmi vous des gens de conscience élevée et inférieure, même lorsque tu te trouves parmi d'autres. Quelle conscience as-tu?

Je ne comprends toujours pas comment Hitler aurait pu aller au ciel; comment il aurait pu être *récompensé* pour ce qu'il a fait?

D'abord, tu dois comprendre que la mort n'est pas une fin mais un commencement; ce n'est pas une horreur mais une joie. Ce n'est pas une fermeture mais une ouverture.

L'instant le plus heureux de ta vie sera celui où elle prendra fin.

Car elle ne finit *pas*; elle ne fait que continuer de façon si magnifique, si remplie de paix, de sagesse et de joie, qu'il est difficile de décrire cela et qu'il vous est impossible de le comprendre.

Donc, la première chose que tu dois comprendre, comme je te l'ai déjà expliqué, c'est que Hitler n'a fait de *mal* à personne. En un sens, il n'a pas *infligé* ces souffrances, il y a mis *fin*.

C'est le Bouddha qui disait : «La vie est souffrance». Le Bouddha avait raison.

Mais même si j'accepte cela, en fait, Hitler ne *savait* pas qu'il faisait le *bien*. Il croyait faire le *mal*!

Non, il ne croyait pas faire le «mal». En réalité, il croyait aider son peuple. C'est ce que tu ne comprends pas.

Personne ne fait *rien* de «mal» en fonction de son modèle du monde. Si tu crois que Hitler a agi de façon malsaine et que tout ce temps-là, il se *savait* fou, alors tu ne comprends rien à la complexité de l'expérience humaine.

Hitler croyait faire le *bien* pour son peuple. Et son peuple le croyait également! C'était là toute la folie de la situation! La majorité de la nation était *d'accord avec lui*!

Tu as dit que Hitler avait «tort». Bien. Selon ce critère, tu es arrivé à te définir, à te connaître davantage. Bien. Mais ne condamne pas Hitler pour *t'avoir montré cela*.

Il fallait que *quelqu'un* le fasse.

Tu ne peux connaître le froid sans le chaud, le haut sans le bas, la gauche sans la droite. Ne condamne pas l'un pour rendre grâces à l'autre. Si tu fais cela, c'est que tu ne comprends pas.

Depuis des siècles, on condamne Adam et Ève en disant qu'ils ont commis le Péché Originel. Je te dis ceci : c'était la Grâce Originelle, car sans cet événement, le partage de la connaissance du bien et du mal, tu ne saurais même pas que les deux possibilités existent! En effet, avant la soi-disant Chute d'Adam, ces deux possibilités *n'existaient pas*. Le «mal» *n'existait pas*. Chaque personne et chaque chose étaient dans un état de perfection constante. C'était, littéralement, le paradis. Mais on ne savait pas que c'était le paradis, on ne pouvait faire l'expérience de sa perfection, car on ne *connaissait rien d'autre*.

Alors, préfères-tu condamner Adam et Ève ou les remercier?

Et dis-Moi, que devrais-Je faire de Hitler?

Je te dis ceci : l'amour de Dieu et la compassion de Dieu, la sagesse de Dieu et le pardon de Dieu, l'intention de Dieu et le *dessein* de Dieu, sont suffisamment grands pour inclure le crime le plus haineux et le criminel le plus haineux.

Tu n'es peut-être pas d'accord, mais c'est sans importance. Tu viens d'apprendre ce que tu es venu découvrir ici.

5

Dans le premier livre, Tu m'as promis d'expliquer dans le Tome 2 une longue liste de choses plus vastes, telles que le temps et l'espace, l'amour et la guerre, le bien et le mal, et des considérations géopolitiques planétaires du plus haut niveau. Tu m'as également promis d'expliquer davantage, de façon détaillée, l'expérience humaine du sexe.

Oui, J'ai promis toutes ces choses.

Le Tome 1 traitait de questions plus personnelles concernant la vie individuelle. Le Tome 2 traite de votre vie collective sur la planète. Le Tome 3 conclura la Trilogie avec les vérités les plus grandes : la cosmologie, la totalité, le voyage de l'âme. En tout et partout, ce seront Mes meilleurs conseils et Ma meilleure information actuelle sur chaque chose, du laçage de tes chaussures à la compréhension de ton univers.

As-Tu dit tout ce que Tu avais à dire à propos du temps?

J'ai dit tout ce qu'il te faut savoir.

Le temps n'existe pas. Toutes les choses existent simultanément. Tous les événements se produisent en même temps.

Ce Livre est en train de s'écrire et, tout en s'écrivant, il est *déjà* écrit; il existe déjà. En fait, c'est de là que tu tires toute cette information, du livre qui existe déjà. Tu ne fais que le mettre en forme.

C'est ce qu'on entend par : «Avant même que tu ne demandes, J'aurai répondu.»

Toute cette information à propos du Temps me semble... eh bien, intéressante, mais plutôt ésotérique. Peut-elle s'appliquer à la vie réelle?

Une véritable compréhension du temps te permettra de vivre beaucoup plus paisiblement ta réalité relative, dans laquelle le temps est vécu comme un mouvement, un courant, plutôt que comme une constante.

C'est *toi* qui te déplaces, et non le temps. Dans le temps, il *n'y* a aucun mouvement. Il n'y a qu'Un Seul Instant.

À un certain niveau, en profondeur, tu comprends bien cela. C'est pourquoi tu dis souvent, lorsque tu vis une chose vraiment magnifique ou importante, que c'est comme si «le temps s'arrêtait».

Il s'arrête *vraiment*. Et quand *tu t'arrêtes toi aussi*, tu fais souvent l'expérience de l'un de ces instants qui définissent la vie.

Je trouve cela difficile à croire. Comment cela peut-il être possible?

Ta science a déjà démontré cela de façon mathématique. Des formules démontrent que, si on monte dans un vaisseau spatial et qu'on s'envole suffisamment loin et suffisamment vite, on peut se tourner vers la Terre et *se voir décoller*.

Cela prouve que le Temps n'est pas un *mouvement* mais un champ à travers lequel vous vous déplacez, dans ce cas, sur le vaisseau Terre.

Vous dites qu'il faut 365 «jours» pour faire une année. Mais qu'est-ce qu'une «journée»? Vous avez décidé, plutôt arbitrairement, pourrais-Je ajouter, qu'une «journée» est le «temps» que prend votre vaisseau pour accomplir une révolution complète sur son axe.

Comment savez-vous qu'il a effectué ce tour? (Vous ne pouvez le sentir bouger!) Vous avez choisi un point de référence dans le ciel : le soleil. Vous dites qu'il faut une «journée» entière à la portion du Vaisseau sur laquelle vous vous trouvez pour faire face au *soleil*, s'en détourner et y faire face à nouveau.

Vous avez divisé cette «journée» en 24 «heures», plutôt arbitrairement, encore une fois. Vous auriez tout aussi bien pu dire «10» ou «73»!

Puis, vous avez divisé chaque «heure» en «minutes». Vous avez dit que chaque unité horaire contenait 60 unités plus petites, appelées «minutes», et que chacune *d'entre elles* contenait 60 unités minuscules, appelées «secondes».

Un jour, vous avez remarqué que non seulement la Terre tournait, mais aussi qu'elle *volait*! Vous avez vu qu'elle se déplaçait dans l'espace *autour du soleil*.

Vous avez soigneusement calculé qu'il fallait 365 révolutions terrestres pour que la Terre elle-même tourne autour du *soleil*. Ce nombre de tours de Terre, vous l'avez appelé une «année».

Les choses se sont un peu compliquées lorsque vous avez décidé de diviser une «année» en unités plus petites qu'une «année» mais plus grandes qu'une «journée».

Vous avez créé la «semaine» et le «mois» et vous vous êtes arrangés pour obtenir le même nombre de mois par année, mais pas le même nombre de *jours par mois*.

Comme vous ne pouviez trouver le moyen de diviser un nombre impair de jours (365) par un nombre pair de mois (12), vous avez tout simplement décidé que *certains mois auraient un plus grand nombre de jours que d'autres!*

Vous croyiez devoir garder le 12 comme dénominateur commun annuel car c'était le nombre de Cycles lunaires à travers lesquels vous observiez votre lune passer au cours d'une «année». Afin de réconcilier ces trois événements spatiaux (révolutions autour du soleil, tour de la Terre sur son axe et cycles lunaires), vous avez tout simplement ajusté le nombre de «journées» dans chaque «mois».

Même ce stratagème n'a pas résolu tous les problèmes parce que vos inventions antérieures continuaient de créer une «accumulation» de «temps» dont vous ne saviez que faire. Alors, vous avez également décidé que, de temps à autre, une année comprendrait une *journée entière de plus!* Vous l'avez appelée année bissextile et l'avez tournée en dérision, mais vous vivez *vraiment* selon une telle construction, et ensuite, tu trouves «incroyable» *Mon* explication du temps!

Vous avez tout aussi arbitrairement créé les «décennies» et les «siècles» (basés, il est intéressant de le faire remarquer, sur le 10, et non le 12) pour mesurer davantage le passage du «temps», mais en cours de route, vous n'avez fait que trouver un moyen de mesurer des *mouvements dans l'espace*.

Nous voyons ainsi que ce n'est pas le temps qui «passe», mais des *objets* qui passent à *travers* un champ statique que vous appelez espace, et se déplacent *dans* celui-ci. Le «temps» n'est que votre façon de *compter les mouvements*!

Les scientifiques ont une profonde compréhension de ce rapport, et parlent donc en termes du «Continuum Espace-Temps».

Votre Docteur Einstein, entre autres, a réalisé que le temps était une construction mentale, un *concept relationnel*. Le «temps», c'était ce qui était *relatif à l'espace* qui existait entre les objets. (Si l'univers est en expansion, ce qui est le cas, alors il faut à la Terre «plus de temps» pour tourner autour du soleil aujourd'hui qu'il y a un milliard d'années. Il y a plus d'«espace» à couvrir.)

Ainsi, il a fallu plus de minutes, d'heures, de jours, de semaines, de mois, d'années, de décennies et de siècles à tous ces événements cycliques pour arriver récemment, qu'en 1492! (Quand est-ce qu'une «journée» n'est pas une journée? Quand est-ce qu'une «année» n'est pas une année?)

Vos instruments de mesure du temps, nouveaux et hautement sophistiqués, enregistrent maintenant cette différence de «temps» et, chaque année dans le monde, on ajuste les horloges pour arranger un univers qui ne tient pas en place! Cela s'appelle l'heure de Greenwich..., et on l'appelle GMT, pour Gestion Médiocre du Temps...

Selon une théorie d'Einstein, puisque ce n'est pas le «temps» qui se déplace, mais l'homme qui se déplace dans l'espace à un rythme *donné*, il n'a qu'à augmenter ou à diminuer l'espace entre les objets, ou sa propre vitesse de déplacement dans l'espace, d'un objet à un autre, pour «modifier» le temps.

C'est sa Théorie générale de la relativité qui a élargi votre compréhension moderne de la co-relation entre le temps et l'espace.

Tu peux maintenant commencer à comprendre pourquoi, si tu fais un long voyage aller-retour dans l'espace, tu n'auras peut-être vieilli que de dix ans, tandis que tes amis restés sur Terre auront vieilli de 30 ans! Plus tu iras loin, plus tu déformeras le Continuum Espace-Temps et moins grandes seront tes chances, en atterrissant, de trouver vivant quiconque se trouvait sur Terre quand tu es parti!

Si toutefois, dans le «futur», des scientifiques développaient sur Terre une façon de se propulser plus rapidement, ils pourraient «tromper» l'univers, rester en phase avec le «temps réel» terrestre et découvrir, à leur retour, qu'il s'était écoulé le même temps sur Terre qu'à bord du vaisseau.

De toute évidence, si l'on disposait d'une forme de propulsion encore plus grande, on pourrait retourner sur Terre avant même d'avoir décollé! C'est-à-dire que le temps sur Terre passerait *plus lentement* que le temps sur le vaisseau. On pourrait revenir dans dix de vos «années» et la Terre n'aurait «vieilli» que de quatre! Augmentez la vitesse, et dix années dans l'espace équivaudraient à dix minutes sur Terre.

Alors, si tu rencontres un «pli» dans le tissu spatial (Einstein et d'autres croyaient à l'existence de tels «plis», et ils avaient raison!), te voilà soudainement propulsé dans «l'espace» en un seul «instant» infinitésimal. Un tel phénomène spatio-temporel pourrait-il littéralement te «renvoyer» dans le «temps»?

Tu ne devrais pas avoir autant de difficulté, à présent, à voir que le «temps» n'est rien d'autre qu'une construction de ton esprit. Tout ce qui est jamais arrivé, et tout ce qui *va* arriver, est en train d'arriver *maintenant*. La capacité de l'observer dépend tout simplement de ton point de vue, de ta «place dans l'espace».

Si tu étais à *Ma* place, tu pourrais Tout voir, *maintenant!*
Tu comprends?

Houlà! Je *commence* à le voir, à un niveau théorique... *oui!*

Bien. Je te l'ai expliqué très simplement, comme à un enfant. Ce n'est peut-être pas une bonne approche scientifique, mais c'est une bonne façon de comprendre.

Donc, les objets matériels ont une limite de vitesse, mais les *objets immatériels*, tels que mes pensées... mon âme... pourraient théoriquement se déplacer, dans l'éther, à des vitesses incroyables.

Exactement! *Précisément*! **Et c'est ce qui se produit souvent en rêve et dans d'autres expériences de décorporation et de médiumnité.**
À présent, tu comprends le *déjà-vu*. Tu *as* probablement déjà été là!

Mais... si tout est déjà *arrivé*, je suis donc incapable de changer mon avenir. Est-ce de la prédestination?

Non! Ne tombe pas dans ce panneau! Ce n'est pas vrai. En fait, ce «coup monté» devrait *te servir*, et non te *desservir*!
Tu es toujours dans un espace de libre-arbitre et de choix intégral. Le fait de pouvoir voir l'«avenir» (ou demander à des gens de le faire pour toi) devrait augmenter ta capacité de vivre la vie que tu veux, et non la limiter.

Comment? J'aimerais que Tu m'aides à comprendre.

Si tu «vois» une expérience ou un événement futur que tu n'aimes pas, ne le *choisis* pas! Fais un nouveau choix! Choisis-en un autre!
Change ou modifie ton comportement de façon à *éviter le résultat indésirable*.

Mais comment puis-je éviter ce qui est déjà arrivé?

Pour toi, ce n'est pas arrivé; pas encore! Tu es à un point du Continuum Espace-Temps où tu n'es pas *conscient* de l'événement. Tu ne «sais» pas qu'il est «arrivé». Tu ne t'es pas «rappelé» ton avenir!
(Cet oubli est le secret *de tous les temps*. C'est ce qui te permet de «jouer» le grand jeu de la vie! Je t'expliquerai plus tard!)
Ce que tu ne «sais» pas n'est pas «le cas». Puisque «tu» ne te «rappelles» pas ton avenir, il ne «t'»est pas encore «arrivé»! Une chose ne se «produit» que lorsqu'on en fait l'«expérience». On ne «fait l'expérience» d'une chose que lorsqu'elle est «connue».
Alors, supposons que tu aies reçu le privilège d'une brève révé-

lation, d'une «connaissance» d'une fraction de seconde de ton «avenir». Ce qui s'est passé, c'est que ton Esprit, la partie non physique de toi, a tout simplement accéléré vers un autre endroit du Continuum Espace-temps et a ramené une certaine énergie résiduelle, certaines images ou impressions, de cet instant ou événement.

Tu peux «sentir» celles-ci ou parfois, quelqu'un qui a développé un don métaphysique peut «sentir» ou «voir» ces images et énergies qui tourbillonnent autour de toi.

Si tu n'aimes pas ce que tu «perçois» de ton «avenir», éloigne-t'en! Éloigne-t'en, tout simplement! À ce moment-là, tu changes ton expérience et chaque aspect de ton Soi pousse un soupir de soulagement!

Minute! Holàààààà...

Tu dois savoir, et tu es maintenant prêt à l'apprendre, que tu existes *simultanément* à chaque niveau du Continuum Espace-Temps.

C'est-à-dire que ton âme A Toujours Été, Est Toujours et Sera Toujours. C'est un monde sans fin. Amen.

J'«existe» en plus d'un endroit à la fois?

Bien sûr! Tu existes *partout* et en tout temps!

Il y a un «moi» dans l'avenir et un «moi» dans le passé?

Eh bien, l'«avenir» et le «passé» n'existent pas, comme nous venons de le comprendre à grand-peine, mais si on utilise ces mots comme tu les as toujours utilisés, oui.

J'existe en plusieurs versions?

Il n'y a qu'un *seul* toi, mais tu es beaucoup plus *grand* que tu ne le crois!

Alors, quand le «moi» qui existe «maintenant» change quelque chose qu'il n'aime pas dans son «avenir», cela ne fait plus partie de l'expérience du «moi» qui existe dans l'«avenir»?

Essentiellement, oui. Toute la mosaïque change. Mais il ne perd jamais l'expérience qu'il s'est donnée. Il est tout simplement soulagé et content que «tu» n'aies pas à vivre cela.

Mais comme le «moi» du «passé» doit encore en «faire l'expérience», il y va directement?

En un sens, oui. Mais bien sûr, «tu» peux «l'»aider.

Je *peux*?

Bien sûr. D'abord, si tu changes l'expérience du «toi» qui se trouve *devant* toi, le «toi» qui se trouve *derrière* toi n'aura peut-être jamais à en faire l'expérience! C'est au moyen de ce stratagème que ton âme évolue.

De la même façon, le *toi futur* a reçu de l'aide de son *propre* soi futur et t'a donc aidé, *toi*, à éviter ce qu'il *n'a pas* évité.

Me suis-tu?

Oui. Et c'est intrigant. Mais j'ai une autre question, à présent. Et les vies passées? Si j'ai toujours été «moi», dans le «passé» et dans le «futur», comment ai-je pu être quelqu'un *d'autre*, une autre personne, dans une vie passée?

Tu es un Être Divin, capable de plus d'une expérience en même «temps» et capable de diviser ton Soi en autant de «soi» différents que tu le choisis.

Tu peux vivre la «même vie» continuellement, de différentes façons, tout comme Je viens de te l'expliquer. Et tu peux également vivre des vies différentes à différents «moments» du Continuum.

Ainsi, tout en étant toi, ici, maintenant, tu peux tout autant être et avoir été d'autres «soi», en d'autres «temps» et «lieux».

Bon sang! Ça devient de plus en plus plus compliqué!

Oui et, en fait, nous venons seulement d'égratigner la surface.

Sache seulement ceci : tu es un être d'une Proportion Divine, sans aucune limite. Une part de toi est en train de choisir de se connaître en tant qu'Identité présentement-vécue. Mais ce n'est aucunement, et de loin, la limite de ton Être, même si tu crois *que ce l'est*.

Pourquoi?

Tu *dois* croire que ce l'est, sinon tu ne pourrais pas faire ce que tu t'es chargé de faire en cette vie.

Et qu'est-ce que c'est? Tu me l'as déjà dit, mais dis-le-moi encore, «ici» et «maintenant».

Tu as toute la Vie, toutes les *nombreuses* vies, pour *être* et *décider* Qui Tu Es Vraiment; pour choisir et créer Qui Tu Es Vraiment; pour accomplir et faire l'expérience de l'idée actuelle que tu te fais de toi-même.

Tu es dans un Éternel Instant de création du Soi et d'accomplissement du Soi à travers le processus de l'expression du Soi.

Tu as attiré les gens, les événements et les circonstances de ta vie vers toi, pour qu'ils te servent d'outils afin de façonner la Version la plus Grandiose de la Vision la Plus Magnifique que tu aies jamais eue de toi-même.

Ce processus de création et de recréation est continu, infini et stratifié. Tout cela se passe «maintenant» et à bien des niveaux.

Dans ta réalité linéaire, l'expérience t'apparaît sous la forme du Passé, du Présent et du Futur. Tu t'imagines n'avoir qu'une vie, ou peut-être plusieurs, mais sûrement une seule *à la fois*.

Mais si le «temps» n'existait pas? Alors, tu vivrais *toutes tes «vies» en même temps!*

C'est bien ce qui se produit!

Tu es en train de vivre cette vie-*ci*, ta vie accomplie à présent, dans ton Passé, ton Présent, ton Futur, en même temps! As-tu jamais eu un «étrange pressentiment» à propos de quelque événement futur, si fort qu'il t'en a détourné?

Dans ton langage, tu appelles cela la prémonition. De Mon point de vue, tu prends soudainement conscience d'une chose dont tu viens de faire l'expérience dans ton «futur».

Ton «toi futur» est en train de dire : «Eh, ce n'était pas drôle. Ne *fais* pas ça!»

Tu es également en train de vivre, d'autres vies, ce que tu

appelles des «vies passées», et tu les vis maintenant, même si, selon ton expérience, elles se trouvent dans ton «passé» (si tu en fais l'expérience), et cela vaut mieux ainsi. Il te serait très difficile de jouer ce merveilleux jeu de la vie si tu avais *pleinement conscience* de ce qui se passe. Même cette description qui t'est offerte ici ne peut te donner cela. Si c'était le cas, le «jeu» serait terminé! Le Processus *dépend* du fait que le Processus est complet, tel quel, et comprend ton manque de conscience totale à ce stade-ci.

Alors, rends grâces au Processus et accepte-le comme le plus grand cadeau du Plus Aimable Créateur. Embrasse le Processus et suis-le dans la paix, la sagesse et la joie. Utilise le Processus et transforme-le : fais d'une chose que tu *endures* une chose dans laquelle tu *t'engages*, un outil dans la création de l'expérience la plus magnifique de Tout Temps : l'accomplissement de ton Soi Divin.

Comment? Quelle est la meilleure façon de le faire?

Ne gaspille pas ces précieux instants de ta réalité présente à chercher à dévoiler tous les secrets de la vie.

Ces secrets le sont pour une *raison*. Accorde à ton Dieu le bénéfice du doute. Utilise ton Instant Présent dans le Dessein le Plus Élevé : la création et l'expression de Qui Tu Es Vraiment.

Décide Qui Tu Es, Qui tu *veux* être, puis fais tout ce que tu peux pour *être* cela.

Utilise comme cadre de travail ce que Je t'ai dit à propos du temps, dans les limites de ta compréhension, pour y construire ton Idée la Plus Grandiose.

S'il te vient une impression à propos du «futur», *respecte-la*. S'il te vient une idée à propos d'une «vie passée», vérifie si elle peut t'être utile : ne te contente pas de l'ignorer. Et surtout, si tu trouves une façon de créer, de montrer, d'exprimer et de faire l'expérience de ton Soi Divin avec encore plus de gloire, ici et maintenant, *adopte* cette façon.

Et on te *fera* connaître une façon, car tu l'as demandé. Le fait de produire ce livre est signe que tu l'as demandé, car tu ne serais pas en train de le produire, en ce moment même, si tu n'avais pas l'esprit ouvert, le coeur ouvert et l'âme ouverte à la connaissance.

Même chose pour ceux qui sont à présent en train de le *lire*, car *ils l'ont créé, eux aussi*. Autrement, *comment* pourraient-ils être en train *d'en faire l'expérience*?

Chacun est en train de créer tout ce qui est maintenant en train d'être vécu. Autrement dit, *Je* suis en train de créer tout ce qui est maintenant en train d'être vécu, car *Je suis chacun*.

Saisis-tu cette symétrie? En vois-tu la Perfection?

Tout cela forme une seule vérité :

NOUS NE FAISONS QU'UN.

6

Parle-moi de l'espace.

L'espace, c'est le temps... démontré.

En vérité, l'espace pur et «vide», sans rien dedans, n'existe pas. Tout est *quelque chose*. Même l'espace «le plus vide» est rempli de vapeurs si minces, si étalées sur des régions infinies, qu'elles semblent ne pas exister.

Puis, une fois les vapeurs disparues, il y a de l'énergie. De l'énergie pure. Cela se manifeste sous forme de vibrations, d'oscillations, de Mouvements du Tout à une fréquence particulière.

L'«énergie» invisible est l'«espace» qui retient la «matière».

Jadis, pour suivre le modèle de ton temps linéaire, toute la matière de l'univers était condensée en un seul point minuscule. Si tu ne peux en imaginer la densité, c'est parce que tu crois en la densité de la matière telle qu'elle existe *maintenant*.

En réalité, ce que tu appelles matière, c'est surtout de l'espace. Tous les objets «solides» sont composés de 2 pour cent de «matière» solide et de 98 pour cent d'«air»! Dans tous les objets, l'espace entre les particules les plus minuscules de matière est énorme. Il est comparable à la distance qui sépare les corps célestes dans votre ciel nocturne. Mais, pour vous, ces objets sont *solides*.

À une époque, l'univers entier était vraiment «solide». Il n'y avait à toutes fins pratiques *aucun espace* entre les particules de matière. Toute la matière était dépourvue d'«espace», et puisque l'énorme «espace» avait disparu, cette matière occupait une zone plus petite que la tête d'une épingle.

En réalité, il y eut un «temps», avant ce «temps»-là, où la

matière n'existait pas, sinon sous la forme la plus pure de l'Énergie Vibratoire La Plus Élevée, que vous appelleriez *antimatière*.

C'était le temps «avant» le temps, avant l'univers physique tel que vous le connaissez. *Rien* n'existait sous forme matérielle. C'est ainsi que certaines personnes s'imaginent le paradis, ou le «ciel», parce qu'«il n'y avait aucun problème*»!

(Ce n'est pas un hasard si, en anglais, lorsqu'on soupçonne que quelque chose va mal, on parle de matière.)

Au commencement, l'énergie pure (*Moi!*) vibrait, oscillait, si vite qu'elle forma de la matière, *toute la matière de l'univers*!

Toi aussi, tu peux accomplir le même tour de force. En fait, c'est ce que tu *fais* chaque jour. Tes *pensées* sont pure vibration; elles *peuvent* créer de la matière physique et elles le font! Si un nombre suffisant d'entre vous entretenez la même pensée, vous pourrez avoir un impact sur des portions de votre univers physique et même en créer. Cela t'a été expliqué en détails dans le Tome 1.

L'univers est-il encore en expansion?

Tu ne peux t'imaginer à quelle vitesse!

Va-t-il toujours prendre de l'expansion?

Non. Un temps viendra où les énergies qui propulsent l'expansion se dissiperont et où les énergies qui retiennent les choses prendront la relève pour tout «réunir» à nouveau.

Tu veux dire que l'univers se contractera?

Oui. Tout va, littéralement, «tomber en place»! Et ce sera à nouveau le paradis. Sans matière. De l'énergie pure.
Autrement dit : *Moi!*
À la fin, tout cela va revenir à Moi. C'est l'origine de votre expression : «Tout revient à cela.»

Ça veut dire que nous n'existerons plus!

---

* *Jeu de mots : Nothing was the matter = pas de matière = pas de problème (N.d.T.)*

Pas sous forme physique. Mais tu vas *toujours exister*. Tu ne peux pas *ne pas* exister. Tu *es* ce qui *Est*.

Que se passera-t-il après l'«effondrement» de l'univers?

Tout le processus va recommencer! Il y aura un autre soi-disant Big Bang, et un autre univers naîtra.

Il va prendre de l'expansion et se contracter. Puis, il va recommencer, à nouveau. Et encore. Et encore. À jamais. Un monde sans fin.

C'est l'inspiration et l'expiration de Dieu.

Eh bien, une fois de plus, tout cela est très intéressant, mais ça n'a presque aucun rapport avec ma vie quotidienne.

Comme Je te l'ai déjà dit, le fait de passer un temps considérable à tenter de démêler les plus profonds mystères de l'univers n'est probablement pas la façon la plus efficace d'utiliser ta vie. Mais il y a des avantages à tirer de ces simples allégories et descriptions pour les profanes du Grand Processus.

Comme quoi?

Comme de comprendre que tout est cyclique, y compris la vie.

Le fait de comprendre la vie de l'univers t'aidera à comprendre la vie de l'univers qui se trouve en toi.

La vie se déroule par cycles. Tout est cyclique. Tout. Lorsque tu comprendras cela, tu seras mieux à même d'apprécier le Processus, au lieu de te contenter de le supporter.

Tout se déroule de façon cyclique. La vie a un rythme naturel et tout suit ce courant. Ainsi, il est écrit: «Pour chaque chose, il est une saison; et un temps pour chaque Dessein sous le Ciel.»

Sage est celui qui comprend cela. Habile est celui qui l'utilise.

Les gens qui comprennent le mieux les rythmes de la vie, ce sont les femmes. Les femmes passent toute leur vie dans le rythme. Elles sont *en* phase avec la vie même.

Les femmes sont davantage capables de «suivre le courant» que les hommes. Les hommes veulent pousser, tirer, résister, *diriger* le courant. Les femmes en font *l'expérience,* puis s'y fondent pour produire de l'harmonie.

La femme entend la mélodie des fleurs dans le vent. Elle voit la beauté de l'Invisible. Elle sent les saccades, les tiraillements et les poussées de la vie. Elle *sait* quand il est temps de courir, et de se reposer; de rire et de pleurer; de s'accrocher et de lâcher prise.

La plupart des femmes quittent leur corps avec grâce. La plupart des hommes résistent au départ. Les femmes traitent aussi leur corps d'une façon plus gracieuse, lorsqu'elles sont *dans* leur corps. Les hommes traitent leur corps d'une façon horrible. De la même façon qu'ils traitent la vie.

Bien entendu, il y a des exceptions à toute règle. J'exprime ici des généralités. Je parle de la façon dont les choses se sont passées jusqu'ici. Je parle dans les termes les plus généraux. Mais si tu considères la vie, si tu t'avoues à toi-même ce que tu vois, ce que tu as vu, si tu reconnais ce qui est, tu trouveras peut-être de la vérité dans ces généralités.

Mais ça m'attriste. Ça me donne l'impression que les femmes sont, d'une certaine façon, des êtres supérieurs. Qu'elles ont davantage d'«étoffe» que les hommes.

Une part du glorieux rythme de la vie est le yin et le yang. Un Aspect de l'«Être» n'est ni «plus parfait» ni «meilleur» qu'un autre. Les deux aspects sont tout simplement, et merveilleusement, cela : des aspects.

De toute évidence, les hommes incarnent d'autres reflets de la Divinité, que les femmes considèrent avec tout autant d'envie.

Mais on a dit que le fait d'être homme était votre terrain d'épreuve, votre période probatoire. Lorsque tu auras été un homme suffisamment longtemps; lorsque tu auras suffisamment souffert à cause de ta propre stupidité; lorsque tu auras infligé suffisamment de douleur à cause des calamités que tu auras créées, lorsque tu auras suffisamment blessé les autres pour faire cesser tes propres comportements, pour remplacer l'agressivité par la raison, le mépris par la compassion, l'obsession de gagner par l'attitude qui consiste à ne faire perdre personne, alors tu pourras devenir une femme.

Lorsque tu auras appris que la raison du plus fort n'est *pas* la «meilleure»; que la force ne consiste *pas* à avoir du pouvoir *sur*, mais du pouvoir *avec*; que le pouvoir absolu n'exige absolument rien des autres; lorsque tu auras compris ces choses, alors tu pourras mériter de porter un corps de femme, car au moins, tu auras compris son Essence.

Donc, une femme *est* vraiment meilleure qu'un homme.

Non! Pas «meilleure» : différente! C'est toi qui émets ce jugement. Rien n'est «meilleur» ni «pire», dans la réalité objective. Il n'y a que ce qui Est, et ce que tu veux Être.

Le chaud n'est pas meilleur que le froid, ni le haut meilleur que le bas; c'est un aspect que j'ai déjà expliqué. Par conséquent, le féminin n'est pas «meilleur» que le masculin. Il *est* tout simplement ce qu'il Est. Tout comme tu es ce que tu es.

Mais aucun d'entre vous n'est restreint, plus limité qu'un autre. Vous pouvez Être ce que vous souhaitez Être, choisir ce dont vous souhaitez faire l'expérience, en cette vie, dans la prochaine ou la suivante après celle-là, tout comme tu l'as fait dans la vie précédente. Chacun de vous a toujours le choix. Chacun de vous est composé de Tout. Il y a du masculin et du féminin en chacun de vous. Exprimez et éprouvez l'aspect de vous-même qu'il vous plaît d'exprimer et d'éprouver. Mais sachez que *tout* cela est ouvert à chacun de vous.

Je ne veux pas passer à d'autres sujets. Je veux rester un moment sur ce paradigme masculin-féminin. Tu as promis, à la fin du dernier livre, de parler de façon plus détaillée de tout l'aspect sexuel de cette dualité.

Oui. Je crois qu'il est temps que nous parlions, toi et Moi, de sexe.

7

Pourquoi as-Tu créé deux sexes? Est-ce la seule façon que Tu as trouvée d'imaginer comment nous allions nous recréer? Comment devrions-nous aborder cette incroyable expérience appelée sexualité?

Sans honte, c'est certain. Et sans peur ni culpabilité.

Car la honte n'est pas une vertu, la culpabilité n'est pas la bonté et la peur n'est pas l'honneur.

Sans désir, non plus, car le désir n'est pas la passion; ni abandon, car l'abandon n'est pas la liberté; ni agressivité, car l'agressivité n'est pas l'ardeur.

Et, de toute évidence, sans idées de contrôle, de pouvoir ou de domination, car elles n'ont rien à voir avec l'Amour.

Mais... peut-on utiliser le sexe pour la simple gratification personnelle? Étonnamment, la réponse est oui, car la «gratification personnelle» n'est qu'un synonyme de l'Amour de Soi.

La gratification personnelle a acquis une mauvaise réputation au fil des années, et c'est la raison principale pour laquelle une grande culpabilité est rattachée au sexe.

On vous dit de ne pas utiliser pour la gratification personnelle une chose qui est *intensément gratifiante au niveau personnel!* Cette contradiction évidente vous est apparente, mais vous ne savez pas quelle conclusion en tirer! Alors, vous décidez que si vous vous sentez *coupables* d'avoir certaines sensations agréables pendant et après l'activité sexuelle, cela arrangera au moins les choses.

Ce n'est pas si différent de la célèbre chanteuse que vous connaissez tous, que Je ne nommerai pas ici, qui reçoit des millions de dollars pour chanter. Lorsqu'on lui a demandé de commenter son incroyable succès et la richesse qu'il lui a rapportée, elle a dit : «Je m'en sens presque *coupable* car j'aime tellement chanter.»

L'implication est claire. Si c'est quelque chose que vous *adorez* faire, vous ne devez pas en plus en recevoir une compensation monétaire. La plupart des gens gagnent de l'argent en *faisant quelque chose qu'ils détestent*, ou quelque chose qui est au moins un *dur labeur*, et non une *joie sans fin*!

Donc, le message du monde est : si vous avez des sentiments négatifs à l'égard d'une chose, *alors vous pouvez y prendre plaisir*!

Vous utilisez souvent la culpabilité pour essayer de vous sentir *mal* à propos d'une chose qui vous fait du bien, et ainsi vous réconcilier avec Dieu... qui, selon vous, ne veut pas que vous vous sentiez bien à propos de *quoi que ce soit*!

En particulier, vous ne devez pas tirer plaisir des joies du corps. Et *absolument* pas du (comme votre grand-mère le chuchotait) «S-E-X-E...»

Eh bien, la bonne nouvelle, c'est qu'il est *parfaitement bien d'aimer le sexe!*

Il est aussi parfaitement bien *d'aimer votre Soi!*

En fait, c'est une obligation.

Ce qui ne vous sert *pas*, c'est d'avoir une *dépendance* par rapport au sexe (ou à quoi que ce soit d'autre). Mais il *est* «bien» d'en tomber amoureux!

Exerce-toi à dire ceci dix fois par jour :

J'AIME LE SEXE

Exerce-toi à dire *ceci* dix fois :

J'AIME L'ARGENT

Maintenant, tu veux quelque chose de vraiment difficile? Essaie de dire *ceci* dix fois :

JE *M*'AIME!

Voici certaines autres choses que tu n'es pas censé aimer. Exerce-toi à les aimer :

LE POUVOIR

LA GLOIRE

LA RENOMMÉE

LE SUCCÈS

LE GAIN

Tu en veux d'autres? Essaie *ceci*. Tu devrais *vraiment* te sentir coupable si tu aimes *ceci* :

L'ADULATION DES AUTRES

T'AMÉLIORER

POSSÉDER DAVANTAGE

SAVOIR COMMENT

SAVOIR *POURQUOI*

Tu en as assez? Attends! Voici *l'ultime objet de culpabilité*. Tu devrais te sentir, en définitive, coupable si tu as le sentiment de

CONNAÎTRE DIEU

N'est-ce pas intéressant? Toute ta vie, on t'a rendu coupable à propos des

CHOSES QUE TU DÉSIRES LE PLUS.

Mais Je te dis ceci : aime, aime, *aime* les choses que tu désires, car ton amour pour elles *les attire vers toi.*

Ces choses sont l'étoffe de la vie. Quand tu les aimes, tu *aimes la vie*! Quand tu déclares que tu les désires, tu annonces que tu choisis toutes les bonnes choses que la vie peut offrir!

Alors, choisis le sexe; autant de sexe que tu peux en vivre! Et choisis le *pouvoir;* autant de pouvoir que tu peux en rassembler! Et choisis la *renommée;* autant de renommée que tu peux en atteindre! Et choisis le *succès;* autant de succès que tu peux en avoir! Et choisis de *gagner;* autant que tu peux!

Cependant, ne choisis pas le sexe plutôt que l'amour, *mais plutôt pour célébrer celui-ci.* Et ne choisis pas le pouvoir sur, *mais le pouvoir avec.* Et ne choisis pas la renommée comme une fin en soi, *mais comme un moyen d'atteindre un but plus élevé.* Et ne choisis pas le succès aux dépens des autres, *mais comme moyen d'aider les autres.* Et ne choisis pas le fait de gagner à tout prix, *mais le gain qui ne coûte rien aux autres,* et même qui *leur apporte un gain supplémentaire.*

Vas-y, choisis l'adulation des autres, mais considère tous les autres comme des êtres que *tu* peux combler d'adulation, et *fais*-le!

Vas-y, choisis le fait d'être meilleur, mais pas meilleur que d'autres; plutôt meilleur que *tu ne l'étais auparavant.*

Vas-y, choisis le fait d'avoir davantage, mais seulement pour avoir *davantage à donner.*

Et oui, *choisis* le fait de «savoir comment» et de «savoir pourquoi», afin de pouvoir partager toute cette connaissance avec d'autres.

Et à tout prix, choisis de CONNAÎTRE DIEU. En fait, CHOISIS D'ABORD CELA et tout le reste suivra.

Toute ta vie, on t'a enseigné qu'il valait mieux donner que recevoir. *Mais tu ne peux donner ce que tu n'as pas.*

Voilà pourquoi l'auto-gratification est si importante, et pourquoi il est si malheureux qu'elle en soit venue à sembler si laide.

De toute évidence, nous ne parlons pas, ici, de l'auto-gratification aux dépens des autres. Il ne s'agit pas d'ignorer les besoins des autres. De même, la vie ne devrait pas être à propos de l'ignorance de tes propres besoins.

Donne-toi du plaisir en abondance, et tu auras un abondant plaisir à donner aux autres.

Les maîtres du sexe tantrique savent cela. Voilà pourquoi ils encouragent la masturbation, que certains d'entre vous appellent en fait un péché.

La masturbation? Dis donc, Tu dépasses vraiment la limite, ici. Comment peux-Tu soulever une telle chose; comment peux-Tu même le *dire*, dans un message qui est censé venir de Dieu?

Je vois. Tu juges la masturbation.

Eh bien, *je* ne la juge pas, mais un bon nombre de lecteurs la jugent peut-être. Et Tu as dit, je crois, que nous étions en train de produire ce livre pour d'autres.

C'est bien cela.

Alors, pourquoi les offenses-Tu délibérément?

Je n'«offense délibérément» personne. Les gens sont libres de se sentir «offensés» ou non, c'est leur choix. Mais crois-tu vraiment que nous pourrons parler de façon sincère et ouverte de la sexualité humaine sans que *quelqu'un* choisisse d'être «offensé»?

Non, mais on peut aller trop loin. Je ne crois pas que la plupart des gens soient prêts à entendre Dieu parler de masturbation.

Si ce livre doit se limiter à ce que «la plupart des gens» sont prêts à entendre de la bouche de Dieu, ce sera un très petit livre. La plupart des gens ne sont jamais prêts à entendre ce dont Dieu parle au moment où Dieu en parle. Ils attendent habituellement 2 000 ans.

D'accord, vas-y. Nous avons tous surmonté notre choc initial.

Bien. J'utilisais tout simplement cette expérience de vie (dans laquelle vous vous êtes tous engagés, en passant, mais dont personne ne veut parler) pour illustrer un argument plus grand.

Voici l'argument plus grand, reformulé : *donne-toi du plaisir en abondance, et tu auras un abondant plaisir à donner aux autres.*

Les maîtres de ce que vous appelez le sexe tantrique qui, incidemment, est une forme très élevée de l'expression sexuelle, savent que si vous vous adonnez au sexe avec une *faim* de sexe, votre capacité de donner du plaisir à votre partenaire et de faire l'expérience d'une union joyeuse et prolongée des âmes et des corps (qui, en passant, est une raison très élevée de faire l'expérience de la sexualité) sera grandement diminuée.

Par conséquent, les amants tantriques se donnent souvent du plaisir à eux-mêmes avant de s'en donner mutuellement. Ils le font

souvent en présence de l'autre, et habituellement avec l'encoura-gement, l'aide et le secours affectueux l'un de l'autre. Puis, lorsque la faim initiale a été satisfaite, la soif plus profonde, la soif de l'extase par l'union prolongée, peut être satisfaite d'une façon splendide.

Se donner du plaisir à soi dans un cadre mutuel, cela fait partie de la joie, du jeu, de l'amour propre à une sexualité pleinement exprimée. Cela fait partie d'un *ensemble*. L'expérience que vous appelez le coït, ou rapport sexuel, peut survenir à la fin d'une rencontre amoureuse de deux heures. Ou peut ne pas arriver. Pour la plupart d'entre vous, elle est à peu de choses près la *seule raison* d'être d'un exercice de 20 minutes. À vrai dire, 20 minutes avec un peu de chance!

J'étais loin de me douter que ce livre deviendrait un manuel de sexe!

Ce n'en est pas un. Mais ce ne serait pas si mal. La plupart des gens ont bien des choses à apprendre à propos de la sexualité et de son expression si merveilleuse et si bénéfique.

Néanmoins, Je cherchais à illustrer un argument plus grand. Plus tu te donnes de plaisir, plus tu peux en donner à quelqu'un d'autre. De même, si tu te donnes le plaisir du pouvoir, tu as plus de pouvoir à partager avec d'autres. Il en va de même pour la renommée, la richesse, la gloire, le succès, tout ce qui te fait du bien.

En passant, Je crois que le moment est venu d'examiner pourquoi telle ou telle chose fait vraiment «du bien».

D'accord, je me rends. Pourquoi?

«Se sentir bien», c'est la façon, pour ton âme, de proclamer «Voici qui je suis!»

T'es-tu déjà trouvé dans une salle de classe où le professeur prenait les présences et où, lorsqu'il te nommait, tu devais dire «Présent»?

Oui.

Alors, «bien se sentir», c'est la façon, pour ton âme, de dire «Présent!»

Donc, un tas de gens ridiculisent l'idée qu'il faut «faire ce qui fait du bien». Ils disent que c'est le chemin de l'enfer. Mais *Je* dis que c'est le chemin du *paradis*!

Tout dépend, bien sûr, de ce que tu appelles «faire du bien». Autrement dit, quels genres d'expériences te font du bien? Mais Je te dis ceci : aucune évolution n'a jamais été fondée sur le déni. Si tu évolues, ce ne sera pas parce que tu as pu te refuser les choses qui, tu le *savais*, te «faisaient du bien», mais parce que tu t'es accordé ces plaisirs, et que tu as trouvé quelque chose d'encore plus magnifique. Car comment peux-tu savoir qu'une chose est «plus grande» si tu n'as jamais goûté celle qui est «moindre»?

La religion aimerait que tu la croies sur parole à ce propos. C'est pourquoi toutes les religions finissent par échouer.

La *spiritualité*, par contre, va toujours réussir.

La religion te demande de tirer des leçons de l'expérience des autres. La spiritualité te presse de chercher la tienne.

La religion ne peut supporter la spiritualité. Elle ne peut vraiment pas la supporter, car la spiritualité peut t'apporter une *conclusion différente* de celle d'une religion en particulier; et cela, aucune religion connue ne peut le tolérer.

La religion t'encourage à explorer les pensées des autres et à les adopter. La spiritualité t'invite à *écarter* les pensées des autres et à *trouver* les tiennes.

«Te sentir bien», c'est ta façon de te dire à toi-même que ta dernière pensée était *vérité*, que ta dernière parole était *sagesse*, que ta dernière action était *amour*.

Pour remarquer jusqu'à quel point tu as progressé, pour mesurer ton degré d'évolution, examine tout simplement ce qui te «fait du bien».

Mais ne cherche pas à forcer ton évolution, à évoluer davantage, plus vite, en *niant* ce qui fait du bien, ou en t'en détournant.

Se nier, c'est se détruire.

Mais sache également ceci : l'autorégulation n'est pas la négation de soi. Régler son propre comportement, c'est le *choix actif* de faire ou non une chose à partir de ce qu'on décide soi-même d'être. Si tu déclares être une personne qui respecte les droits des autres, la décision de ne pas les voler, de ne pas violer ni piller, n'est guère de la «négation de soi». C'est une *affirmation* de soi. Voilà pourquoi il est dit que l'évolution personnelle se mesure à partir de ce qui fait du bien.

Si ce qui te «fait du bien», c'est d'agir de façon irresponsable, de te comporter d'une façon qui, tu le sais, pourrait faire du tort à d'autres ou provoquer des difficultés ou de la peine, alors tu n'as pas beaucoup évolué.

La conscience est la clé. Et les aînés de vos familles et de vos communautés ont pour rôle de créer et de répandre cette conscience chez les jeunes. De même, les messagers de Dieu ont la tâche d'augmenter la conscience *chez* les peuples, afin qu'ils puissent comprendre que ce qui est fait à l'un ou pour l'un d'entre eux est fait à tous ou pour tous, car Nous ne faisons tous qu'Un.

Lorsque tu pars de l'idée que «nous ne faisons tous qu'Un», il t'est presque impossible de prendre plaisir à blesser quelqu'un d'autre. Ce qu'on appelle le «comportement irresponsable» disparaît. C'est selon ces paramètres que les êtres en évolution cherchent à faire l'expérience de la vie. C'est selon ces paramètres que Je te dis : *accorde-toi la permission* d'avoir *tout* ce que la vie a à offrir, et tu découvriras qu'elle a *plus de choses à offrir que tu n'en as jamais imaginé.*

Tu es ce dont tu fais l'expérience. Tu fais l'expérience de ce que tu exprimes. Tu exprimes ce que tu as à exprimer. Tu as ce que tu t'accordes.

J'adore ça, mais pouvons-nous revenir à la première question?

Oui. J'ai créé deux sexes pour la même raison que j'ai mis le «yin» et le «yang» en toutes choses, dans tout l'univers! Ils font *partie* du yin et du yang, ce mâle et cette femelle. Ils en sont l'expression vivante la plus élevée de votre monde.

Ils sont le yin et le yang... *dans la forme*. Dans l'une des *nombreuses formes physiques*.

Le yin et le yang, l'ici et le là... le ceci et le cela... le haut et le bas, le chaud et le froid, le gros et le petit, le rapide et le lent, la matière et l'antimatière...

Tout cela est nécessaire pour que tu fasses l'expérience de la vie telle que tu la connais.

Comment pouvons-nous le mieux exprimer cette chose appelée énergie sexuelle?

D'une manière amoureuse. D'une manière ouverte.

D'une manière ludique. D'une manière joyeuse.

D'une manière audacieuse. D'une manière passionnée. D'une manière sacrée. D'une manière romantique.

D'une manière drôle. D'une manière spontanée. D'une manière touchante. D'une manière créative. D'une manière nullement timide. D'une manière sensuelle.

Et, bien sûr, d'une manière fréquente.

Certains disent que le seul but légitime de la sexualité humaine est la procréation.

Foutaises. La procréation est l'heureux effet secondaire, et non la fonction logique, de la plus grande part de l'expérience sexuelle humaine. L'idée que le sexe ne serve qu'à faire des bébés est naïve, et le corollaire, que le sexe doive s'arrêter lorsque le dernier enfant est conçu, est pire que naïf. Cela viole la nature humaine, la nature que Je t'ai donnée.

L'expression sexuelle est l'inévitable résultat d'un éternel processus d'attraction et d'un flux rythmique d'énergie qui alimente toute la vie.

J'ai inséré en toutes choses une énergie qui transmet son signal dans tout l'univers. Chaque personne, animal, plante, pierre, arbre, tout objet physique émet de l'énergie, comme un émetteur radio.

Tu es en train d'envoyer de l'énergie, d'émettre de l'énergie, maintenant, du centre de ton être dans toutes les directions. Cette énergie, qui est *toi*, se dégage en patterns de vagues. L'énergie te quitte, traverse les murs, survole les montagnes, dépasse la lune et plonge dans l'Éternité. Elle ne *s'arrête jamais, jamais*.

Chaque pensée que tu as jamais eue colore cette énergie. (Quand tu penses à quelqu'un, si cette personne est assez sensible, elle peut le *sentir*.) Chaque parole que tu as jamais prononcée lui donne forme. Tout ce que tu as jamais fait l'affecte.

La vibration, la vitesse, la longueur d'onde, la fréquence de tes émanations bougent et changent constamment selon tes pensées, tes humeurs, tes sentiments, tes paroles et tes actions.

Tu as déjà entendu l'expression «envoyer de bonnes vibrations», et c'est vrai. C'est très exact!

Alors, chaque autre personne, naturellement, fait la même chose. Ainsi, l'éther, l'«air» entre vous, est *rempli d'énergie*; c'est une Matrice de «vibrations» personnelles entrelacées, entremêlées, qui forment une tapisserie plus complexe que tu ne pourras jamais l'imaginer.

Ce tissu est le champ énergétique combiné au sein duquel tu vis. Il est *puissant* et affecte *tout* – toi inclus.

Tu envoies alors des «vibrations» nouvellement créées, car tu reçois les vibrations *qui arrivent* et auxquelles tu es sujet; et celles-ci, en retour, s'ajoutent à la Matrice et la modifient, ce qui, à son tour, affecte le champ énergétique de tous les autres, qui affecte les *vibrations qu'ils envoient*, qui affectent la Matrice, qui t'affecte, *toi*... et ainsi de suite.

Alors, tu peux penser que tout cela n'est qu'une extravagante illusion, mais es-tu déjà entré dans une pièce où «l'air était si épais qu'on aurait pu le trancher au couteau»?

Ou as-tu déjà entendu parler de deux scientifiques travaillant au même problème en même temps, de chaque côté du globe, chacun travaillant à l'insu de l'autre, et chacun arrivant à la même solution simultanément et *indépendamment*?

Ce sont des événements courants, et ce sont certaines des manifestations les plus évidentes de la Matrice.

La Matrice, le champ énergétique actuel combiné au sein de tout paramètre donné, est une vibration puissante. Elle peut atteindre, affecter et *créer* directement des objets physiques et des événements.

(«Chaque fois qu'au moins deux d'entre vous serez rassemblés en Mon nom...»)

Votre psychologie populaire appelle cette Matrice d'énergie la «Conscience collective». Elle peut *tout* affecter *sur votre planète*, et c'est le cas : les perspectives de guerre et les chances de paix, un bouleversement géophysique ou un calme planétaire, une maladie généralisée ou un bien-être généralisé.

Tout découle de la conscience.

Il en va de même pour les événements et conditions plus spécifiques de ta vie personnelle.

C'est fascinant, mais qu'est-ce que ça a à voir avec le sexe?

Patience. J'y arrive.

Le monde entier échange constamment de l'énergie.

Ton énergie est poussée vers l'extérieur et atteint tout le reste. Tout le reste et tous les autres t'atteignent. Mais alors, il se produit une chose intéressante. À un certain point à mi-chemin entre toi et tout le reste, ces énergies se *rencontrent*.

Pour donner une description plus vivante, imaginons deux personnes dans une pièce. Elles sont de chaque côté de la pièce. Nous les appellerons Thomas et Marie.

Alors, l'énergie personnelle de Thomas transmet à l'univers des signaux sur Thomas, dans un cercle de 360 degrés. Une partie de cette onde d'énergie atteint Marie.

Entre-temps, Marie émet sa propre énergie, dont une partie atteint Thomas.

Mais ces énergies se rencontrent d'une façon à laquelle tu n'as peut-être pas songé. Elles se rencontrent à *mi-chemin* entre Thomas et Marie.

Ici, les énergies s'unissent (rappelle-toi : ces énergies sont des *phénomènes physiques*; on peut les *mesurer*, les *sentir*) et se combinent pour former une nouvelle unité énergétique que nous appellerons «Thomarie». C'est l'énergie combinée de Thomas et de Marie.

Thomas et Marie pourraient très bien appeler cette énergie le Corps intermédiaire, car c'est justement un corps d'énergie auquel les deux sont reliés, que les deux alimentent des énergies continuelles qui circulent dans sa direction, et qui *renvoie des énergies* à ses deux «parrains» le long du fil, ou de la corde, ou du pipeline qui existe toujours au sein de la Matrice. (En effet, ce «pipeline» est la Matrice.)

C'est *cette* expérience de «Thomarie» qui est la *vérité* de Thomas et de Marie. C'est *vers* cette Communion sacrée que les deux sont attirés. Car ils sentent, le long du pipeline, la joie sublime du Corps intermédiaire, de l'Un relié, de l'Union bénie.

Même à distance, Thomas et Marie peuvent *sentir*, d'une *manière physique*, ce qui se passe dans la Matrice. Les deux sont *attirés* de façon urgente vers cette expérience. Ils veulent se diriger l'un vers l'autre! Tout de suite!

À présent, leur «entraînement» entre en jeu. Le monde les a entraînés à ralentir, à douter du sentiment, à se prémunir contre la «blessure», à se retenir.

Mais l'âme... veut connaître «*Thomarie*», maintenant!

Avec de la chance, ils seront suffisamment libres pour écarter leurs peurs et s'en remettre à l'amour.

À présent, les deux sont irrévocablement attirés vers le Corps Entre Eux. THOMARIE est *déjà* en train d'être vécu *métaphysiquement*, et Thomas et Marie voudront en faire l'expérience *physiquement*. Alors, ils se rapprochent, mais non pour rejoindre *l'autre*, comme pourrait le croire l'observateur superficiel. Mais chacun d'eux essaie de rejoindre THOMARIE. Il essaie de rejoindre cet endroit d'Union divine qui *existe déjà* entre eux. L'endroit où ils savent déjà qu'ils ne font qu'Un, et ce que c'est que *d'Être Un*.

Alors, ils se dirigent vers ce «sentiment» dont ils font l'expérience et, à mesure qu'ils referment la brèche entre eux, à mesure qu'ils «raccourcissent la corde», l'énergie qu'ils envoient tous deux vers THOMARIE parcourt une distance plus courte – elle est donc plus intense.

Ils se rapprochent encore davantage. Plus courte est la distance, plus grande est l'intensité. Ils se rapprochent encore davantage. Une fois de plus, l'intensité s'accroît.

À présent, ils se tiennent à seulement quelques mètres l'un de l'autre. Le Corps intermédiaire rougeoie. Il vibre à une vitesse folle. La «connexion» qu'émet et reçoit THOMARIE est plus épaisse, plus large, plus brillante, et brûle avec le transfert d'une énergie incroyable. On dit que les deux «brûlent de désir». Et c'est vrai!

Ils se rapprochent encore davantage.

À présent, ils se touchent.

La sensation est presque insupportable. Exquise. Ils sentent, à leur point de contact, toute l'énergie de THOMARIE, toute la substance compacte, intensément unifiée de leur Être combiné.

Si vous vous ouvrez à votre plus grande sensibilité, vous pourrez sentir, en vous touchant, cette énergie subtile et sublime sous la forme d'un picotement. Parfois le «picotement» vous *traversera* d'une chaleur à votre point de contact, une chaleur que vous pourrez également sentir, soudain, dans tout votre corps, mais profondément concentrée dans votre premier chakra, ou centre d'énergie.

Il «brûlera» là d'une façon particulièrement intense, et on dira que Thomas et Marie «brûlent» maintenant l'un pour l'autre!

Alors, les deux s'embrassent, et ils referment la brèche encore davantage, car Thomas, Marie et Thomarie occupent presque le même espace. Thomas et Marie peuvent sentir Thomarie entre eux, et ils veulent se rapprocher *encore davantage*, pour littéralement se *fondre* avec Thomarie. Pour *devenir* Thomarie sous la *forme physique*.

J'ai créé dans les corps masculin et féminin une façon de faire cela. En ce moment, les corps de Thomas et de Marie sont prêts à le faire. Le corps de Thomas est maintenant prêt à littéralement entrer en Marie. Le corps de Marie est prêt à littéralement *recevoir Thomas en elle.*

Le picotement, la brûlure, est maintenant plus qu'intense. Elle est... indescriptible. Les deux corps physiques se joignent. Thomas, Marie et Thomarie ne font plus *qu'Un.* Dans la *chair.*

Les énergies circulent encore entre eux. D'une façon urgente. D'une façon passionnée.

Ils soupirent. Ils bougent. Ils ne se lassent pas l'un de l'autre, ne peuvent se rapprocher suffisamment. Ils cherchent à se *rapprocher.* De *près. DE PLUS PRÈS.*

Ils explosent, littéralement, et leurs corps physiques entiers sont en convulsion. La vibration envoie des ondes jusqu'au bout de leurs doigts. Dans l'explosion de leur unité, ils ont connu le Dieu et la Déesse, l'Alpha et l'Oméga, le Tout et le Rien, l'Essence de la vie, l'Expérience de Ce Qui Est.

Ce sont également des chimies physiques. Les deux *sont* devenus Un, et une *troisième* entité *est* souvent créée à partir des deux, sous *forme physique.*

Ainsi une *image extérieure* de THOMARIE se créé. La chair de leur chair. Le sang de leur sang.

Ils ont littéralement *créé de la vie*!

N'ai-je pas dit que *vous étiez des Dieux*?

C'est la description la plus belle de la sexualité humaine que j'aie jamais entendue.

Tu vois la beauté là où tu désires la voir. Tu vois la laideur là où tu as peur de voir la beauté.

Tu serais étonné de savoir le nombre de gens qui trouvent laid ce que je viens de décrire.

Non, je ne le serais pas. J'ai déjà vu combien de peur *et* de laideur le monde a mis autour du sexe. Mais Tu laisses de côté un tas de questions.

Je suis là pour y répondre. Mais permets-Moi de poursuivre Mon récit juste un peu plus avant que tu ne commences à Me les lancer.

Oui, *s'il Te plaît*.

Cette... *danse* que je viens de décrire, cette interaction énergétique que j'ai expliquée, se produit tout le temps, en tout et *avec tout*.

Ton énergie, qui a rayonné de toi comme une Lumière dorée, est en interaction constante avec tout et chacun. Plus tu te rapproches, plus intense est l'énergie. Plus tu t'éloignes, plus elle est subtile. Mais tu n'es jamais totalement détaché de *quoi que ce soit*.

Il y a un point entre Toi et chaque autre personne, endroit ou chose qui existe. C'est ici que les deux énergies se rencontrent, formant une troisième unité énergétique, beaucoup moins dense, mais tout aussi réelle.

Chaque personne et *chaque chose* sur la planète, et dans l'univers, émet de l'énergie dans toutes les directions. Cette énergie se mixe à toutes les autres énergies, qui s'entrecroisent pour former des motifs d'une complexité qui dépasse la capacité d'analyse de vos ordinateurs les plus puissants.

Les énergies qui s'entrecroisent, s'entremêlent, se tissent et filent entre tout ce que tu qualifies de physique, voilà ce qui *retient ensemble ce qui est physique.*

C'est la Matrice, dont J'ai parlé. C'est à travers cette Matrice que vous vous envoyez des signaux mutuels : messages, significations, guérisons et autres effets physiques, parfois créés par des individus mais surtout par la conscience de masse.

Comme Je l'ai expliqué, ces incalculables énergies sont attirées l'une vers l'autre. C'est ce qu'on appelle la Loi de l'Attraction. Selon cette Loi, le Semblable attire le Semblable.

Les Pensées semblables attirent les Pensées semblables à travers la Matrice, et lorsqu'un nombre suffisant de ces énergies semblables «s'agglutinent», pour ainsi dire, leurs vibrations s'alourdissent, elles ralentissent, et certaines deviennent Matière.

Les pensées créent *vraiment* une forme physique. Si un grand nombre de gens pensent à la *même* chose, il est fort probable que leurs pensées formeront une Réalité.

(C'est ce qui fait la force de l'affirmation «Nous prierons pour vous». Sur l'efficacité de la prière unifiée, il y a suffisamment de témoignages pour remplir un livre.)

Il est vrai, également, que les pensées impies peuvent créer des «effets». Une conscience mondiale de peur, par exemple, ou de colère, ou de perte, ou d'insuffisance, peut créer cette expérience, à travers le globe ou en un lieu donné où ces idées collectives sont le plus fortes.

Par exemple, le pays terrestre que vous appelez les États-Unis a longtemps cru qu'il était un pays «soumis à Dieu, indivisible, avec la liberté et la justice pour tous». Ce n'est pas un hasard si ce pays est devenu le plus prospère de la Terre. Il n'est pas étonnant, nulle part, que ce pays soit graduellement en train de perdre tout ce qu'il a mis tant de travail à créer, car ce pays semble avoir perdu sa vision.

Les termes «soumis à Dieu, indivisible» signifiaient exactement cela : ils exprimaient la Vérité universelle de l'Unité; le Un : une Matrice très difficile à détruire. Mais la Matrice s'est affaiblie. La liberté religieuse est devenue la rectitude religieuse, qui frise l'intolérance religieuse. La liberté individuelle a presque disparu en même temps que la responsabilité individuelle.

On a déformé la notion de *responsabilité individuelle* au point d'en faire un «chacun pour soi». C'est la nouvelle philosophie qui prétend revenir à la tradition d'individualisme rude qui prévalait autrefois en Amérique.

Mais le sens original de responsabilité individuelle sur lequel étaient fondés la vision américaine et le rêve américain a trouvé sa plus profonde signification et son expression la plus élevée dans le concept *d'Amour fraternel.*

Ce qui faisait la grandeur de l'Amérique, ce n'était pas que chaque personne se battait pour sa *propre* survie, mais que chaque personne acceptait d'être personnellement responsable de la survie de *tous.*

L'Amérique était un pays qui ne se détournait pas des affamés, ne disait jamais non à ses nécessiteux, ouvrait ses bras aux faibles et aux sans-abri, et partageait son abondance avec le monde.

Mais à mesure que l'Amérique grandissait, les Américains devenaient cupides. Pas tous, mais beaucoup. Et de plus en plus avec le temps.

À mesure que les Américains virent à quel point il était *possible* de posséder, ils cherchèrent à posséder encore *davantage*. Mais il n'y avait qu'une façon d'avoir de plus en plus et encore plus. Il fallait que quelqu'un d'autre en ait de moins en moins, et encore moins.

À mesure que la cupidité remplace la grandeur dans le caractère américain, il y eut moins de place pour la compassion envers les moins nantis. On a dit aux moins fortunés que c'était «leur faute» s'ils n'avaient pas davantage. Après tout, l'Amérique était la Terre de la Nouvelle chance, n'est-ce pas? Personne sauf les moins fortunés ne pouvait admettre que les chances, en Amérique, étaient limitées, au *niveau institutionnel*, à ceux qui étaient déjà les mieux placés. En général, cela excluait de nombreuses minorités, comme les gens de telle couleur de peau ou de tel sexe.

Les Américains devinrent également arrogants au niveau international. Tandis que, sur la planète, des millions de gens mouraient de faim, les Américains jetaient chaque jour suffisamment de nourriture pour nourrir des pays entiers. L'Amérique était généreuse envers certains, oui, mais de plus en plus, sa politique étrangère devint une extension de ses propres intérêts acquis. L'Amérique aidait les autres lorsque cela faisait son affaire. (C'est-à-dire lorsque cela servait la structure du pouvoir en Amérique, l'élite la plus riche, ou la machine militaire qui protégeait cette élite et ses actifs collectifs.)

L'idéal fondateur de l'Amérique, l'Amour fraternel, s'est érodé. À présent, chaque fois qu'on parle d'être «le gardien de son frère», on se fait répondre par une nouvelle sorte d'Américanité, un esprit cinglant sur la nécessité de s'accrocher à tout prix à ce qu'on a, et des paroles cinglantes envers quiconque, parmi les moins fortunés, oserait demander sa juste part ou un redressement de ses torts.

Chaque personne *doit* prendre sa propre responsabilité : c'est indéniable. Mais l'Amérique, et ton monde, ne pourra vraiment fonctionner que si chaque personne accepte de se rendre responsable de vous *tous* en tant *qu'Ensemble.*

Ainsi, la Conscience collective produit des résultats collectifs.

Exactement, et cela a été démontré à maintes reprises au cours de toute votre histoire écrite.

La Matrice se retire en elle-même, exactement comme vos scientifiques décrivent le soi-disant phénomène du Trou noir. Elle attire l'énergie semblable à de l'énergie semblable, attirant même les objets physiques les uns vers les autres.

Ces objets doivent alors se repousser mutuellement, s'éloigner, pour ne pas fusionner à jamais, en effet, perdre leur forme actuelle pour en prendre une autre.

Comme tous les êtres de conscience savent inconsciemment cela, tous les êtres de conscience *s'écartent* de la Fusion permanente afin de maintenir leur relation avec tous les autres êtres. S'ils ne le faisaient pas, ils fusionneraient *dans tous* les autres êtres, et feraient l'expérience du Un Éternel.

C'est l'état d'où nous venons.

Puisque nous nous sommes écartés de cet état, nous *y* sommes constamment attirés à nouveau.

Ce sac et ce ressac, ce va-et-vient est le rythme fondamental de l'univers, *et de tout ce qu'il renferme.* C'est la Synergie de l'Échange énergétique.

Vous êtes constamment attirés, poussés vers l'union les uns avec les autres (et avec tout ce qui se trouve dans la Matrice) puis, au Moment d'Unité, vous choisissez consciemment de vous éloigner de cette Unité. Vous choisissez d'en rester libres afin de pouvoir en *faire l'expérience.* Car lorsque vous fusionnez avec l'Unité et que vous *y restez*, vous ne pouvez la *connaître* en tant qu'Unité, puisque vous ne connaissez plus la Séparation.

Autrement dit, pour que Dieu Se *connaisse* en tant que Tout, Dieu doit Se connaître en tant que *non* Tout.

En toi, et en chaque autre unité énergétique de l'univers, Dieu Se connaît en tant que *Parties* de *Tout*, et ainsi Se donne la possibilité de Se connaître en tant que *Totalité* dans Sa Propre Expérience.

Je ne peux faire l'expérience de ce que Je Suis qu'en faisant l'expérience de ce que Je ne suis pas. Mais Je *suis* ce que Je ne suis pas et ainsi, tu vois la Divine Dichotomie. D'où l'affirmation : Je Suis ce que Je Suis.

Alors, comme je te le disais, ce sac et ce ressac naturels, ce *rythme* naturel de l'univers, sont propres à toute vie, y compris les mouvements mêmes qui *créent* la vie dans ta réalité.

Les uns *vers* les autres vous êtes attirés, comme par une force urgente, pour ensuite vous retirer et vous séparer, pour ensuite retourner avec urgence les uns vers les autres, pour une fois de plus vous séparer, et encore chercher avec faim, passion et urgence l'union totale.

Ensemble-séparés, ensemble-séparés, ensemble-séparés, vos corps dansent, en un mouvement si fondamental, si *instinctif* que vous avez très peu conscience d'une action délibérée. À un certain point, vous passez en mode automatique. Personne n'a besoin de dire quoi faire à vos corps. Ils *le font*, tout simplement, avec l'urgence de *toute la vie.*

C'est la vie même, qui s'exprime en tant que vie même.

Et c'est la vie même qui produit une *nouvelle* vie au sein de sa propre expérience.

Toute la vie fonctionne selon un tel rythme; toute la vie EST ce rythme.

Ainsi, toute la vie est imprégnée du doux rythme de Dieu, ce que vous appelez les cycles de la vie.

La nourriture pousse selon de tels rythmes. Les saisons vont et viennent. Les planètes tournent sur elles-mêmes et en cercles. Les soleils explosent, implosent et explosent à nouveau. Des univers inspirent et expirent. Tout cela arrive, tout cela, par cycles, par rythmes, en vibrations qui correspondent aux fréquences de Dieu/ Déesse, de Tout.

Car Dieu *est* le Tout, et la Déesse est *chaque chose*, et il n'y a rien d'autre; et tout ce qui a *jamais été*, est *maintenant* et *sera* à jamais, est ton monde infini.

Amen.

8

Ce que je trouve fascinant quand je Te parle, c'est que Tu me laisses toujours plus de questions que de réponses. À présent, j'ai autant de questions sur la politique que sur le sexe!

Certains disent que c'est la même chose : que s'occuper de politique, c'est se faire...

Minute! Tu ne vas tout de même pas proférer une *obscénité*, non?

Eh bien, oui, Je me suis dit que J'allais te scandaliser un peu.

Hé, HÉ! *Arrête!* Dieu n'est pas censé parler comme ça!

Alors, pourquoi le fais-*tu*, toi?

La plupart d'entre nous ne le *faisons pas*.

Mon oeil!

Les gens qui *craignent Dieu* ne le font pas!

Oh, Je vois : il faut *craindre* Dieu pour ne pas L'offenser.
Et qui dit qu'un simple mot *M'offense*, de toute façon?
Finalement, ne trouves-tu pas intéressant qu'un mot que certains d'entre vous utilisez passionnément pour décrire une relation sexuelle agréable, vous serve également de plus grande insulte? Est-ce que cela ne vous dit rien à propos de votre attitude envers la sexualité?

Je crois que Tu confonds. Je ne pense pas que les gens utilisent ce terme pour décrire un moment sexuel splendide et véritablement amoureux.

Oh, vraiment? As-tu visité des chambres à coucher, dernièrement?

Non. Et Toi?

Je suis dans *toutes*, tout le temps.

Eh bien, ça devrait tous nous mettre à l'aise.

Quoi? Veux-tu dire que tu fais des choses dans ta chambre à coucher que tu ne ferais pas devant Dieu...?

La plupart des gens n'aiment pas être surveillés par *qui que ce soit*, encore moins par *Dieu*.

Mais dans certaines cultures (aborigènes, polynésiennes), on fait l'amour plutôt ouvertement.

Eh bien, oui : la plupart des gens n'ont pas atteint ce niveau de liberté. En fait, ils considéreraient un tel comportement comme de la régression, un état primitif et païen.

Ces gens que tu appelles «païens» ont un énorme respect pour la vie. Ils ne connaissent pas le viol, et le meurtre est presque inconnu dans leurs sociétés. Votre société cache le sexe, qui est une fonction humaine très naturelle et normale, puis se retourne et tue des gens ouvertement. *Ça*, c'est de l'obscénité!

Vous avez fait du sexe une chose si sale, si honteuse, si taboue, que vous êtes gênés de vous y adonner!

Sottises. La plupart des gens ont tout simplement, à l'égard du sexe, un sens de la bienséance différent, ils diraient même plus élevé. Ils le considèrent comme une interaction privée; pour certains, c'est une part sacrée de la relation.

Le manque d'intimité n'équivaut pas à un manque de sainteté. Les rites les plus sacrés de la plus grande partie de l'humanité s'accomplissent en public.

Ne confonds pas l'intimité avec la sainteté. La plupart de vos *pires* actions s'accomplissent en privé, et votre meilleur comportement, vous l'exhibez en public.

Ce n'est pas un argument en faveur du sexe en public; Je fais tout simplement remarquer que l'intimité n'égale pas nécessairement

la sainteté et que le manque d'intimité ne vous la vole pas.

Quant à la bienséance, ce seul mot et le concept comportemental qu'il dissimule ont davantage inhibé les plus grandes joies des hommes et des femmes que toute autre construction humaine, à l'exception de l'idée que Dieu punit, qui est le *bouquet*.

Selon toute apparence, tu ne crois pas à la bienséance.

Le problème, en ce qui concerne la «bienséance», c'est que quelqu'un doive établir les normes. Cela veut dire, automatiquement, que vos comportements sont limités, dirigés, *dictés* par l'idée que *quelqu'un d'autre* se fait de ce qui devrait t'apporter la joie.

En matière de sexualité, comme pour tout le reste, cela peut être plus que «limitatif» : cela peut être écrasant.

Je ne conçois rien de plus triste qu'un homme ou une femme qui ont le sentiment qu'ils *aimeraient* faire l'expérience de certaines choses, puis qui se retiennent parce qu'ils ont l'impression que ce dont ils ont rêvé, ce sur quoi ils ont fantasmé, violerait les «Normes de la Bienséance»!

Écoute, ce n'est pas une chose qu'*ils* ne feraient pas, ce n'est qu'une chose qui viole la «bienséance».

Pas seulement en matière de sexualité, mais dans tous les aspects de la vie, ne t'abstiens jamais, jamais, *jamais* de faire une chose uniquement parce qu'elle violerait les normes de bienséance de *quelqu'un d'autre*.

Si J'avais un auto-collant sur le pare-chocs de Mon auto, ce serait:

TRANSGRESSEZ LA BIENSÉANCE

Je collerais certainement une telle affiche dans chaque chambre à coucher.

Mais notre conception du «bien» et du «mal» est ce qui assure l'unité de notre société. Comment cohabiter si nous n'avons aucun accord à ce propos?

La «bienséance» n'a rien à voir avec vos valeurs relatives de «bien» et de «mal». Vous vous accordez peut-être tous sur le fait qu'il est «mal» de tuer un homme, mais est-il «mal» de courir nu sous la pluie? Vous vous accordez peut-être tous sur le fait qu'il est «mal» de prendre la femme du voisin, mais est-il «mal» de «prendre» sa propre femme, ou de se faire «prendre» par sa femme, d'une façon particulièrement délicieuse?

La «bienséance» fait rarement référence à des limites juridiques, le plus souvent à des concepts plus simples de ce que l'on considère «approprié».

Le comportement «approprié» ne correspond pas toujours à ce que tu appelles les «meilleurs de tes intérêts». C'est rarement le comportement qui t'apporte la plus grande joie.

Pour revenir à la sexualité, Tu dis, alors, que tout comportement est acceptable pour autant qu'il y ait un consentement mutuel entre tous ceux qui sont concernés et affectés?

Ne devrait-il pas en être ainsi de toute la vie?

Mais parfois, nous ne savons pas qui sera affecté, ni comment...

Il faut que tu sois sensible à cela. Il faut que tu en sois profondément conscient. Et lorsque tu ne sais pas vraiment, lorsque tu ne peux te faire une idée claire, tu dois pencher du côté de l'Amour.

La question essentielle de TOUTE décision, c'est : «Que ferait l'amour, à présent»?

L'amour de toi-même, et l'amour de tous ceux qui sont affectés ou concernés.

Si vous aimez une personne, vous ne ferez rien qui, selon vous, puisse la blesser. S'il y a une question ou un doute, vous attendrez de pouvoir clarifier la chose.

Mais cela veut dire que d'autres peuvent te «retenir en otage». Ils n'ont qu'à dire que telle ou telle chose les «blesserait» pour restreindre tes actions.

Ton Soi est le seul à pouvoir le faire. Ne voudrais-tu pas restreindre tes propres actions à celles qui ne blessent pas tes proches?

Et si, moi, *j'ai* l'impression de subir un tort en *m'abstenant* de faire quelque chose?

Alors, tu dois dire ta vérité à la personne que tu aimes, que tu te sens blessé, frustré, réduit en ne faisant pas cette chose; que tu aimerais faire cette chose; que tu aimerais d'abord avoir l'accord de la personne que tu aimes.

Tu dois te battre pour chercher un tel accord. Cherche un compromis; cherche une démarche dans laquelle chacun peut gagner.

Et si on ne peut pas?

Alors, Je répéterai ce que J'ai déjà dit :
> *Te trahir*
> *toi-même*
> *afin de ne pas trahir*
> *quelqu'un d'autre*
> *cela*
> *reste*
> *une Trahison.*
> *C'est la*
> *Plus Haute Trahison.*

Votre Shakespeare l'a énoncé ainsi :

> *Sois fidèle à Toi-même,*
> *et il s'ensuivra comme la nuit suit le jour*
> *que tu n'auras aucune duplicité*
> *envers qui que ce soit.*

Mais celui qui fait toujours ce qu'il veut devient très égoïste. Je ne peux croire que Tu approuves cela.

Tu prends pour acquis que l'homme fera toujours ce que tu appelles le «choix égoïste». Je te dis ceci : l'homme *est* capable de faire le choix *le plus élevé.*

Mais Je te dis également ceci :

Le Choix Le Plus Élevé n'est pas *toujours* le choix qui semble servir quelqu'un d'autre.

Autrement dit, nous devons parfois passer en premier.

Oh, tu dois toujours passer en premier! Ensuite, selon ce que tu essaies de faire ou ce dont tu cherches à faire l'expérience, tu choisis.

Lorsque ton but, le but de ta *vie*, est très élevé, le choix le sera également.

Le fait de t'accorder la priorité, ce n'est pas ce que tu appelles de l'«égoïsme», c'est la conscience de toi-même.

Tu jettes des bases assez larges pour la conduite des affaires humaines.

Ce n'est que par l'exercice de la liberté la plus grande que l'on atteint la croissance la plus grande, ou même qu'elle est possible.

Si tu te contentes de suivre les règles de *quelqu'un* d'autre, alors tu ne grandis pas, tu obéis.

Contrairement à ce que tu crois, l'obéissance n'est pas ce que j'attends de toi. L'obéissance n'est pas la croissance, et ce que je veux, c'est la croissance.

Et si nous ne «croissons» pas, tu vas nous jeter en enfer, non?

Non. Mais j'ai déjà parlé de cela dans le Tome 1, et nous le ferons largement dans le Tome 3.

D'accord. Alors, à l'intérieur de ces grands paramètres que tu viens d'exposer, je peux te poser quelques dernières questions à propos du sexe, avant de fermer le sujet?

Vas-y.

Si le sexe est une part si merveilleuse de l'expérience humaine, pourquoi tant de maîtres spirituels prêchent-ils l'abstinence? Et pourquoi tant de maîtres étaient-ils apparemment chastes?

Pour la même raison qu'on a dit que la plupart d'entre eux vivaient simplement. Ceux qui évoluent vers un niveau élevé de compréhension harmonisent leurs désirs physiques avec leur esprit et leur âme.

Vous êtes des êtres tripartites et la plupart des gens n'ont d'eux-mêmes que l'expérience de leur corps. Ils oublient même que l'esprit décline après l'âge de 30 ans. Personne ne lit plus. Personne n'écrit. Personne n'enseigne. Personne n'apprend. L'esprit tombe dans l'oubli. Il n'est pas nourri. Il ne s'élargit pas. Il n'y entre rien de nouveau. Il en sort le minimum exigé. On ne nourrit pas l'esprit. On ne l'éveille pas. Il est endormi, émoussé. Vous faites tout ce que vous pouvez pour l'écarter. Par la télévision, les films, les romans de gare. Peu importe ce que vous faites, vous ne pensez pas, ne pensez pas, *ne pensez pas*.

Ainsi, la plupart des gens vivent à un niveau corporel. Vous nourrissez le corps, habillez le corps, donnez «des choses» au corps. La plupart des gens n'ont pas lu un bon livre, Je veux dire un livre dans lequel ils peuvent *apprendre* quelque chose, depuis des années. Mais ils peuvent te raconter tout l'horaire de la télévision de la semaine. Il y a là quelque chose d'extraordinairement triste.

En vérité, la plupart des gens ne veulent pas avoir à *penser*. Ils élisent des leaders, appuient les gouvernements, adoptent des religions qui n'exigent aucune *pensée indépendante*.

«Facilitez-moi les choses. Dites-moi quoi faire.»

C'est ce que veulent la plupart des gens. Où est-ce que je m'assois? Quand est-ce que je me lève? Comment est-ce que je salue? Quand est-ce que je paie? Que voulez-vous que je fasse?

Quelles sont les règles? Où sont mes frontières? Dites-moi, dites-moi, *dites*-moi. Je le ferai, *dites*-le moi, quelqu'un!

Puis, ils se sentent dégoûtés, désillusionnés. Ils ont suivi toutes les règles, ils ont fait ce qu'on leur avait dit. Qu'est-ce qui a cloché? Quand est-ce que ça a mal tourné? Quand est-ce que ça s'est écroulé?

Ça s'est écroulé à l'instant où vous avez abandonné votre esprit, qui est le plus grand outil de création que vous ayez jamais eu.

Il est temps de vous réconcilier avec votre esprit. Soyez-en le compagnon, il s'est senti si seul. Nourrissez-le, il s'est senti si affamé.

Certains d'entre vous, une petite minorité, avez compris que vous avez un corps *et* un esprit. Vous avez bien traité votre esprit. Cependant, peu d'entre vous qui respectez votre esprit, et les choses de l'esprit, avez appris à *utiliser* l'esprit à plus d'un dixième de sa capacité. Si vous saviez de quoi est capable votre esprit, vous ne cesseriez jamais de prendre part à ses merveilles et à ses pouvoirs.

Et si vous pensez que peu d'entre vous balancez votre vie entre votre corps et votre esprit, ceux qui se voient comme des êtres en *trois* parties, Corps, Esprit et Âme, sont rarissimes.

Mais vous *êtes* des êtres tripartites. Vous Êtes plus que votre corps, et plus qu'un corps avec un esprit.

Est-ce que vous nourrissez votre âme? Est-ce que vous la *remarquez* seulement? La guérissez-vous ou la blessez-vous? Êtes-vous en croissance ou en déclin? Êtes-vous en expansion ou en contraction?

Votre âme est-elle aussi seule que votre esprit? Est-elle même encore plus négligée? Et quand est-ce que vous avez senti votre âme *s'exprimer* pour la dernière fois? Quand est-ce que vous avez crié de joie, la dernière fois? Écrit de la poésie? Joué de la musique? Dansé sous la pluie? Fait cuire une tarte? Peint *quoi que ce soit*? Réparé quelque chose de brisé? Embrassé un enfant? Tenu un chat devant votre visage? Grimpé une colline? Nagé nu? Marché au coucher du soleil? Joué de l'harmonica? Parlé jusqu'à l'aube? Fait l'amour pendant des heures... sur une plage, dans les bois? Communié avec la nature? Cherché Dieu?

Quand, la dernière fois, vous êtes-vous assis dans le silence, pour atteindre les régions les plus profondes de votre être? Quand était-ce, la dernière fois que vous avez dit bonjour à votre âme?

Quand vous vivez comme un être à facette unique, vous vous embourbez profondément dans les questions corporelles. Argent. Sexe. Pouvoir. Biens. Stimulation et satisfaction physiques. Sécurité. Renommée. Gain financier.

Lorsque vous vivez comme une créature à deux facettes, vous élargissez vos préoccupations pour inclure des questions d'esprit. Compagnonnage; créativité; stimulation de nouvelles pensées, de nouvelles idées; création de nouveaux buts, de nouveaux défis; croissance personnelle.

Lorsque vous vivez comme un être en trois parties, vous atteignez enfin l'équilibre en vous-même. Vos préoccupations incluent les questions de l'âme; l'identité spirituelle; le dessein de la vie; la relation avec Dieu; la voie de l'évolution; la croissance spirituelle; la destinée ultime.

À mesure que vous évoluez vers des états de conscience de plus en plus élevés, vous portez à sa pleine réalisation chaque aspect de votre être.

Mais l'évolution ne veut pas dire *laisser tomber* certains aspects du Soi au profit d'autres. Elle veut tout simplement dire élargir le point de mire, se détourner d'un engagement presque exclusif dans un aspect, et tendre vers l'amour véritable et l'appréciation de *tous* les aspects.

Alors, pourquoi tant de maîtres épousent-ils la chasteté complète?

Parce qu'ils ne croient pas que les humains puissent atteindre un équilibre. Ils croient que l'énergie sexuelle, et les énergies entourant d'autres expériences de ce monde, est trop puissante pour qu'on puisse tout simplement la modérer, l'équilibrer. Ils croient que l'abstinence est la *seule voie* vers l'évolution spirituelle, plutôt que, tout simplement, l'un de ses *résultats* possibles.

Mais n'est-il pas vrai que certains êtres hautement évolués *ont vraiment* «renoncé au sexe»?

Non pas au sens classique du mot «renoncer». Ce n'est pas un abandon forcé d'une chose que vous désirez encore, tout en sachant qu'elle n'est pas «bonne pour vous». C'est davantage une simple libération, un détournement, comme on se détache d'une seconde portion de dessert. Non pas parce que le dessert n'est pas bon. Non pas même parce qu'il n'est pas bon *pour* vous. Mais tout simplement parce que, même s'il est merveilleux, vous en avez assez eu.

Lorsque vous pouvez abandonner votre engagement dans le sexe pour cette raison, vous voulez peut-être le faire ou peut-être pas. Vous pouvez ne jamais décider que vous en avez «assez eu» et vous voudrez peut-être toujours garder cette expérience, en équilibre avec les autres expériences de votre Être.

C'est correct. C'est bien. Ceux qui sont sexuellement actifs ne sont pas moins qualifiés pour l'illumination, pas moins spirituellement évolués, que ceux qui sont sexuellement inactifs.

Ce à quoi l'illumination et l'évolution vous *font* vraiment renoncer, c'est votre *dépendance* par rapport au sexe, votre profond *besoin* d'avoir l'expérience, vos comportements compulsifs.

De même, votre *préoccupation* à l'égard de l'argent, du pouvoir, de la sécurité, des biens matériels et autres expériences du corps disparaîtront. Mais votre *appréciation* véritable à leur égard ne disparaîtra pas et ne *doit pas* disparaître. L'appréciation de *toute la vie*, voilà ce qui respecte le Processus que J'ai créé. Le dédain de la vie ou de l'une ou l'autre de ses joies, même les plus fondamentales, les plus physiques, est un dédain envers *Moi*, le Créateur.

Car lorsque vous qualifiez Ma création de profane, comment Me qualifiez-vous? Mais lorsque vous qualifiez Ma création de sacrée, vous sanctifiez votre expérience d'elle, et vous Me sanctifiez également.

Je te dis ceci : Je n'ai *rien* créé de dégoûtant, et, comme l'a dit votre Shakespeare, *rien* n'est «mal» en soi, seulement dans la pensée.

Cela m'amène à quelques autres questions, les dernières, à propos du sexe. Est-ce que le sexe excentrique entre adultes consentants est acceptable?

Oui.

Je veux dire, même le sexe «bizarre»? Même le sexe sans amour? Même le sexe gay?

D'abord, soyons clairs à nouveau : Dieu ne désapprouve rien.

Je ne reste pas là à juger, en qualifiant une action de *bonne* et une autre de *mauvaise*.

(Comme tu le sais, J'ai exposé cela en détail dans le Tome 1.)

Alors, dans le contexte de ce qui te sert, ou te dessert, sur la Voie de ton Évolution, tu *es le seul* à pouvoir décider.

Il y a toutefois une consigne générale sur laquelle la plupart des âmes évoluées se sont entendues.

Aucune action qui fasse souffrir un autre ne mène à une évolution rapide.

Il y a également une seconde consigne.

Aucune action engageant quelqu'un d'autre ne peut être entreprise sans son consentement et sa permission.

Alors, considérons les questions que tu viens de poser dans le contexte de ces consignes.

Le sexe «bizarre»? Eh bien, si ça ne fait de mal à personne, et si on le fait avec la permission de chacun, quelle raison aurait-on de le qualifier de «mauvais»?

Le sexe sans amour? Depuis le commencement des temps, on débat du sexe «pour le sexe». Je crois, chaque fois que J'entends cette question, que J'aimerais un jour entrer dans une pièce pleine de gens pour leur dire : «Que tous ceux ici qui n'ont jamais eu de relation sexuelle en dehors d'une relation d'amour profonde, durable, engagée et éternelle, lèvent la main.»

Permets-moi seulement de dire ceci : faire *quoi que ce soit* sans amour n'est pas la voie la plus rapide qui mène à la Déesse.

Que ce soit le sexe sans amour ou les spaghettis avec boulettes sans amour, si vous avez préparé le festin et que vous le consommez sans amour, vous ratez la part la plus extraordinaire de l'expérience.

Est-il mauvais de la rater? Encore une fois, «mauvais» n'est peut-être pas le mot clé. «Désavantageux» serait plus précis, étant donné votre désir d'évoluer vers un être spirituel plus élevé aussi rapidement que possible.

Le sexe gay? Tant de gens tiennent à dire que Je suis contre la sexualité gay, ou son expression. Mais Je ne porte aucun jugement, ni sur ce choix ni sur aucun autre.

Les gens tiennent à porter toutes sortes de jugements de valeur, à propos de *tout*, et Je gâche leur plaisir, pour ainsi dire. Je ne me mettrai pas de leur côté à propos de ces jugements, ce qui est particulièrement déconcertant pour ceux qui disent que *J'en suis l'origine*.

Par contre, J'observe ceci : Il y eut un temps où les gens croyaient que le mariage entre personnes de races différentes était non seulement à déconseiller, mais contre *la loi de Dieu*. (Étonnamment, certaines personnes le pensent *encore*.) Ils considéraient la Bible comme leur source d'autorité, et le font encore sur des questions concernant l'homosexualité.

Tu veux dire qu'il est bien que des gens de races différentes s'unissent dans le mariage?

La question est absurde, mais pas aussi absurde que la certitude de certaines gens que la réponse est «non».

Les questions sur l'homosexualité sont-elles tout aussi absurdes?

À vous de décider. Je ne porte aucun jugement là-dessus, ni sur *quoi que ce soit*. Je sais que vous aimeriez que Je le fasse. Cela vous simplifierait tellement la vie. Aucune décision à prendre. Aucun dilemme. Tout serait décidé pour vous. Rien d'autre à faire qu'obéir. Ce n'est pas une vie, du moins en termes de créativité ou de pouvoir, mais flûte... aucun stress, non plus.

Permets-moi de Te poser encore quelques questions sur le sexe et les enfants. À quel âge est-il approprié de permettre aux enfants de faire l'expérience de la sexualité?

Les enfants sont conscients d'eux-mêmes en tant qu'êtres sexuels, c'est-à-dire en tant qu'êtres *humains*, dès le commencement de leur vie. Bien des parents, sur votre planète, tentent de les décourager de remarquer cela. Si la main d'un bébé va vers le «mauvais endroit», vous la retirez. Si un petit enfant commence à trouver des instants de plaisir en jouant innocemment avec son propre corps, vous réagissez avec horreur et vous transmettez ce sentiment d'horreur à votre enfant. L'enfant se demande : Qu'est-ce que j'ai fait, qu'est-ce que j'ai fait? Maman est furieuse; qu'est-ce que j'ai fait?

Pour votre race d'êtres, il ne s'agit pas de savoir à quel moment vous présentez le sexe à vos enfants, mais quand vous cessez d'exiger qu'ils nient leur propre identité d'être sexués. Quelque part entre l'âge de 12 et de 17 ans, la plupart d'entre vous abandonnez déjà le combat et dites, essentiellement (bien que, naturellement, pas en ces termes, vous ne parlez pas de ces choses) : «D'accord, maintenant, tu peux remarquer que tu as des parties sexuelles et des choses sexuelles à faire avec elles.»

Mais alors, le tort est déjà fait. Vos enfants ont appris pendant au moins dix ans qu'ils doivent avoir *honte* de ces parties de leur corps. Certains n'ont même pas appris leur nom véritable. Ils entendent n'importe quoi : de «zizi» à «foufounes», en passant par des mots que certains d'entre vous devez faire un sérieux effort pour inventer, tout cela pour éviter de simplement dire «vagin» ou «pénis».

Ayant donc appris très clairement que toutes les choses ayant trait à *ces* parties du corps doivent être cachées, tues, niées, vos enfants explosent alors dans la puberté sans savoir du tout quoi faire de ce qui se passe en eux. Ils n'ont eu aucune préparation. Bien entendu, ils agissent alors en être misérables, répondant à leurs besoins les plus nouveaux et les plus urgents de façon malhabile, sinon inconvenante.

Ce n'est pas nécessaire, et selon Moi, cela ne rend pas service à vos enfants, car beaucoup trop d'entre eux entament leur vie adulte accablés de tabous sexuels, d'inhibitions et de «complexes» à tout casser.

Dans les sociétés éclairées, les enfants ne se font jamais décourager, réprimander ou «corriger» lorsqu'ils commencent à prendre plaisir, tôt, à la nature même de leur être. La sexualité de leurs parents, c'est-à-dire *l'identité* de leurs parents en tant qu'êtres sexuels, n'est pas non plus particulièrement évitée ou nécessairement cachée. Les corps nus, que ce soit ceux des parents, des enfants ou de leurs frères et soeurs, sont considérés et traités comme étant totalement naturels, totalement merveilleux et totalement corrects, et non comme des choses honteuses.

On considère et on traite les fonctions sexuelles aussi comme étant totalement naturelles, totalement merveilleuses et totalement correctes.

Dans certaines sociétés, les parents s'accouplent sous les yeux de leurs enfants : quoi de mieux pour donner aux enfants un sentiment de la beauté, de la merveille, de la pure joie et de la complète normalité de l'expression sexuelle de l'amour? Car les parents sont constamment en train de modeler le «bien» et le «mal» de *tous* les comportements, et les enfants captent des signaux subtils et moins subtils de leurs parents à propos de *tout*, à travers ce qu'ils voient leurs parents penser, dire et faire.

Comme Je l'ai déjà dit, vous pouvez qualifier ces sociétés de «païennes» ou de «primitives», mais il est possible d'observer que dans de telles sociétés, le viol et le crime passionnel sont pratiquement inexistants, la prostitution est considérée comme étant risible et absurde, et les inhibitions et dysfonctions sexuelles sont choses inconnues.

Même si une telle ouverture n'est pas recommandée à présent pour votre propre société (dans toutes les circonstances sauf les plus extraordinaires, ce serait sans doute un stigmate culturel beaucoup trop grand), il est *temps* que les prétendues civilisations modernes de votre planète fassent quelque chose pour mettre fin à la répression, à la culpabilité et à la honte qui, trop souvent, entourent et caractérisent la totalité de l'expression et de l'expérience sexuelles de votre société.

As-tu des suggestions? Des idées?

Cessez d'enseigner aux enfants, dès le commencement de leur vie, que les choses relatives au fonctionnement naturel de leur corps sont honteuses et mauvaises. Cessez de montrer à vos enfants que tout ce qui est sexuel doit rester caché. Laissez vos enfants voir et observer *votre* côté amoureux. Laissez-les vous voir vous embrasser, vous toucher, vous caresser doucement, laissez-les voir que leurs parents *s'aiment* et que le fait de *montrer leur amour physiquement* est une chose tout à fait naturelle et merveilleuse. (Tu serais surpris de savoir le nombre de familles dans lesquelles une leçon aussi simple n'a jamais été enseignée.)

Lorsque vos enfants commencent à assumer leurs propres sentiments, curiosité et besoins sexuels, faites-les aborder cette nouvelle et grandissante expérience d'eux-mêmes avec un sentiment intérieur de joie et de célébration, et non de culpabilité et de honte.

Et pour l'amour du ciel, cessez de cacher vos *corps* aux yeux de vos enfants. Il est bon qu'ils vous voient nager nus dans un étang à la campagne pendant une expédition de camping ou dans la piscine de la cour; ne faites pas une syncope s'ils vous surprennent brièvement en train de passer sans peignoir de la chambre à coucher à la salle de bain; mettez fin à ce besoin frénétique de vous couvrir, de vous fermer, de fermer toute occasion, même innocente, que vos enfants vous connaissent en tant qu'êtres pourvus d'une identité sexuelle. Les enfants croient leurs parents asexués parce que leurs parents se sont *montrés sous ce jour*. Puis, ils s'imaginent devoir être ainsi, parce que *tous les enfants imitent leurs parents*. (Les thérapeutes te diront que certains grands enfants ont encore beaucoup de mal à imaginer leurs parents «en train de faire la chose», ce qui, bien entendu, remplit ces enfants, maintenant des patients du thérapeute, de rage, de culpabilité ou de honte, parce que, naturellement, ils désirent «le faire», et ils ne peuvent trouver *ce qui cloche en eux*.)

Alors, parlez de sexe à vos enfants, riez à propos du sexe avec vos enfants, enseignez-leur, permettez-leur, rappelez-leur, montrez-leur *comment célébrer leur sexualité*. Voilà ce que vous pouvez faire pour vos enfants. Et vous le faites dès le jour de leur naissance, avec le premier baiser, la première accolade, le premier toucher qu'ils reçoivent de vous, et c'est ce qu'ils vous voient recevoir l'un de l'autre.

Merci. *Merci.* J'espérais tant que Tu ramènes le bon sens à ce sujet. Mais une dernière question. Quand est-il approprié de présenter, d'expliquer ou de décrire avec précision la sexualité aux enfants?

Ils vous le diront le moment venu. Chaque enfant vous le dira clairement, immanquablement, si vous observez et écoutez vraiment. Cela vient par étapes, en fait. Et vous saurez comment aborder les étapes de la sexualité de votre enfant si vous êtes clair, si vous avez terminé vos propres «histoires laissées en plan» à propos de tout cela.

Comment *en* arriver *là*?

Faites ce qu'il faut. Inscrivez-vous à un séminaire. Voyez un thérapeute. Joignez-vous à un groupe. Lisez un livre. Méditez là-dessus. Découvrez-vous mutuellement, redécouvrez-vous *l'un et l'autre* en tant que mâle et femelle; découvrez, revoyez, retrouvez, réappropriez-vous votre *propre* sexualité. Célébrez-*la*. Prenez-y plaisir. Assumez-la.

Assumez votre propre sexualité joyeuse, et vous pourrez laisser et encourager vos enfants à assumer la leur.

Encore une fois, merci. Maintenant, pour s'éloigner de la question des enfants et revenir au sujet plus vaste de la sexualité humaine, je dois Te poser une autre question. Et elle peut sembler impertinente et même désinvolte, mais je ne peux laisser finir ce dialogue sans la poser.

Eh bien, cesse de t'excuser et pose-la.

Bien. Est-ce qu'on peut avoir «trop» de sexe?

Non. Bien sûr que non. Mais on peut avoir un trop grand besoin de sexe.

Je suggère ceci :

Prends plaisir à tout.
N'aie besoin de rien.

Même des gens?

Même des gens. *Surtout* **des gens. Avoir besoin de quelqu'un est la façon la plus rapide de tuer une relation.**

Mais nous aimons tous qu'on ait besoin de nous.

Alors, cessez. Aimez plutôt sentir qu'on n'a pas besoin de vous, car le plus grand cadeau que vous puissiez donner à quelqu'un est la force et le pouvoir *de ne pas avoir besoin de vous*, **de n'avoir besoin de vous en aucune circonstance.**

9

Ça va, je suis prêt à continuer. Tu as promis de parler de certains des aspects plus généraux de la vie sur Terre et, depuis tes commentaires sur la vie aux États-Unis, je voulais parler davantage de tout cela.

Oui, c'est bien. Je veux que le Tome 2 traite de certaines des questions plus importantes qu'affronte votre planète. Et il n'y a pas de question plus importante que l'éducation de vos enfants.

Nous ne nous en chargeons pas bien, n'est-ce pas... Je peux deviner cela à Ta façon d'amener le sujet.

Bien sûr, tout est relatif. Par rapport à ce que vous dites essayer de faire, non, vous ne le faites pas bien.

Tout ce que Je dis ici, tout ce que j'ai inclus dans cette discussion jusqu'ici et que j'ai fait insérer dans ce document, doit être placé dans ce contexte. Je ne juge pas en termes de «bien» ou de «mal», de «bon» ou de «mauvais». J'émets tout simplement des observations sur votre *efficacité* par rapport à ce que vous *dites essayer de faire*.

Je comprends.

Je sais que tu dis comprendre, mais le moment viendra peut-être, avant même que ce dialogue ne prenne fin, où tu M'accuseras de poser des jugements.

Je ne T'accuserais jamais de cela. Je ne suis pas si stupide.

Le fait de «ne pas être si stupide» n'a jamais empêché la race humaine, dans le passé, de dire que J'étais un Dieu qui juge.

Mais ce n'est pas mon cas.

Nous verrons bien.

Tu voulais parler d'éducation.

En effet. J'observe que la plupart d'entre vous avez mal compris la signification, le but et la fonction de l'éducation, sans parler du processus par lequel vous l'entreprenez selon votre idéal.

Cette affirmation est énorme, et il faudra que Tu m'aides à la comprendre.

La plus grande part de la race humaine a décidé que la signification, le but et la fonction de l'éducation est de transmettre la connaissance; qu'éduquer quelqu'un, c'est lui donner de la connaissance; généralement, la connaissance accumulée de sa famille, de son clan, de sa tribu, de sa société, de son pays et de son monde.
Mais l'éducation n'a pas grand-chose à voir avec la connaissance.

Vraiement? Sans blague.

Clairement.

Quel est son but, alors?

La sagesse.

La sagesse?

Oui.

D'accord, je me rends. Quelle est la différence?

La sagesse c'est la connaissance appliquée.

Alors, nous ne sommes pas censés essayer de donner de la connaissance à nos enfants. Nous sommes censés essayer de leur donner de la sagesse.

Tout d'abord, n'«essayez» pas de faire quoi que ce soit. *Faites-le*. Deuxièmement, n'ignorez pas la connaissance en faveur de la sagesse. Cela serait fatal. D'autre part, n'ignorez pas la sagesse en faveur de la connaissance. Cela aussi serait fatal. Cela tuerait l'éducation. Sur votre planète, c'est *vraiment* en train de la tuer.

Nous ignorons la sagesse en faveur de la connaissance?

Dans la plupart des cas, oui.

Comment faisons-nous cela?

Vous enseignez à vos enfants quoi penser plutôt que comment penser.

Explique, s'il Te plaît.

Certainement. Lorsque vous donnez de la connaissance à vos enfants, vous leur dites quoi penser. C'est-à-dire que vous leur dites ce qu'ils sont censés savoir; ce que vous voulez qu'ils trouvent vrai.

Lorsque vous donnez la sagesse à vos enfants, vous ne leur dites pas quoi savoir, ou ce qui est vrai, mais plutôt, *comment arriver à leur propre vérité*.

Mais sans connaissance, il ne peut y avoir de sagesse.

D'accord. Voilà pourquoi J'ai dit que vous ne pouvez ignorer la connaissance en faveur de la sagesse. Une certaine part de connaissance doit être transmise d'une génération à la suivante. De toute évidence. Mais le moins de connaissance possible. Moins il y en aura, mieux ce sera.

Laissez l'enfant faire ses propres découvertes. Sachez ceci : la connaissance se perd; la sagesse ne s'oublie jamais.

Alors, nos écoles devraient enseigner le moins possible?

Vos écoles devraient mettre l'accent sur l'inverse. Maintenant, elles sont hautement concentrées sur la connaissance, et accordent peu d'attention à la sagesse. Pour bien des parents, les cours de pensée critique, de résolution de problèmes et de logique sont menaçants. Ils veulent éliminer ces cours des programmes. Ils devront le faire, s'ils veulent protéger leur mode de vie. Car les enfants qu'on laisse développer leurs propres processus de pensée critique sont très susceptibles *d'abandonner* la morale, les normes et tout le mode de vie de leurs parents.

Afin de protéger votre mode de vie, vous avez bâti un système d'éducation fondé sur le développement, chez l'enfant, de souvenirs et non de capacités. On enseigne aux enfants à *se rappeler* des faits et des fictions, les fictions que chaque société a établies autour d'elle-même, plutôt que de leur donner la capacité de découvrir et de créer leur propre vérité.

Les programmes qui demandent aux enfants de développer des *capacités* et des *talents* plutôt que des *souvenirs* subissent le ridicule de ceux qui croient savoir ce qu'un enfant a besoin d'apprendre. Mais ce que vous avez enseigné à vos enfants a mené votre monde *vers* l'ignorance, plutôt que de l'en écarter.

Nos écoles n'enseignent pas de fictions, mais des faits.

Alors, vous vous mentez à vous-mêmes, tout comme vous mentez à vos enfants.

Nous mentons à nos enfants?

Bien sûr. Prends n'importe quel livre d'histoire et tu verras. Vos histoires sont écrites par des gens qui veulent que leurs enfants voient le monde d'un point de vue particulier. On dénigre et on qualifie de «révisionniste» toute tentative d'enrichir les comptes rendus historiques en présentant une vision élargie des faits. Vous ne dites pas à vos enfants la vérité à propos de votre passé, afin qu'ils ne puissent pas vous voir tels que vous êtes.

La plus grande part de l'histoire est écrite du point de vue de ce segment de votre société que vous appelleriez les mâles protestants, anglo-saxons et blancs. Lorsque des femmes, des Noirs ou d'autres membres de minorités disent : «Eh, minute. Ce n'est pas comme ça que c'est arrivé. Vous avez laissé de côté un aspect immense, ici», vous avez un mouvement de recul; vous vous agitez et vous exigez que les «révisionnistes» cessent d'essayer de changer vos manuels. Vous ne voulez pas que vos enfants sachent comment c'est vraiment arrivé. Vous voulez qu'ils sachent comment vous avez *justifié* ce qui est arrivé, de votre point de vue. Veux-tu un exemple?

S'il Te plaît.

Aux États-Unis, vous n'enseignez pas à vos enfants tout ce qu'il faut savoir sur la décision de votre pays de lâcher des bombes atomiques sur deux villes japonaises, tuant ou ravageant des centaines de milliers de personnes. Plutôt, vous leur donnez les faits tels que vous les voyez, et tels que vous voulez qu'ils les voient.

Lorsqu'on tente de contrebalancer ce point de vue avec un autre, dans ce cas, celui des Japonais, vous hurlez, ragez, tempêtez, trépignez et exigez que les écoles *n'osent* même pas *songer* à présenter de telles données dans leur révision historique de cet important événement. Ainsi, ce n'est pas l'histoire que vous enseignez, mais la politique.

L'histoire est censée être un compte rendu exact et intégral de ce qui s'est vraiment passé. La politique ne concerne jamais ce qui s'est vraiment passé. La politique est toujours le *point de vue* de quelqu'un à propos de ce qui s'est passé.

L'histoire révèle, la politique justifie. L'histoire dévoile, dit tout. La politique dissimule, ne montre qu'un côté.

Les politiciens détestent l'histoire fidèlement écrite. Et l'histoire, fidèlement écrite, ne parle pas en bien des politiciens, non plus.

Mais vous portez les vêtements neufs de l'Empereur, car vos enfants vous voient tels que vous êtes. Les enfants auxquels on enseigne la pensée critique apprennent votre histoire et disent : «Dis donc, mes parents et mes aînés se sont fait des illusions.» Comme vous ne pouvez tolérer cela, vous insistez. Vous ne voulez pas que vos enfants apprennent les faits les plus fondamentaux. Vous voulez qu'ils aient *votre version* des faits.

Je crois que Tu exagères. Je crois que Tu as poussé cet argument un peu loin.

Vraiment? La plupart des gens, dans votre société, ne veulent même pas que leurs enfants connaissent les faits les plus fondamentaux de la *vie*. Les gens ont perdu la tête lorsque les écoles ont tout simplement commencé à enseigner aux enfants le fonctionnement du corps humain. Maintenant, vous n'êtes pas censés dire aux enfants comment le sida se transmet, ou comment *empêcher* sa transmission. À moins, bien entendu, que vous leur disiez d'un *point de vue* particulier comment éviter le sida. Alors, c'est très bien. Mais leur donner tout simplement les faits, et les laisser décider eux-mêmes? Jamais de la vie.

Les enfants ne sont pas prêts à décider ces choses eux-mêmes. Il faut les guider convenablement.

As-tu observé ton monde dernièrement?

Qu'est-ce qu'il a?

C'est ainsi que vous avez guidé vos enfants dans le passé.

Non, c'est ainsi que nous les avons *mal* guidés. Si le monde est dans un état déplorable aujourd'hui, et à bien des égards, il l'est, ce n'est pas parce que nous avons essayé d'enseigner à nos enfants les *vieilles* valeurs, mais parce que nous les avons laissés apprendre toutes ces choses «nouveau genre»!

Tu crois vraiment ça, n'est-ce pas?

Tu parles si je le crois! Si nous nous étions contentés d'enseigner à nos enfants la lecture, l'écriture et le calcul plutôt que de leur faire avaler toutes ces foutaises de «pensée critique», nous serions bien mieux aujourd'hui. Si nous avions gardé cette prétendue «éducation sexuelle» hors de la salle de classe et à la maison, c'est-à-dire à sa place, nous ne verrions pas des adolescentes avoir des bébés ou des mères célibataires de 17 ans demander la sécurité sociale : nous n'aurions pas un monde en perdition. Si nous avions insisté pour que nos jeunes vivent selon *nos* normes morales, plutôt que de les laisser partir et créer leurs propres normes, nous n'aurions pas transformé notre pays jadis fort et vivant en une pitoyable imitation de son ancienne identité.

Je vois.

Autre chose. Ne viens pas me dire que nous sommes soudainement censés nous trouver «mauvais» à cause de ce que nous avons fait à Hiroshima et à Nagasaki. Nous *avons mis fin à la guerre*, pour l'amour du Ciel. Nous avons sauvé des milliers de vies. Des *deux* côtés. C'était le prix de la guerre. Personne n'a aimé la décision, mais il fallait que quelqu'un la prenne.

Je vois.

Ouais, Tu vois. Tu ressembles exactement à ces gauchistes, à ces communistes rouge pâle. Tu veux nous voir réviser notre histoire, c'est ça. Tu veux que nous la révisions pour nous éjecter de l'existence. Alors, vous autres, gauchistes, pourrez enfin prendre vos aises; vous emparer du monde; créer vos sociétés décadentes; redistribuer la richesse. *Le pouvoir au peuple*, et toute cette merde. Sauf que ça ne nous a jamais menés nulle part. Ce qu'il nous faut, c'est un retour au passé; aux valeurs de nos ancêtres. C'est ça qu'il nous faut!

C'est fini, maintenant?

Ouais, j'ai fini. C'était comment?

Plutôt bien. C'était vraiment bien.

Quand tu as animé des *talk-shows* radiophoniques pendant quelques années, ça vient plutôt facilement.

C'est comme ça que les gens pensent sur ta planète, n'est-ce pas?

Tu parles! Et pas seulement en Amérique. Je veux dire : on pourrait changer le nom du pays et celui de la guerre; insérer toute action militaire offensive de n'importe quel pays à tout moment de l'histoire. Peu importe. Chacun pense avoir raison. Tout le monde sait que c'est *l'autre* qui a tort. Oublie Hiroshima. Insère Berlin à la place. Ou la Bosnie.

Tout le monde sait que les valeurs anciennes sont celles qui marchaient, aussi. Chacun sait que le monde s'en va au diable. Pas seulement en Amérique. Partout. Partout sur la planète, on réclame à cor et à cri un retour aux vieilles valeurs et au nationalisme.

Je sais.

Et ce que j'ai fait ici, c'est d'articuler ce sentiment, cette préoccupation, ce tollé.

Tu as bien fait cela. Tu as failli Me convaincre.

Alors? Qu'est-ce que Tu dis à ceux qui pensent vraiment ainsi?

Je dis : pensez-vous vraiment que les choses allaient mieux il y a 30, 40 ou 50 ans? Je dis que la mémoire est myope. Vous vous rappelez le bon côté, et non le pire. C'est naturel et normal. Mais ne vous faites pas d'illusions. Utilisez la *pensée critique*, au lieu de vous contenter de *mémoriser* ce que d'autres veulent que vous pensiez.

Pour garder notre exemple, t'imagines-tu vraiment qu'il était absolument nécessaire de lâcher la bombe atomique sur Hiroshima? Que disent vos historiens américains sur les nombreux rapports, rédigés par des gens qui affirment savoir ce qui s'est vraiment passé, selon lesquels l'Empire japonais avait révélé en privé aux États-Unis sa volonté de mettre fin à la guerre avant qu'on ne lâche la bombe? Quelle était la part de vengeance pour l'horreur de Pearl Harbor dans la décision de bombarder? Et si vous acceptez la nécessité de lâcher la bombe sur Hiroshima, pourquoi était-il nécessaire de lâcher une seconde bombe?

C'est peut-être, bien sûr, que votre propre compte rendu de tout cela est correct. C'est peut-être que le point de vue américain sur tout cela est la façon dont c'est vraiment arrivé. Ce n'est pas l'essentiel de cette discussion. L'essentiel, ici, c'est que votre système éducatif ne permet pas la pensée critique sur ces questions, ni sur beaucoup d'autres questions, d'ailleurs.

Peux-tu imaginer ce qui arriverait à un professeur de sciences sociales ou d'histoire de l'Iowa qui poserait les questions précédentes à une classe, en invitant et en encourageant les étudiants à les examiner et à les explorer en profondeur et à tirer leurs propres conclusions?

Voilà l'essentiel! Vous ne *voulez* pas que vos jeunes tirent leurs propres conclusions. Vous voulez qu'ils arrivent *aux mêmes conclu-*

sions que vous. Ainsi, vous les condamnez à répéter les erreurs auxquelles vos conclusions *vous* ont menés.

Et ces affirmations faites par tant de gens à propos des anciennes valeurs et de la désintégration de notre société actuelle? Et l'incroyable montée des mères adolescentes, ou des mères qui reçoivent l'assistance sociale, ou du monde en perdition?

Votre monde est en perdition. Là-dessus, Je suis d'accord. Mais votre monde n'est pas en perdition à cause de ce que vous avez laissé vos écoles enseigner à vos enfants. Il est en perdition à cause de ce que vous ne les avez pas laissé enseigner.

Vous n'avez pas permis à vos écoles d'enseigner que l'amour est tout. Vous n'avez pas permis à vos écoles de parler d'un amour qui est inconditionnel.

Merde, nous ne laissons même pas nos *religions* parler de ça.

C'est vrai. Et vous ne laisserez pas vos enfants apprendre à se célébrer eux-mêmes et à célébrer leur corps, leur humanité et leurs merveilleux êtres sexuels. Et vous ne laisserez pas vos enfants savoir qu'ils sont, d'abord et avant tout, des êtres spirituels qui habitent un corps. Et vous ne traiterez pas vos enfants comme des âmes incarnées.

Dans les sociétés où l'on parle ouvertement de la sexualité, où on en discute librement, où on l'explique et où on en fait l'expérience joyeusement, il n'y a à toutes fins pratiques aucun crime sexuel, mais un tout petit nombre de naissances qui se produisent lorsqu'elles ne sont pas attendues, et aucune naissance «illégitime» ou involontaire. Dans les sociétés hautement évoluées, *toutes* les naissances sont des grâces, et toutes les mères et tous les enfants ont leur bien-être assuré. En effet, la société tient à ce qu'il en soit ainsi.

Dans les sociétés où l'histoire n'est pas adaptée aux vues des plus forts et des plus puissants, les erreurs du passé sont ouvertement reconnues et jamais répétées, et *une fois* suffit pour les comportements qui sont clairement autodestructeurs.

Dans les sociétés où l'on enseigne la pensée critique, la résolution de problèmes et les habiletés nécessaires à la vie, plutôt que la simple mémorisation des faits, même les actions prétendument «justifiables» du passé sont passées au peigne fin. On n'accepte rien a priori.

Comment cela fonctionnerait-il? Utilisons notre exemple de la deuxième guerre mondiale. Comment un système scolaire enseignant les habiletés nécessaires à la vie, plutôt que seulement les faits, approcherait-il l'épisode historique d'Hiroshima?

Vos enseignants décriraient à leur classe exactement ce qui s'est passé là. Ils incluaient *tous* les faits, tous ceux qui ont mené à cet événement. Ils rechercheraient les vues des historiens des *deux* côtés de l'affrontement, réalisant qu'il y a plus d'un point de vue sur *tout*. Ensuite, ils ne demanderaient pas à la classe de mémoriser les faits en question. Ils mettraient plutôt la classe au défi. Ils diraient: «Maintenant, vous savez tout à propos de cet événement. Vous savez tout ce qui est arrivé avant, et tout ce qui est arrivé après. Nous vous avons donné autant de «connaissances» que possible sur cet événement. Alors, quelle «sagesse» tirez-vous de cette «connaissance»? Si vous étiez choisis pour résoudre les problèmes auxquels on faisait face à l'époque, et qui ont été résolus en lâchant la bombe, comment les résoudriez-vous? Pouvez-vous imaginer une meilleure façon?»

Oh, *bien sûr*. C'est facile. N'importe qui peut trouver des réponses de *cette façon*, avec le bénéfice de la *vision rétrospective*. N'importe qui peut regarder par-dessus son épaule et dire: «Je l'aurais fait autrement.»

Alors, pourquoi ne le faites-vous pas?

Pardon?

J'ai dit : Alors, pourquoi ne le faites-vous pas? Pourquoi n'avez-vous pas regardé par-dessus votre épaule, *tiré des leçons* de votre passé et agi différemment? Je vais te dire pourquoi. Parce que laisser vos enfants regarder votre passé et l'analyser de façon critique, en effet, les *obliger* à le faire dans le cadre de leur éducation, ce serait courir le risque qu'ils soient en *désaccord avec votre façon de faire les choses.*

Ils vont être en désaccord de toute façon, bien entendu. Seulement, vous ne leur en laissez pas trop la possibilité dans vos classes. Alors, ils doivent descendre dans les rues, porter des pancartes, déchirer des cartes de conscription, brûler des soutiens-gorge et des drapeaux, faire tout ce qu'ils peuvent pour attirer votre attention, pour vous amener à voir. Vos jeunes vous ont crié : «On peut faire les choses autrement et mieux!» Mais vous ne les entendez pas. Vous ne voulez pas les entendre. Et vous ne voulez certainement pas les encourager dans la *classe* à commencer à penser de façon critique aux faits que vous leur donnez.

Contentez-vous de *l'avaler*, leur dites-vous. Ne venez pas nous dire que nous nous sommes trompés. Contentez-vous d'avaler que nous avons *bien* fait.

C'est ainsi que vous éduquez vos enfants. C'est ce que vous avez appelé, jusqu'ici, l'éducation.

Mais il y a ceux qui diraient que ce sont les jeunes gens et leurs idées folles, bizarres, gauchistes, qui ont entraîné ce pays et ce monde dans la décadence, qui l'ont envoyé au diable, qui l'ont poussé au bord de la destruction, qui ont détruit notre culture orientée sur les valeurs, et qui l'ont remplacée par une morale du faites-ce-que-vous-voulez, du faites tout ce qui «fait du bien», qui menace de détruire notre mode de vie même.

Les jeunes sont *vraiment* en train de détruire votre mode de vie. Les jeunes ont *toujours* fait cela. Votre tâche consiste à les encourager, et non à les décourager.

Ce ne sont pas vos jeunes qui sont en train de détruire les forêts tropicales. Ils vous demandent *d'arrêter.* Ce ne sont pas vos jeunes qui sont en train d'épuiser la couche d'ozone. Ils vous demandent *d'arrêter.* Ce ne sont pas vos jeunes qui exploitent les pauvres dans des usines du monde entier. Ils vous demandent *d'arrêter.* Ce ne sont pas vos jeunes qui vous imposent des taxes à l'infini pour ensuite utiliser l'argent pour faire la guerre et pour acheter des machines de guerre. Ils vous demandent *d'arrêter*. Ce ne sont pas vos jeunes qui ignorent les problèmes des faibles et des démunis, et qui laissent des centaines de gens mourir de faim chaque jour sur une planète qui a plus que ce qu'il faut pour nourrir tout le monde. Ils vous demandent *d'arrêter*.

Ce ne sont pas vos jeunes qui s'adonnent à la politique de la tromperie et de la manipulation. Ils vous demandent d'arrêter. Ce ne sont pas vos jeunes qui, réprimés sexuellement, affligés de honte et de gêne à propos de leur propre corps, transmettent cette honte et cette gêne à leurs enfants. Ils vous demandent *d'arrêter*. Ce ne sont pas vos jeunes qui ont établi un système de valeurs qui dit que «la raison du plus fort est toujours la meilleure» et un monde qui résout les problèmes par la violence. Ils vous demandent d'*arrêter*.

Non, ils ne vous le demandent pas... ils vous en *supplient*.

Mais ce sont les jeunes qui sont violents! Les jeunes qui forment des gangs et qui se tuent mutuellement! Les jeunes qui font un pied-de-nez à la loi et à l'ordre, à *toute* forme d'ordre. Les jeunes qui nous rendent *fous*!

Lorsque les cris et les supplications des jeunes afin de changer le monde ne sont pas entendus et jamais écoutés, lorsqu'ils voient que leur cause est perdue, que vous ferez les choses à votre manière, quoi qu'il arrive, les jeunes, qui ne sont pas stupides, vont adopter la solution de rechange. S'ils ne peuvent vous vaincre, ils vont passer dans votre camp.

Vos jeunes se sont joints à votre camp dans vos comportements. S'ils sont violents, c'est parce que vous êtes violents. S'ils sont matérialistes, c'est parce que vous êtes matérialistes. S'ils agissent de façon stupide, c'est parce que vous agissez de façon stupide. S'ils utilisent le sexe de façon manipulatrice, irresponsable, honteuse, c'est parce qu'ils vous voient faire la même chose.

La seule différence entre les jeunes et les plus vieux, c'est que les jeunes font ce qu'ils font ouvertement.

Les plus vieux dissimulent leurs comportements. Les plus vieux croient que les jeunes ne peuvent voir. Mais les jeunes voient tout. Rien ne leur est caché. Ils voient l'hypocrisie de leurs aînés, et ils tentent désespérément de la changer. Mais comme ils ont essayé et échoué, ils ne voient aucune autre possibilité que de l'imiter. En cela, ils ont tort, mais on ne leur a *jamais appris autre chose*. On ne leur a pas permis d'analyser de façon critique ce que leurs aînés ont fait. On leur a seulement permis de le mémoriser.

Ce que vous mémorisez, vous en faites un monument.

Comment, alors, devrions-nous éduquer nos jeunes?

Tout d'abord, traitez-les comme des âmes. Ce sont des âmes, qui entrent dans un corps physique. Ce n'est pas une chose facile pour une âme; l'âme ne s'y habitue pas facilement. C'est très contraignant, très limitatif. Alors, l'enfant crie à cause de ses limites. Entendez ce cri. Comprenez-le. Et donnez à vos enfants, autant que vous le pouvez, le sentiment d'être «illimité».

Ensuite, présentez-leur avec douceur et bienveillance le monde que vous avez créé. Soyez pleins de bienveillance, c'est-à-dire, soyez prudents, par rapport à ce que vous mettez dans les unités de stockage de leur mémoire. Les enfants se rappellent tout ce qu'ils voient, tout ce dont ils font l'expérience. Pourquoi donnez-vous la fessée à vos enfants aussitôt qu'ils sortent du ventre maternel? Vous imaginez-vous vraiment que c'est la seule façon de faire démarrer leur moteur? Pourquoi éloignez-vous vos bébés de leur mère quelques minutes après qu'ils aient été séparés de la seule forme de vie qu'ils ont connue dans toute leur existence présente? Est-ce qu'avant de les mesurer, de les peser, de les tâter et de les pousser, on ne peut pas attendre juste un moment que l'enfant nouveau-né ait fait l'expérience de la sécurité et du confort de *ce qui lui a donné la vie*?

Pourquoi permettez-vous que certaines des premières images auxquelles votre enfant est exposé soient des images de violence? Qui vous a dit que c'était bon pour vos enfants? Et pourquoi cachez-vous des images de l'amour?

Pourquoi enseignez-vous à vos enfants à avoir honte et à être gênés de leur propre corps et de leurs propres fonctions en leur cachant votre propre corps, et en leur disant de ne jamais se toucher d'une façon qui leur apporte du plaisir? Quel message leur envoyez-vous à propos du plaisir? Et quelles leçons leur donnez-vous à propos du corps?

Pourquoi placez-vous vos enfants dans des écoles où l'on permet et encourage la compétition, où l'on récompense le fait d'être le «meilleur» et d'apprendre le «plus», où l'on accorde de la valeur à la «performance», et où le fait de progresser à son propre rythme est à peine toléré? Qu'est-ce que votre enfant en comprend?

Pourquoi n'enseignez-vous pas à vos enfants le mouvement, la musique, la joie de l'art, le mystère des contes de fée et la merveille de la vie? Pourquoi ne suscitez-vous pas ce qui se trouve naturellement *chez* l'enfant, plutôt que de chercher à y mettre ce qui n'est pas naturel pour l'enfant?

Et pourquoi ne laissez-vous pas vos jeunes apprendre la logique, la pensée critique, la résolution de problèmes et la création, en utilisant les outils de leur propre intuition et leur connaissance intérieure la plus profonde, plutôt que les règles et les systèmes et conclusions mémorisées d'une société qui a déjà prouvé qu'elle était totalement incapable d'évoluer selon ces méthodes, mais qui continue de les utiliser?

Finalement, enseignez des *concepts*, pas des *sujets*.

Créez un nouveau programme, et construisez-le autour de trois Concepts essentiels :

La conscience

L'honnêteté

La responsabilité.

Enseignez ces concepts à vos enfants dès leur plus jeune âge. Faites-leur suivre le programme jusqu'au bout. Fondez tout votre modèle éducatif sur eux. Faites éclore toute instruction en eux, profondément.

Je ne comprends pas ce que cela implique.

Cela implique que tout ce que vous enseignez découle de ces concepts.

Peux-Tu expliquer cela? Comment enseignerions-nous la lecture, l'écriture et le calcul?

Des premiers recueils à vos manuels les plus avancés, tous les contes, histoires et sujets tourneraient autour des concepts essentiels. C'est-à-dire que ce seraient des histoires de conscience, des histoires d'honnêteté, des histoires de responsabilité. Vos enfants recevraient une présentation des concepts, une injection des concepts, un immersion dans les concepts.

De même, les tâches d'écriture tourneraient autour de ces Concepts essentiels, et d'autres qui y sont connexes, à mesure que l'enfant développe sa capacité d'expression.

Même l'arithmétique serait enseignée dans ce cadre de pensée. L'arithmétique et les mathématiques ne sont pas des abstractions, mais les outils les plus fondamentaux qui permettent de vivre la vie. L'enseignement du calcul serait mis dans le contexte de l'expérience de vie plus générale, de façon à attirer l'attention et à faire le point sur les Concepts essentiels et leurs dérivés.

Quels sont ces «dérivés»?

Pour utiliser une expression répandue par vos journalistes, ce sont des sous-produits. On peut fonder tout le modèle éducatif sur ces sous-produits, en remplaçant les sujets de votre programme actuel, qui enseigne, surtout, des faits.

Par exemple?

Eh bien, faisons travailler notre imagination. Quels sont certains des concepts qui sont importants pour toi dans la vie?

Euh... eh bien, je dirais... l'honnêteté, comme Tu l'as dit.

Oui, continue. C'est un Concept essentiel.

Et, euh... l'équité. C'est un concept important pour moi.

Bien. Y en a-t-il d'autres?

Le fait de traiter les autres avec gentillesse. C'en est un. Je ne sais pas comment mettre ça dans un concept.

Continue. Laisse tes pensées se dérouler.

S'entendre avec les autres. Être tolérant. Ne pas blesser les autres. Voir les autres comme des égaux. Ce sont toutes des choses que j'espérerais pouvoir enseigner à mes enfants.

Bien. Excellent! Continue.

Euh... croire en soi-même. C'est bon. Et... euh... attends, attends... il y en a une qui vient. Euh... ouais, c'est ça : *marcher dans la dignité*. J'imagine que je l'appellerais «marcher dans la dignité». Je ne sais pas comment mieux le conceptualiser, non plus, mais ça a quelque chose à voir avec la façon dont on se porte dans la vie, et la façon dont on respecte les autres et la voie que prennent les autres.

C'est bien. Tout cela est bien. Tu y arrives, maintenant. Et il y a tant d'autres concepts semblables que les enfants doivent comprendre profondément s'ils veulent évoluer et devenir des êtres humains complets. Mais vous n'enseignez pas ces choses dans vos écoles. Ce sont les choses les plus importantes dans la vie, ces choses dont nous parlons à présent, mais vous ne les enseignez pas à l'école. Vous n'enseignez pas ce que veut dire être honnête. Vous n'enseignez pas ce que veut dire être responsable. Vous n'enseignez pas ce que veut dire être conscient des sentiments des autres et respectueux des orientations des autres.

Tu dis qu'il appartient aux parents d'enseigner ces choses. Mais les parents ne peuvent transmettre que ce qu'on leur a transmis. Les péchés du père sont transmis au fils. Alors, vous enseignez chez vous les mêmes choses que vos parents vous ont enseignées chez eux.

Alors? Qu'y a-t-il de mal à cela?

Comme Je ne cesse de le répéter ici, as-tu observé le monde dernièrement?

Tu continues de nous ramener à ça. Tu continues de nous faire regarder ça. Mais tout ça n'est pas notre faute. On ne peut nous blâmer pour l'état dans lequel se trouve le reste du monde.

Ce n'est pas une question de blâme, mais de choix. Et si vous n'êtes pas responsables des choix passés et actuels de l'humanité, qui l'est?

Eh bien, nous ne pouvons nous rendre responsables de *tout* ça!

Je te dis ceci : à moins de vouloir prendre la responsabilité de tout cela, *vous ne pourrez rien y changer.*

Vous ne pouvez continuer à dire que ce sont eux qui l'ont fait, et que ce sont eux qui le font, et que si seulement ils faisaient comme il faut! Rappelle-toi la merveilleuse réplique de Pogo, le personnage de bande dessinée de Walt Kelly, et ne l'oublie jamais :
«Nous avons rencontré l'ennemi, et c'est nous.»

Nous répétons les mêmes erreurs depuis des centaines d'années, n'est-ce pas...

Depuis des milliers d'années, Mon fils. Vous commettez les mêmes erreurs depuis des milliers d'années. Les instincts les plus fondamentaux de l'humanité n'ont pas beaucoup évolués depuis l'âge des cavernes. Mais chaque tentative de changement encourt la dérision. Chaque mise au défi d'examiner vos valeurs, et peut-être même de les restructurer, est accueillie par la peur, puis la colère. Maintenant, Je vous suggère une idée pour vraiment enseigner des concepts supérieurs dans les *écoles.* Et là, mon vieux, on s'aventure vraiment sur de la glace mince.

Cependant, dans les sociétés les plus évoluées, c'est exactement ce qu'on fait.

Mais le problème, c'est que tout le monde ne s'entend pas sur ces concepts, sur leur signification. C'est pourquoi nous ne pouvons les enseigner dans nos écoles. Les parents deviennent furieux lorsqu'on essaie d'introduire ces valeurs dans le programme. Ils disent qu'on enseigne des «valeurs» et que l'école n'est pas l'endroit désigné pour une telle instruction.

Ils ont tort! Encore une fois, selon ce que tu me racontes de votre projet en tant que race, qui est de bâtir un monde meilleur, ils ont *tort*. Les écoles sont *exactement* l'endroit désigné pour une telle instruction. Précisément *parce que* les écoles sont détachées des préjugés des parents. Précisément parce que les écoles sont séparées des notions préconçues des parents. Vous avez *vu* ce qui a résulté, sur la planète, de la transmission de valeurs des parents aux enfants. Votre planète est dans un état désastreux.

Vous ne comprenez pas les concepts les plus fondamentaux des sociétés civilisées.

Vous ne savez pas comment résoudre les conflits sans violence.

Vous ne savez pas comment vivre sans peur.

Vous ne savez pas comment agir de façon désintéressée.

Vous ne savez pas comment aimer sans condition.

Ce sont des notions fondamentales, *fondamentales*, et vous n'avez même pas commencé à vous approcher d'une pleine compréhension de ces notions, encore moins à les appliquer... *après des milliers et des milliers d'années.*

Y a-t-il une façon de mettre fin à ce désastre?

Oui! Elle se trouve dans vos écoles! Elle se trouve dans l'éducation de vos jeunes! Votre espoir est dans la prochaine génération et la suivante! Mais vous devez cesser de les plonger dans les voies du *passé*. Ces voies n'ont pas fonctionné. Elles ne vous ont pas amenés là où vous dites vouloir aller. Mais si vous ne faites pas attention, vous allez arriver exactement là où vous vous dirigez!

Alors, *arrêtez-vous*! Faites demi-tour! Assoyez-vous ensemble et rassemblez vos pensées. Créez la version la plus grandiose de la vision la plus grande que vous ayez jamais eue de vous-mêmes en tant que race humaine. Puis, prenez les valeurs et les concepts qui sous-tendent une telle vision et *enseignez-les dans vos écoles.*

Pourquoi pas des cours comme :
- Comprendre le pouvoir
- Résolution paisible des conflits
- Éléments de relations amoureuses
- Personne et création de soi
- Le corps, l'esprit et l'âme : leur fonctionnement
- Développer la créativité
- Célébrer l'être, accorder une valeur aux autres
- L'expression sexuelle joyeuse
- L'équité
- La tolérance
- Diversités et similitudes
- Économie fondée sur l'éthique
- Conscience créative et pouvoir de l'esprit
- Conscience et éveil
- Honnêteté et responsabilité
- Visibilité et transparence
- Science et spiritualité

Ça s'enseigne *déjà*, en grande partie. Nous appelons ça les Sciences sociales.

Je ne parle pas de deux jours par semestre. Je parle de *cours entiers* sur chacune de ces choses. Je parle d'une révision complète des programmes de vos écoles. Je parle d'un programme fondé sur les valeurs. Ce que vous enseignez maintenant, c'est un programme largement fondé sur les faits.

Je parle de concentrer l'attention de vos enfants sur la compréhension des concepts essentiels et des structures théoriques autour desquelles leur système de valeurs est construit, autant que vous le faites, maintenant, sur des dates, des faits et des statistiques.

Dans les sociétés hautement évoluées de votre galaxie et de votre univers (des sociétés dont nous parlerons de façon beaucoup plus précise dans le Tome 3), on enseigne les concepts de vie aux enfants en très bas âge. Ce que vous appelez les «faits», auxquels ces sociétés accordent beaucoup moins d'importance, s'enseigne à un âge beaucoup plus avancé.

Sur votre planète, vous avez créé une société dans laquelle ce petit a appris à lire avant de sortir de la maternelle, mais n'a pas encore appris qu'il lui faut cesser de mordre son frère. Et cette petite a appris par coeur, de plus en plus tôt, ses tables de multiplication, mais n'a pas appris qu'il n'y a rien de honteux ou de gênant à son corps.

À présent, vos écoles servent surtout à fournir des réponses. Il serait beaucoup plus avantageux que leur fonction première soit de poser des questions. Que veut dire être honnête, ou responsable, ou «équitable»? Quelles en sont les implications? D'ailleurs, que veut dire le fait que deux et deux font quatre? Quelles en sont les implications? Les sociétés hautement évoluées encouragent les enfants *à découvrir et à créer eux-mêmes ces réponses.*

Mais… mais cela mènerait au *chaos!*

Par opposition aux conditions non chaotiques dans lesquelles vous vivez à présent...

D'accord, d'accord… alors, cela mènerait à un *plus grand* chaos.

Je ne propose pas que vos écoles cessent complètement de fournir à vos enfants des choses que vous avez apprises ou vos décisions à propos de ces choses. Tout au contraire. Les écoles servent leurs étudiants lorsqu'elles présentent aux Jeunes ce que les Aînés ont appris et découvert, décidé et choisi dans le passé. Les étudiants peuvent alors observer comment tout cela a fonctionné.

Dans vos écoles, cependant, vous présentez cette information à l'étudiant en lui disant : «Voici Ce Qui Est Vrai», tandis que l'information ne devrait être présentée que comme de l'information, sans plus.

L'Information du Passé ne doit pas servir de base à la Vérité

Présente. L'Information d'une époque ou d'une expérience antérieure doit toujours et uniquement servir de base à de nouvelles questions. Toujours, le trésor doit être dans la question, et non dans la réponse.

Et toujours, les questions sont les mêmes. Concernant ces données passées que nous vous avons montrées, êtes-vous d'accord, ou en désaccord? Qu'en pensez-vous? C'est toujours la question clé. C'est toujours le point de mire. Qu'en pensez-vous? Qu'en pensez-vous? *Qu'en pensez-vous*?

À présent, il est évident que les enfants vont apporter à cette question les valeurs de leurs parents. Les parents vont continuer d'avoir un rôle fort, de toute évidence le premier rôle, dans la création du système de valeurs de l'enfant. L'intention et le but de l'école serait d'encourager les enfants, du plus bas âge jusqu'à la fin de l'instruction formelle, à explorer ces valeurs et à apprendre comment les utiliser, les appliquer, les rendre fonctionnelles, et même à les remettre en question. Car les parents qui ne veulent pas que les enfants remettent leurs valeurs en question, n'aiment pas leurs enfants mais s'aiment eux-mêmes à *travers* leurs enfants.

Je souhaite, oh, je souhaite tellement, qu'il y ait des écoles semblables à celles que Tu décris!

Il y en a qui ont tendance à s'approcher de ce modèle.

Il y en a?

Oui. Lis les écrits de cet homme appelé Rudolph Steiner. Explore les méthodes de l'École Waldorf, qu'il a développées.

Alors, bien sûr, je connais ces écoles. Est-ce une publicité?

C'est une observation.

Parce que Tu savais que je connaissais les Écoles Waldorf. Tu savais cela.

Bien sûr que Je le savais. Tout, dans ta vie, t'a servi, t'a amené à cet instant. Je n'ai pas commencé à te parler au début de ce livre. Je te parle depuis des années, à travers toutes tes associations et tes expériences.

Tu dis que l'École Waldorf est la meilleure?

Non. Je dis que c'est un modèle qui fonctionne, compte tenu de ce que vous dites vouloir atteindre en tant que race humaine; compte tenu de ce que vous dites vouloir faire; compte tenu de ce que vous dites vouloir être. Je dis que c'est un exemple et, Je pourrais en citer plusieurs, bien qu'ils soient rares sur votre planète et dans votre société, de la façon dont l'éducation peut s'accomplir en se concentrant davantage sur la «sagesse» plutôt que sur la simple «connaissance».

Eh bien, c'est un modèle que j'approuve beaucoup. Il y a bien des différences entre une École Waldorf et d'autres écoles. Permets-moi de te donner un exemple. C'est un exemple simple, mais il illustre l'argument de façon spectaculaire.

À l'École Waldorf, l'enseignant accompagne les élèves à tous les niveaux de l'expérience d'apprentissage primaire et élémentaire. Pendant toutes ces années, l'enfant a le même professeur, plutôt que de passer d'une personne à une autre. Peux-Tu imaginer le lien qui se forme ici? Peux-Tu en voir la valeur?

Le professeur en arrive à connaître l'enfant comme si c'était le sien. L'enfant acquiert un niveau de confiance et d'amour avec le professeur qui ouvre des portes que bien des écoles d'orientation traditionnelle n'ont jamais osé ouvrir. À la fin du cycle scolaire, le professeur revient à la première année; il recommence avec un autre groupe d'enfants et les accompagne pendant des années, tout au long du programme. Dans une École Waldorf, un professeur dévoué peut finir par ne travailler qu'avec quatre ou cinq groupes d'enfants au cours de toute sa carrière. Mais ce qu'il ou elle a signifié, pour ces enfants, dépasse tout ce qui est possible dans le contexte d'une école traditionnelle.

Ce modèle éducatif reconnaît et annonce que *la relation humaine, le lien affectif* et *l'amour* partagés dans un tel paradigme ont autant d'importance que bien des faits que le professeur peut transmettre à l'enfant. C'est comme une école au foyer, à l'extérieur de la maison.

Oui, c'est un bon modèle.

Y a-t-il d'autres bons modèles?

Oui. Vous êtes en train de faire du progrès en éducation, sur votre planète, mais c'est très lent. Même la tentative d'instaurer dans les écoles publiques un programme orienté sur les buts et concentré sur le développement des habiletés a rencontré une énorme résistance. Les gens le trouvent menaçant ou inefficace. Ils veulent que les enfants apprennent des faits. Il y a des progrès, mais il reste beaucoup de travail à faire.

Et ce n'est qu'un domaine de l'expérience humaine qui aurait besoin d'ajustement, compte tenu de ce que vous dites vouloir faire, en tant qu'êtres humains.

Oui, j'imagine que l'arène politique aurait besoin de changements, aussi.

Certainement.

10

J'attendais cela. Ça correspond davantage à ce que, selon moi, Tu promettais quand Tu m'as dit que le Tome 2 traiterait de questions planétaires à l'échelle mondiale. Alors, pouvons-nous commencer à examiner la politique humaine par une question qui peut Te paraître élémentaire?

Aucune question n'est indigne ou inutile. Les questions sont comme les gens.

Ah, elle est bonne. D'accord, alors, permets-moi de te demander : est-il mal d'entreprendre une politique étrangère fondée sur les intérêts acquis de son pays?

Non. D'abord, de Mon point de vue, *rien* n'est «mal». Mais Je comprends comment tu utilises le terme : Je parlerai donc dans le contexte de ton vocabulaire. J'utiliserai le terme «mal» pour signifier «ce qui ne vous sert pas, compte tenu de qui et de ce que vous choisissez d'être». C'est ainsi que J'ai toujours utilisé les termes «bien» et «mal» avec toi; c'est toujours dans ce contexte, car, en vérité, il n'y a *ni* Bien *ni* Mal.

Alors, dans ce contexte, non, il n'est pas mauvais de fonder des décisions de politique étrangère sur des considérations d'intérêts acquis. Ce qui est mauvais, c'est de faire semblant de ne pas le faire.

C'est ce que font la plupart des pays, bien sûr. Ils posent des gestes, ou *évitent* de poser des gestes, pour un ensemble de raisons, puis les justifient avec un autre ensemble de raisons.

Pourquoi? Pourquoi les pays font-ils cela?

Parce que les gouvernements savent que si les gens comprenaient

les véritables raisons de la plupart des décisions de politique étrangère, ils ne les appuieraient pas.

Cela s'applique aux gouvernements du monde entier. Il y a très peu de gouvernements qui ne trompent pas délibérément les citoyens. La tromperie fait partie du gouvernement, car peu de gens choisiraient d'être gouvernés comme ils le sont, peu choisiraient d'être même gouvernés, si leur gouvernement ne les convainquait pas qu'il prend ses décisions dans leur intérêt.

Il lui est difficile d'être convaincant, car la plupart des gens voient tout simplement la stupidité de leur gouvernement. Alors, le gouvernement doit mentir pour au moins essayer de retenir la loyauté des gens. Le gouvernement illustre parfaitement l'axiome : si vous dites un mensonge suffisamment gros, suffisamment longtemps, ce mensonge deviendra la «vérité».

Les gens au pouvoir ne doivent jamais laisser savoir au public comment ils sont arrivés au pouvoir, ni tout ce qu'ils ont fait et veulent faire pour y rester.

La vérité et la politique ne font *pas* bon ménage. Elles ne peuvent faire bon ménage parce que la politique est *l'art* de ne dire que ce qu'il faut dire, et de le dire exactement de la bonne manière, afin d'atteindre le but souhaité.

La politique n'est pas entièrement mauvaise, mais l'art de la politique est un art *pratique*. Il reconnaît avec une grande candeur la psychologie de la plupart des gens. Il remarque tout simplement que la plupart des gens agissent selon leur intérêt personnel. La politique est la façon dont les gens de pouvoir cherchent à vous convaincre que *leur* intérêt personnel est *le vôtre*.

Les gouvernements comprennent l'intérêt personnel. C'est pourquoi les gouvernements ont développé l'art de concevoir des programmes qui donnent des choses aux gens.

À l'origine, les gouvernements avaient des fonctions très limitées. Leur but n'était que de «conserver et de protéger». Puis, quelqu'un a ajouté «pourvoir». Lorsque les gouvernements ont commencé à être les *pourvoyeurs* du peuple en plus d'être ses protecteurs, les gouvernements ont commencé à *créer* la société, plutôt que de la conserver.

Mais est-ce que les gouvernements ne font pas tout simplement ce que les gens veulent? Est-ce que les gouvernements n'accordent pas, tout simplement, le mécanisme à travers lequel les gens subviennent à leurs propres besoins à l'échelle de la société? Par exemple, en Amérique, nous accordons une valeur très élevée à la dignité de la vie humaine, à la liberté humaine, à l'importance de l'occasion à saisir, au caractère sacré des enfants. Nous avons fait des lois et demandé au gouvernement de créer des programmes afin de fournir des revenus aux gens âgés, afin qu'ils puissent garder leur dignité après leurs années actives; d'assurer l'égalité d'emploi et de logement à tous, même à ceux qui sont différents de nous, ou qui ont un mode de vie qui ne nous convient pas; de garantir que les enfants d'un pays n'en deviennent pas les esclaves, et qu'aucune famille ayant des enfants ne soit dépourvue des biens fondamentaux tels que : la nourriture, les vêtements, le logement.

Ces lois reflètent bien votre société. Cependant, en vous occupant des besoins des gens, vous devez faire attention de ne pas les dépouiller de leur plus grande dignité : l'exercice du pouvoir personnel, de la créativité individuelle et l'ingéniosité entêtée qui permet aux gens de remarquer qu'ils peuvent subvenir à leurs propres besoins. C'est un délicat équilibre à atteindre. Vous semblez toujours aller d'un extrême à un autre. Ou bien vous voulez que le gouvernement «fasse tout» pour les gens, ou bien vous voulez abolir tous les programmes gouvernementaux et effacer du jour au lendemain toutes les lois gouvernementales.

Oui, et le problème, c'est qu'il y a tant de gens qui *ne peuvent* subvenir à leurs propres besoins dans une société qui donne régulièrement les meilleures occasions de vie à ceux qui détiennent les «bonnes» lettres de créances (ou peut-être qui ne détiennent pas les mauvaises); qui *ne peuvent* subvenir à leurs propres besoins dans un pays où les propriétaires refusent de louer aux grosses familles, où les compagnies ne font pas la promotion des femmes, où la justice est trop souvent un produit du statut, où l'accès à la médecine préventive est limité à ceux dont le revenu est suffisant et où bien d'autres formes de discrimination et d'inégalités existent à une échelle massive.

Alors, les gouvernements doivent remplacer la conscience des gens?

Non. Les gouvernements *sont* l'expression de la conscience des gens. C'est par l'intermédiaire des gouvernements que les gens cherchent, espèrent et décident de corriger les maux de la société.

C'est bien dit. Cependant, Je le répète, vous devez prendre garde de ne pas vous étouffer dans des lois qui tentent de garantir aux gens une chance de respirer!

Vous ne pouvez légiférer sur la moralité. Vous ne pouvez rendre obligatoire l'égalité.

Ce qu'il faut, c'est un *changement* de la conscience collective, et non une obligation imposée à celle-ci.

Le comportement (et toutes les lois, et tous les programmes gouvernementaux) doit provenir de l'Être, doit être un véritable reflet de Qui Vous Êtes.

Les lois de notre société reflètent *vraiment* qui nous sommes! Elles disent à chacun : «Voici comment ça se *passe* en Amérique. Voici ce que *sont* les Américains.»

Dans le meilleur des cas, peut-être. Mais le plus souvent, vos lois annoncent ce que ceux qui sont au *pouvoir* pensent que vous *devriez* être mais n'êtes pas.

Au moyen des lois, les «quelques élitistes» instruisent les «nombreux ignorants».

Précisément.

Qu'y a-t-il de mal à ça? Si, parmi nous, quelques-uns des individus les plus brillants et les meilleurs veulent se pencher sur les problèmes de la société en général et proposer des solutions, est-ce que cela ne sert pas le plus grand nombre?

Cela dépend des motifs de ces quelques individus. Et de leur clarté. Rien ne sert davantage les «nombreux» que de les laisser se gouverner eux-mêmes.

L'anarchie. Ça n'a jamais fonctionné.

Tu ne peux croître et grandir lorsque le gouvernement te dit constamment quoi faire.

On pourrait prétendre que le gouvernement, par cela j'entends la loi selon laquelle nous avons choisi de nous gouverner, est un reflet de la grandeur (ou du manque de grandeur) de la société. Ainsi, les grandes sociétés adoptent de grandes lois.

Et en adoptent très peu. Car dans les grandes sociétés, très peu de lois sont *nécessaires*.

Cependant, les seules vraies sociétés sans lois sont les sociétés primitives, où «la loi du plus fort est toujours la meilleure». Les lois sont la tentative pour l'homme de niveler le terrain de jeux; assurer que ce qui est vraiment bien prévaudra, peu importe la faiblesse ou la force. Sans codes de conduite soutenus par l'entente mutuelle, comment pourrions-nous coexister?

Je ne propose pas un monde sans codes de conduite ni accords. Je suggère que vos accords et vos codes soient fondés sur une compréhension plus élevée et une définition plus grandiose de l'intérêt personnel.

Ce que la plupart des lois disent *vraiment*, c'est ce que les plus puissants d'entre vous ont comme intérêt acquis.

Prenons seulement un exemple, le tabac.

À présent, la loi dit qu'on ne peut faire pousser et utiliser une plante, le chanvre, parce que, vous dit le gouvernement, il n'est pas bon pour vous.

Mais le même gouvernement dit qu'il est tout à fait correct de faire pousser et d'utiliser une autre plante, le tabac, non pas parce qu'*il* est bon pour vous (en effet, le gouvernement lui-même dit qu'il est *mauvais*) mais, présumément, parce que vous l'avez toujours fait.

La vraie raison pour laquelle la première plante est illégale mais pas la seconde n'a rien à voir avec la santé. Elle concerne l'économie. C'est-à-dire le *pouvoir*.

Par conséquent, vos lois ne reflètent *pas* ce que votre société pense d'elle-même et souhaite être : vos lois reflètent *le lieu du* pouvoir.

Ce n'est pas juste. Tu as choisi une situation dans laquelle les contradictions sont apparentes. La plupart des situations ne sont pas comme cela.

Au contraire. La plupart le *sont*.

Alors, quelle est la solution?

C'est d'avoir le moins possible de lois, car ce sont véritablement des limites.

La raison pour laquelle la première plante est illégale concerne en *apparence* la santé. La *vérité*, c'est que la première herbe ne rend pas plus dépendant et ne présente pas un plus grand risque pour la santé que les cigarettes ou l'alcool, qui sont toutes deux *protégées* par la loi. Pourquoi, alors, n'est-elle pas légale? Parce que, si on la cultivait, la moitié des cultivateurs de coton, des fabricants de nylon et de rayonne et des fournisseurs de bois du monde seraient en faillite.

Le chanvre se trouve être l'un des matériaux les plus utiles, les plus forts, les plus solides, les plus durables de votre planète. On ne peut produire de meilleure fibre pour les vêtements, de substance plus forte pour les câbles, de source de pulpe plus facile à cultiver et à récolter. Vous abattez des centaines de milliers d'arbres par année pour recevoir le journal du dimanche, pour pouvoir lire des articles sur la décimation des forêts du monde. Le chanvre pourrait vous fournir des millions de journaux du dimanche sans qu'on abatte un seul arbre. En effet, il pourrait se substituer à un grand nombre de matériaux de ressources, au dixième du coût.

Et *voilà l'attrape*. Quelqu'un *perd* de l'argent si la culture de cette plante miraculeuse, qui a d'extraordinaires propriétés médicinales, devient légale. Et *voilà* pourquoi la marijuana est illégale dans votre pays.

Depuis des *années*, vous avez les moyens et la technologie nécessaires pour produire *toutes* ces choses. Pourquoi, alors, ne les avez-vous pas? *Cherche à voir qui perdrait de l'argent si vous les aviez.* C'est là que tu trouveras ta réponse.

Est-ce la Grande Société dont vous êtes si fiers? Votre «grande société», il faut la traîner de force, gigotante et hurlante, pour qu'elle considère le bien commun. Chaque fois qu'on mentionne le bien commun ou le bien collectif, chacun crie au communisme. Dans votre société, si le fait de subvenir aux besoins du plus grand nombre ne produit pas un profit immense pour quelqu'un, le *bien du plus grand nombre est plus souvent qu'autrement ignoré.*

C'est vrai non seulement dans ton pays, mais également dans le monde entier. Par conséquent, la question fondamentale qu'affronte l'humanité, c'est : Pourra-t-on jamais remplacer l'intérêt personnel par les meilleurs intérêts, l'intérêt *commun*, de l'humanité? Si oui, comment?

Aux États-Unis, vous avez essayé de subvenir à l'intérêt commun, au meilleur des intérêts, par des lois. Vous avez lamentablement échoué. Votre pays est le plus riche et le plus puissant de la Terre, et il a l'un des taux de mortalité infantile les plus élevés. Pourquoi? Parce que les *gens pauvres* ne peuvent *se permettre* des soins prénatals et post-natals de qualité, et que votre société est *orientée sur le profit.* Je cite cela comme un exemple de votre lamentable échec. Le fait que vos bébés meurent à un taux plus élevé que dans la plupart des autres pays industrialisés devrait vous déranger. Ce n'est pas le cas. Cela en dit long sur vos priorités en tant que société. D'autres pays subviennent aux besoins des malades et des nécessiteux, des gens âgés et des infirmes. Vous, vous subvenez aux besoins des riches et des gens à l'aise, influents et bien placés. Quatre-vingt-cinq pour cent des Américains retraités *vivent dans la pauvreté.* Un grand nombre de ces Américains âgés, et la plupart des gens à faibles revenus, utilisent la salle d'urgence de l'hôpital local comme «médecin de famille», ne cherchant de traitement médical que dans les circonstances les plus sinistres et ne recevant, à toutes fins pratiques, aucun soin de santé préventif.

Il n'y a aucun profit à faire, vois-tu, avec des gens qui ont peu à dépenser... car ils ont épuisé leur *utilité*...

C'est cela, votre *grande société*...

Tu noircis le tableau. L'Amérique a fait davantage pour les déshérités et les infortunés, à la fois ici et à l'étranger, qu'aucun autre pays de la Terre.

L'Amérique a fait beaucoup, c'est vrai, de toute évidence. Mais sais-tu qu'en pourcentage de leur produit national brut, les États-Unis fournissent proportionnellement moins qu'un grand nombre de plus petits pays pour l'aide à l'étranger ? Avant de vous permettre de trop vous féliciter vous-mêmes, peut-être devriez-vous regarder le monde qui vous entoure. Car si c'est le mieux que votre monde peut faire pour les moins fortunés, vous avez tous beaucoup de choses à apprendre.

Vous vivez dans une société gaspilleuse, décadente. Vous avez intégré à presque tout ce que vous fabriquez ce que vos ingénieurs appellent «l'obsolescence planifiée». Les autos coûtent trois fois plus cher et durent trois fois moins longtemps. Les vêtements tombent en pièces après qu'on les ait portés dix fois. Vous mettez des produits chimiques dans vos aliments afin qu'ils restent plus longtemps sur les tablettes, même si cela veut dire que votre séjour sur la planète est plus court. Vous appuyez, encouragez et permettez à des équipes sportives de payer des salaires obscènes pour des efforts ridicules, tandis que des enseignants, des prêtres, des chercheurs qui luttent pour trouver un remède aux maladies qui vous tueront, mendient des fonds. Vous jetez plus de nourriture chaque jour dans les super-marchés de votre pays, les restaurants et les maisons, qu'il n'en faudrait pour nourrir la moitié du monde.

Mais ce n'est pas un procès; c'est tout simplement une observation. Et pas seulement des États-Unis, car les attitudes désolantes sont répandues dans le monde entier.

Partout, les déshérités doivent économiser les bouts de chandelles pour seulement rester en vie, tandis que l'élite au pouvoir protège et augmente de grandes réserves d'argent, dort dans des draps de soie et ouvre chaque matin ses robinets en or. Et, pendant que des enfants émaciés, qui n'ont plus que la peau et les os, meurent dans les bras de mères en pleurs, les «leaders» de leur pays s'adonnent à la corruption politique qui empêche les dons alimentaires d'arriver aux masses affamées.

Personne ne semble avoir le pouvoir de modifier ces conditions. Mais, en vérité, le problème n'est pas le pouvoir. Personne ne semble en avoir la *volonté*.

Et il en sera toujours ainsi, aussi longtemps que personne ne considérera l'épreuve d'un autre comme étant la sienne.

Eh bien, pourquoi ne le faisons-nous *pas*? Comment pouvons-nous voir ces atrocités tous les jours et les laisser continuer?

Parce que vous ne vous en souciez *pas*. C'est un manque de *bienveillance*. La planète entière affronte une crise de conscience. Vous devez décider si vous vous *préoccupez* ou non *les uns des autres*.

J'ai une question qui peut paraître tellement minable. Pourquoi ne pouvons-nous pas aimer les membres de notre propre famille?

Vous aimez *vraiment* les membres de votre propre famille. Seulement, vous avez une vision fort limitée de qui *sont* les membres de votre famille.

Comme vous ne vous considérez pas comme faisant partie de la famille humaine, les problèmes de la famille humaine ne sont pas les vôtres.

Comment les peuples de la Terre pourront-ils changer leur vision du monde?

Tout dépend de ce pour quoi vous voulez la changer.

Comment pouvons-nous éliminer une plus grande part de la douleur, une plus grande part de la souffrance?

En éliminant toutes les séparations entre vous. En construisant un nouveau modèle du monde. En l'entretenant dans le cadre d'une *nouvelle idée.*

Qui est?

Qui sera une rupture radicale par rapport à la vision actuelle du monde.

Présentement, vous voyez le monde, nous parlons maintenant du point de vue géopolitique, comme une collection d'États-nations, chacun étant souverain, séparé et indépendant des autres.

Les problèmes intérieurs de ces États-nations indépendants ne sont pas considérés, en général, comme les problèmes du groupe dans son ensemble, à moins et jusqu'à ce qu'ils *affectent* le groupe dans son ensemble (ou les membres les plus puissants de ce groupe).

Le groupe dans son ensemble réagit aux conditions et aux problèmes des États distincts fondés sur les intérêts acquis du plus grand groupe. Si personne, dans le plus grand groupe, n'a rien à *perdre*, la situation dans un État distinct pourrait se dégrader et personne ne s'en soucierait beaucoup.

Des milliers de gens peuvent mourir de faim chaque année, des centaines peuvent mourir dans une guerre civile, des despotes peuvent piller la campagne, des dictateurs et leurs brutes armées peuvent violer, piller et tuer, des régimes peuvent dépouiller des gens des droits humains fondamentaux, et vous autres, vous ne ferez rien. Selon vous, c'est un «problème intérieur».

Mais quand *vos* intérêts sont menacés là-bas, quand *vos* investissements, *votre* sécurité, *votre* qualité de vie sont en jeu, vous ralliez votre pays et tentez de rallier votre monde derrière vous, et vous vous précipitez là où même les anges n'osent pas mettre le pied.

Vous dites alors le Gros Mensonge, prétendant que vous faites ce que vous faites pour des raisons humanitaires, pour aider les peuples opprimés du monde, alors qu'à la vérité, vous êtes tout simplement en train de protéger vos propres intérêts.

La preuve, c'est que lorsque vous n'*avez* pas d'intérêts, vous ne vous sentez pas concerné.

La machinerie politique du monde fonctionne à partir de l'intérêt personnel. Est-ce vraiment neuf?

Il devra y avoir du neuf si vous voulez que votre monde change. Vous devez commencer à considérer les intérêts de quelqu'un d'autre comme les vôtres. Cela n'arrivera que lorsque vous reconstruirez votre réalité mondiale et que vous vous gouvernerez en conséquence.

Parles-tu d'un gouvernement mondial?

Exactement.

11

Tu as promis de parler, dans le Tome 2, des questions géopolitiques plus larges qu'affronte la planète (par opposition aux questions fondamentalement personnelles traitées dans le Tome 1), mais je ne croyais pas que Tu entrerais dans *ce* débat-là!

Il est temps que le monde cesse de se leurrer, qu'il se réveille, qu'il réalise que le *seul problème de l'humanité* est le manque d'amour.

L'amour engendre la tolérance, la tolérance engendre la paix. L'intolérance produit la guerre et considère de façon indifférente des conditions intolérables.

L'amour ne peut être indifférent. Il ne sait comment.

La façon la plus rapide d'arriver à un espace d'amour et de préoccupation envers toute l'humanité, c'est de considérer toute l'humanité comme votre *famille*.

La façon la plus simple de voir toute l'humanité comme votre famille, c'est de *cesser de vous séparer*. Les États-nations qui composent à présent votre monde doivent maintenant *s'unir*.

Nous avons les Nations-Unies.

Qui, jusqu'ici, ont été impuissantes et désemparées. Pour que cet organisme fonctionne, il faudrait qu'il soit complètement restructuré. Ce n'est pas impossible, mais c'est peut-être difficile et encombrant.

D'accord, que proposes-Tu?

Je ne «propose» rien. Je me contente de présenter des observations. Dans ce dialogue, tu Me dis quels sont tes nouveaux choix, et

Je te fais part de Mes observations sur des façons de manifester cela. Qu'est-ce que tu *choisis*, à présent, concernant la relation actuelle entre les gens et les pays de ta planète?

Je vais reprendre Tes paroles. Si je pouvais décider, je choisirais que nous «arrivions à un espace d'amour et de bienveillance envers toute l'humanité».

Concernant ce choix, J'observe que ce qui pourrait fonctionner, ce serait la formation d'une nouvelle communauté politique mondiale, chaque État-nation ayant un mot à dire dans les affaires du monde ainsi qu'une part égale et proportionnelle des ressources du monde.

Ça ne fonctionnera jamais. Les possédants ne céderont jamais leur souveraineté, leur richesse et leurs ressources aux démunis. D'ailleurs, pourquoi devraient-ils le faire?

Parce que c'est *dans le meilleur de leur intérêt*.

Ils ne voient pas cela, et je ne suis pas certain de le voir, moi non plus.

Si vous pouviez ajouter des milliards de dollars par année à l'économie de votre pays, des dollars qui pourraient être dépensés pour nourrir les affamés, vêtir les nécessiteux, loger les pauvres, donner la sécurité aux gens âgés, fournir de meilleurs soins de santé et produire une norme de vie de dignité pour tous, ne serait-ce pas dans le meilleur des intérêts de votre pays?

Eh bien, en Amérique, certains prétendent que ce serait aider les pauvres aux dépens des riches et des contribuables à revenu moyen. Entre-temps, le pays continue d'aller au diable, le crime ravage le pays, l'inflation vole aux gens les économies de leur vie, le chômage monte en flèche, le gouvernement devient plus gros et plus gras et, dans les écoles, on distribue des condoms.

Tu parles comme un animateur de *talk-show* radiophonique.

Eh bien, ce sont *vraiment* les préoccupations de bien des Américains.

Alors, c'est qu'ils sont myopes. Ne vois-tu pas que si des milliards de dollars par année, cela veut dire des millions par mois, des centaines et des centaines de milliers par semaine, des quantités inouïes à chaque *jour*, pouvaient être réinjectés dans votre système... que si vous *pouviez* utiliser ces fonds pour nourrir vos affamés, vêtir vos nécessiteux, loger vos pauvres, apporter la sécurité à vos gens âgés, et fournir soins de santé et dignité à tous... *les causes du crime* disparaîtraient à jamais? Ne vois-tu pas que de nouveaux emplois pousseraient comme des champignons à mesure que les dollars seraient réinjectés dans votre économie? Que votre propre gouvernement pourrait même être réduit parce qu'*il aurait moins à faire?*

Je suppose que cela pourrait arriver, du moins en partie, car je ne peux imaginer que le gouvernement rétrécisse un jour! Mais d'où viendront ces millions et ces milliards? De taxes imposées par Ton nouveau gouvernement mondial? En prélevant davantage auprès de ceux qui ont «travaillé pour en arriver là» pour donner à ceux qui «sont incapables d'autonomie» et qui s'en donneraient à coeur joie?

Est-ce ainsi que tu vois les choses?

Non, mais c'est ainsi qu'un *tas* de gens les voient, et je voulais énoncer fidèlement leurs vues.

Alors, J'aimerais en reparler plus tard. Je ne veux pas M'égarer, mais Je vais y revenir plus tard.

Parfait.

Tu as demandé d'où viendraient ces nouveaux dollars. Eh bien, ceux-ci n'auraient pas à provenir de ces nouvelles taxes imposées par la nouvelle communauté mondiale (même si des membres de la communauté, des citoyens, *voulaient*, sous un gouvernement éclairé, envoyer dix pour cent de leur revenu pour subvenir aux besoins de l'ensemble de la société). Ils ne viendraient pas, non plus, de nouvelles taxes imposées par aucun gouvernement local. En fait, certains gouvernements locaux seraient sûrement à même de réduire les taxes.

Tout cela, tous ces bienfaits, résulteraient de la simple restructuration de votre vision du monde, de la simple réorganisation de votre configuration politique mondiale.

Comment?

L'argent que vous épargnez en cessant de construire des systèmes de défense et des armements offensifs.

Oh, je *comprends!* Tu veux que nous *fermions l'armée!*

Pas seulement *vous. Tout le monde.*

Mais ne *fermez* pas votre armée, contentez-vous de la réduire, de façon draconienne. L'ordre interne serait votre seul besoin. Vous pourriez renforcer la police locale, une chose que vous dites vouloir faire, tout en criant chaque année au moment du budget que vous ne pouvez pas, réduisant en même temps radicalement vos dépenses d'armements de guerre et de préparatifs de guerre, c'est-à-dire, d'armements offensifs et défensifs de destruction massive.

D'abord, je crois que Tes chiffres exagèrent les sommes qui pourraient être épargnées ainsi. Ensuite, je ne crois pas que Tu puisses jamais convaincre les gens d'abandonner leur capacité de défense.

Examinons les chiffres. Actuellement (nous sommes le 25 mars 1994), les gouvernements du monde consacrent environ un trilliard de dollars par année à des fins militaires. C'est *un million de dollars la minute* à l'échelle mondiale.

Les pays qui *dépensent* le plus pourraient *détourner* la plus grande partie de cet argent sur les autres priorités mentionnées. Ainsi, les pays plus grands et plus riches *verraient* qu'il est dans le meilleur de leurs intérêts de le faire, *s'ils* le croient possible. Mais les pays plus grands et plus riches ne peuvent s'imaginer sans défense, car ils craignent l'agression et l'attaque des pays qui les envient et *veulent ce qu'ils ont.*

Il y a deux façons d'éliminer cette menace.

1. Partagez suffisamment de la richesse totale et des ressources du monde avec tous les gens de la Terre: ainsi, personne ne voudra et n'aura besoin de ce qu'un autre possède, et chacun pourra vivre dans la dignité et sortir de la peur.

2. Créez un système de résolution des différends qui éliminera la nécessité, et même la possibilité, *de* la guerre.

La population du monde ne ferait probablement jamais cela.

Elle l'a déjà fait.

Vraiment?

Oui. Il se déroule présentement une grande expérience dans votre monde, concernant précisément ce genre d'ordre politique. Cette expérience s'appelle les États-Unis d'Amérique.

Et Tu as dit que c'était un échec lamentable.

C'en est un. Elle a beaucoup de chemin à parcourir avant qu'on puisse l'appeler un succès. (Comme promis, Je reparlerai plus tard de cela, et des attitudes qui y font présentement obstacle.) Néanmoins, c'est la meilleure expérience en cours.

Comme le disait Winston Churchill, «la démocratie est le pire système, à l'exception de tous les autres».

Votre pays a été le premier à unir une confédération souple d'États distincts en un groupe cohérent, chacun se soumettant à une autorité centrale.

À l'époque, aucun des États ne voulait le faire, et chacun résista avec force, craignant de perdre sa grandeur et proclamant qu'une telle union ne servirait pas ses meilleurs intérêts.

Il peut être éclairant de comprendre exactement ce qui se passait dans ces États distincts, à l'époque.

Tandis qu'ils s'étaient joints en une confédération plutôt libre, il n'y avait pas de véritable gouvernement américain et, par conséquent, aucun pouvoir d'appliquer les Articles de la Confédération sur lesquels les États s'étaient entendus.

Les États s'occupaient de leurs propres affaires étrangères; plusieurs concluaient des accords privés sur le commerce et d'autres questions avec la France, l'Espagne, l'Angleterre et autres pays. Les États faisaient commerce les uns avec les autres également et, même si leurs Articles de Confédération le leur interdisaient, certains États ajoutèrent des tarifs aux biens expédiés à partir d'autres États, comme ils le faisaient déjà aux biens expédiés de l'autre côté de l'océan! Les marchands n'avaient d'autre choix que de payer au port s'ils voulaient acheter ou vendre leurs marchandises, car il n'y avait aucune _autorité_ centrale, en dépit d'un _accord_ écrit qui interdisait une telle taxation.

Les États distincts se livrèrent également à une guerre mutuelle. Chaque État considérait sa milice comme une armée permanente, neuf États avaient leur propre marine, et «Ne m'écrasez pas» aurait pu être la devise officielle de chacun des États de la Confédération.

Plus de la moitié des États imprimaient même leur propre monnaie. (Même si la Confédération s'était entendue sur le fait que ce serait illégal!)

Bref, vos États originaux, même s'ils se joignirent sous les _Articles de la Confédération_, agissaient _exactement comme des pays indépendants le font aujourd'hui._

Même s'ils pouvaient voir que les accords de leur Confédération (tel que le fait d'accorder au Congrès la seule autorité sur la frappe de la monnaie) ne fonctionnaient pas, ils résistèrent avec détermination au fait de créer et de respecter une autorité centrale qui pouvait _appliquer_ ces accords et leur donner du muscle.

Cependant, avec le temps, quelques leaders progressistes commencèrent à prévaloir. Ils convainquirent les masses qu'il y avait davantage à _gagner_ qu'à perdre à créer une telle nouvelle Fédération.

Les marchands allaient épargner de l'argent et augmenter les profits parce que les États distincts ne pouvaient plus taxer les biens des uns et des autres.

Les gouvernements allaient épargner de l'argent et en avoir davantage à mettre dans des programmes et services qui aideraient véritablement le _peuple_ parce qu'on n'aurait pas à utiliser les ressources pour protéger les États les uns des autres.

Le peuple retirerait une plus grande sécurité et une plus grande prospérité en coopérant plutôt qu'en luttant.

Loin de perdre sa grandeur, chaque État deviendrait encore plus grand.

Et bien sûr, c'est exactement ce qui s'est passé.

On pourrait faire arriver la même chose avec les 160 États-nations du monde actuel s'*ils* se joignaient en une Fédération Unie. Cela pourrait mettre fin à la guerre.

Comment donc? Il y aurait tout de même des mésententes.

Dans la mesure où les humains demeurent attachés aux choses extérieures, c'est vrai. Il y a une façon d'éliminer vraiment la guerre, et *toute* expérience d'agitation et de manque de paix, mais c'est une solution spirituelle. Celle que nous explorons ici est géopolitique.

En réalité, il s'agit de *combiner les deux*. La vérité spirituelle doit être vécue dans la vie pratique pour changer l'expérience quotidienne.

Jusqu'à l'arrivée de ce changement, il y *aurait* tout de même des désaccords. Tu as raison. Mais pas nécessairement des guerres. Il n'est pas nécessaire de tuer.

Y a-t-il des guerres entre la Californie et l'Oregon à propos des droits sur l'eau? Entre le Maryland et la Virginie à propos des pêcheries? Entre le Wisconsin et l'Illinois, l'Ohio et le Massachusetts?

Non.

Et pourquoi pas? N'y a-t-il pas eu divers conflits et différends entre eux?

Au fil des années, j'imagine que oui.

Évidemment. Mais ces États distincts se sont volontairement entendus; c'était un *accord volontaire* et simple, pour respecter des lois et des compromis sur des questions communes, tout en retenant le droit d'adopter des statuts distincts sur des questions qui les concernaient séparément.

Et lorsqu'il *survient* vraiment des disputes entre États, à cause d'interprétations différentes de la loi fédérale, ou du fait que quelqu'un enfreint tout simplement cette loi, la question est soumise à un tribunal... auquel on a *accordé l'autorité* (ce *sont les États* qui lui ont *donné* l'autorité) de résoudre la dispute.

Et si la jurisprudence actuelle ne fournit aucun précédent ou moyen par lequel la question peut être menée devant les tribunaux jusqu'à une résolution *satisfaisante*, les États et leur population envoient leurs représentants à un gouvernement central pour tenter de créer un accord sur de *nouvelles* lois qui *produiront* une condition satisfaisante, ou à tout le moins, un compromis raisonnable.

C'est ainsi que *fonctionne* votre Confédération. Un système de lois, un système de tribunaux auxquels vous avez donné le *pouvoir* d'interpréter ces lois, et un système judiciaire, appuyé par une force armée, au besoin, pour appliquer les décisions de ces tribunaux.

Bien que personne ne puisse prétendre que le système n'a besoin d'aucune amélioration, cette concoction politique fonctionne depuis plus de 200 ans!

Il n'y a aucune raison de douter que *la même recette fonctionnera aussi bien entre les États-nations.*

Si c'est si simple, pourquoi ne l'a-t-on pas essayé?

On l'*a* essayé. Votre Ligue des Nations était une première tentative. Les Nations-Unies en sont la plus récente.

Mais l'une a échoué et l'autre n'a eu qu'une efficacité minimale parce que, comme les 13 États de la Confédération américaine originelle, les États-nations membres (en particulier les plus puissants) ont peur d'avoir *davantage à perdre qu'à gagner* de la reconfiguration.

C'est parce que les «gens de pouvoir» se soucient davantage de s'accrocher à leur pouvoir que d'améliorer la qualité de la vie pour *tous* les gens. Les nantis *savent* qu'inévitablement une telle Fédération Mondiale produirait davantage pour les démunis, mais les nantis croient que cela arriverait *à leurs dépens...* et ils ne cèdent rien.

Leur peur n'est-elle pas justifiée, est-il déraisonnable de vouloir s'accrocher à ce pour quoi on s'est si longtemps battu?

D'abord, il n'est *pas* nécessairement vrai que, pour donner davantage à ceux qui crèvent à présent de faim et de soif et vivent sans abri, d'autres doivent céder leur abondance.

Comme je l'ai souligné, tout ce que vous avez à faire, c'est de prendre le trilliard de dollars dépensé annuellement à des fins militaires dans le monde et de le détourner vers des buts humanitaires, et vous aurez résolu le problème sans dépenser un sou additionnel ni déplacer la *moindre* part de la richesse de là où elle se trouve présentement vers là où elle ne se trouve pas.

(Bien entendu, on pourrait prétendre que les conglomérats internationaux dont les profits proviennent de la guerre et des armes de guerre seraient les «perdants», tout comme leurs employés et *tous* ceux dont l'abondance provient de la conscience conflictuelle du monde, mais peut-être votre source d'abondance est-elle déplacée. Si, pour survivre, il faut *dépendre* du fait que le monde vit dans le conflit, peut-être cette dépendance explique-t-elle pourquoi votre monde résiste à *toute* tentative de créer une structure de paix durable.)

Quant à la seconde partie de ta question, il n'est pas déraisonnable de vouloir s'accrocher à une chose qu'on a acquise au prix de si longues luttes, en tant qu'individu ou que pays, si vous venez d'une conscience du Monde Extérieur.

Une quoi?

Si vous tirez votre plus grand bonheur d'expériences qu'on ne peut obtenir que du Monde Extérieur, le monde physique extérieur à vous-mêmes, vous ne voudrez *jamais* abandonner un *gramme* de ce que vous avez accumulé, en tant que personne et que pays, pour vous rendre heureux.

Et tant que les démunis considéreront leur malheur lié au *manque* d'objets matériels, eux aussi seront pris au piège. Ils voudront constamment ce que vous avez, et vous refuserez constamment de le partager.

C'est pourquoi j'ai déjà dit qu'il y a une façon de véritablement éliminer la guerre, et *toute* expérience d'agitation et de manque de paix. Mais c'est une solution *spirituelle*.

En définitive, chaque problème géopolitique, ainsi que chaque problème personnel, se réduit à un problème spirituel.

Toute la *vie* est spirituelle et, par conséquent, tous les problèmes de la vie ont des bases spirituelles, et des *solutions spirituelles*.

Des guerres éclatent sur votre planète parce que quelqu'un a quelque chose que quelqu'un d'autre veut. C'est ce qui pousse quelqu'un à faire quelque chose que quelqu'un d'autre ne veut pas qu'il fasse.

Tout conflit surgit d'un désir mal placé.

La seule paix au monde qui soit nourrissante est la Paix intérieure.

Que chaque personne trouve la paix en elle. Lorsque vous trouverez la paix en vous-mêmes, vous découvrirez également que vous ne pouvez vous en passer.

Cela veut tout simplement dire que vous n'avez plus besoin des choses de votre monde extérieur. Être dépourvu de besoins est une grande liberté. Cela vous libère, d'abord, de la peur; la peur de ne pas avoir quelque chose; la peur de perdre quelque chose; et la peur de ne pas être heureux sans telle chose.

Deuxièmement, être sans besoin vous libère de la colère. *La colère est l'annonce de la peur.* Lorsque vous n'avez rien à craindre, vous n'avez rien contre quoi vous mettre en colère.

Vous n'êtes pas en colère lorsque vous n'obtenez pas ce que vous voulez, parce que le fait de le vouloir n'était qu'une préférence, et non une nécessité. Par conséquent, vous n'avez aucune crainte associée à la possibilité de ne pas l'obtenir. Par conséquent, vous ne ressentez aucune colère.

Vous n'êtes pas en colère lorsque vous voyez d'autres faire ce que vous ne voulez pas qu'ils fassent, car vous n'avez pas *besoin* qu'ils fassent ou non une chose en particulier. Par conséquent, vous ne ressentez aucune colère.

Vous n'êtes pas en colère lorsque quelqu'un manque de gentillesse, car vous n'avez pas *besoin* qu'il soit gentil. Vous n'avez aucune colère lorsque quelqu'un manque d'amour, car vous n'avez pas *besoin* qu'il vous aime. Vous n'avez aucune colère lorsque quelqu'un est cruel ou blessant, ou cherche à vous nuire, car vous n'avez pas *besoin* qu'il se comporte d'aucune autre façon, et vous êtes certain de ne pas subir de tort.

Vous n'êtes même pas en colère si quelqu'un cherche à s'en prendre à votre vie, car vous ne craignez pas la mort.

Lorsque la peur vous est enlevée, tout le reste peut vous être enlevé et vous ne serez pas en colère.

Vous savez intérieurement, intuitivement, que tout ce que vous avez créé peut être créé à nouveau ou, qui plus est, que c'est sans importance.

Lorsque vous trouvez la Paix Intérieure, ni la présence ni l'absence de quelque personne, endroit ou chose, état, circonstance ou situation que ce soit, ne peut être le Créateur de votre état d'esprit ou la cause de votre expérience d'être.

Cela ne veut pas dire que vous rejetez toutes les choses du corps. Loin de là. Plus que jamais, vous faites l'expérience d'être pleinement dans votre corps et des *délices* de cet état.

Mais votre préoccupation envers les choses du corps sera volontaire, et non obligatoire. Vous éprouverez des sensations corporelles par choix, et non parce que vous êtes *obligés* de le faire afin d'être heureux ou de justifier la tristesse.

Ce simple et unique changement, chercher et trouver la paix en soi, pourrait, s'il était entrepris par chacun, mettre fin à toutes les guerres, éliminer les conflits, prévenir l'injustice et amener le monde à une paix durable.

Aucune autre formule n'est nécessaire, ou *possible*. La paix mondiale est une chose personnelle!

Ce qu'il faut, ce n'est pas un changement de circonstances, mais un changement de conscience.

Comment pouvons-nous trouver la paix intérieure lorsque nous avons faim? Être dans un espace de sérénité lorsque nous avons soif? Demeurer calmes lorsque nous souffrons de l'humidité et du froid et que nous sommes sans abri? Ou éviter la colère lorsque nos proches meurent sans raison?

Tu parles de façon bien poétique, mais la poésie est-elle pratique? A-t-elle quelque chose à dire à la mère éthiopienne qui regarde mourir son enfant émacié, faute d'une tranche de pain? À l'homme d'Amérique centrale qui sent une balle déchirer son corps parce qu'il a tenté d'empêcher une armée de s'emparer de son village? Et que dit Ta poésie à la femme de Brooklyn violée huit fois par un gang? Ou à la famille de six, en Irlande, déchiquetée par une bombe que des terroristes ont posée un dimanche matin dans une église?

Même si c'est difficile à entendre, Je te dis ceci : Il y a de la perfection en tout. Efforce-toi de voir la perfection. Voilà le changement de conscience dont Je parle.

N'aie besoin de rien. Désire tout. Choisis ce qui se présente.

Sens tes sentiments. Verse tes larmes. Éclate de ton rire. Respecte ta vérité. Mais lorsque toute l'émotion se sera tue, sois calme et sache que Je suis Dieu.

Autrement dit, au milieu de la plus grande tragédie, vois la splendeur du processus. Même pendant que tu meurs d'une balle dans la poitrine, même pendant que tu te fais violer par un gang.

Cela semble impossible. Mais lorsque tu entreras dans la conscience de Dieu, tu pourras le faire.

Tu n'est pas *obligé* de le faire, bien entendu. Tout dépend de la façon dont tu souhaites faire l'expérience de l'instant.

Dans un instant de grande tragédie, le défi est toujours de calmer l'esprit et d'aller en profondeur au sein de l'âme.

Tu fais cela automatiquement lorsque tu n'as aucun contrôle là-dessus.

As-tu déjà parlé à quelqu'un qui avait accidentellement fait dévier une voiture en bas d'un pont? Ou qui s'était trouvé devant un revolver? Ou qui avait failli se noyer? Souvent, il te dira que le temps a beaucoup ralenti, qu'il était envahi par un calme curieux, qu'il n'y avait aucune peur.

«Ne crains rien, car Je suis avec toi.» C'est ce que la poésie a à dire à la personne qui affronte la tragédie. À ton heure la plus sombre, Je serai ta lumière. À ton instant le plus noir, Je serai ta consolation. En ta période la plus difficile et la plus éprouvante, Je serai ta peur. Par conséquent, aie la foi! Car Je suis ton berger; tu n'auras besoin de rien. Je vais te laisser t'étendre dans les verts pâturages; Je te mènerai auprès des eaux calmes.

Je veux restaurer ton âme, et te mènerai sur les sentiers de la droiture en Mon Nom.

Et bien que tu marches dans la vallée de l'Ombre de la Mort, tu ne craindras aucun mal; car Je suis avec toi. Mon bâton et Ma houlette vont *vraiment* te réconforter.

Je suis en train de mettre la table devant toi en présence de tes ennemis. J'oindrai ta tête d'huile. Ta tasse débordera.

À coup sûr, la bonté et la miséricorde vont te suivre tous les jours de ta vie, et tu demeureras en Ma maison, et en Mon coeur, à jamais.

12

C'est merveilleux. Ce que Tu viens de dire est tout simplement merveilleux. Je souhaite que le monde puisse recevoir ça. J'aimerais tant que le monde puisse comprendre, puisse croire.

Ce livre va servir à cela. Tu es en train de servir à cela. Ainsi, tu joues un rôle, tu joues ton rôle, dans l'élévation de la Conscience collective. C'est ce que tout le monde doit faire.

Oui.

Pouvons-nous passer à un autre sujet, à présent? Je crois qu'il est important que nous parlions de cette attitude, de cette idée des choses, que Tu as dit, il y a un certain temps, vouloir présenter de façon équitable.

L'attitude à laquelle je fais référence, c'est cette attitude, entretenue par bien des gens, selon laquelle les pauvres ont suffisamment reçu; que nous devons cesser de taxer les riches, ce qui les pénalise, en effet, de travailler dur et de réussir, pour fournir encore davantage aux pauvres.

Ces gens croient que, si les pauvres sont pauvres, c'est fondamentalement parce qu'ils veulent l'être. Beaucoup ne tentent même pas de se relever. Ils préfèrent sucer la mamelle du gouvernement plutôt que d'assumer leur propre responsabilité.

Bien des gens qui croient que la redistribution de la richesse, le partage, est un mal socialiste. Ils citent le Manifeste communiste, «de chacun selon ses capacités à chacun selon ses besoins», comme preuve de l'origine satanique de l'idée d'assurer la dignité humaine fondamentale à tous à travers les efforts de chacun.

Ces gens croient au «chacun pour soi». Si on leur dit que ce concept est froid et sans coeur, ils se réfugient dans l'affirmation que l'occasion frappe à la porte de chacun de façon égale; ils prétendent que personne n'est affligé par un désavantage inhérent; que si *eux* ont pu réussir, *chacun peut le faire* et que si quelqu'un ne peut pas, «c'est bien sa faute à lui».

Tu crois que c'est une pensée arrogante, enracinée dans l'ingratitude?

Oui. Mais Toi, qu'est-ce que tu crois?

Je n'ai aucun jugement là-dessus. Ce n'est qu'une pensée. Il n'y a qu'une question pertinente concernant cette pensée ou n'importe quelle autre. T'est-il utile de l'entretenir? Par rapport à Qui Tu Es et à Qui Tu cherches à Être, cette pensée te sert-elle?

En regardant le monde, c'est la question que les gens doivent se poser. Est-ce que cela nous sert d'entretenir cette pensée?

J'observe ceci : Il y a des gens, en effet, des *groupes* entiers de gens, qui sont *nés dans* ce que tu appelles le désavantage. C'est vrai et vérifiable.

Il est également vrai qu'à un niveau métaphysique très élevé, personne n'est «désavantagé», car chaque âme crée pour elle-même les gens, les événements et les circonstances qui lui sont nécessaires pour accomplir ce qu'Elle souhaite accomplir.

Tu choisis tout. Tes parents. Ton pays de naissance. Toutes les circonstances entourant ton retour.

De même, tout au long des jours et des époques de ta vie, tu continues de choisir et de créer des gens, des événements et des circonstances conçus pour t'amener les occasions exactes, bonnes et parfaites que tu désires maintenant afin de te connaître tel que tu *es véritablement*.

Autrement dit, personne n'est «désavantagé», étant donné ce que l'*âme* souhaite accomplir. Par exemple, l'âme peut *souhaiter* travailler avec un corps handicapé ou dans une société répressive ou sous d'énormes contraintes politiques ou économiques, afin de produire les conditions voulues pour accomplir ce qu'elle a décidé de faire.

Alors, nous voyons que les gens affrontent *vraiment* des «désavantages» au sens *physique*, mais que ce sont en réalité les conditions bonnes et parfaites du point de vue *métaphysique*.

D'un point de vue pratique, qu'est-ce que cela signifie pour nous? Devrions-nous offrir de l'aide aux «désavantagés», ou tout simplement voir qu'en vérité, ils ne sont que là où ils veulent être et ainsi leur permettre de «travailler leur propre karma»?

Cette question est très bonne, et très importante.

Rappelle-toi tout d'abord que tout ce que tu penses, dis et fais est un reflet de ce que tu as décidé à propos de toi-même; c'est une affirmation de Qui Tu Es; il y a un acte de *création* dans le fait que tu décides qui tu veux *être*. J'y reviens sans cesse, car c'est tout ce que tu fais ici; c'est ton occupation. Il ne se passe rien d'autre; l'âme n'a aucun autre programme. Tu cherches à être et à faire l'expérience de Qui Tu Es Vraiment, et à le créer. Tu es en train de te créer à nouveau, à chaque instant de Maintenant.

Alors, dans ce contexte, lorsque tu rencontres une personne qui paraît désavantagée, en termes relatifs tels qu'observés à l'intérieur de ton monde, la première question que tu dois te poser, c'est : Qui suis-je et qui est-ce que je choisis *d'être*, en relation avec cela?

Autrement dit, la première question, lorsque tu rencontres quelqu'un d'autre, en *toute* circonstance devrait toujours être : Qu'est-ce que je veux, maintenant?

Entends-tu cela? Ta première question, toujours, doit être : Qu'est-ce que je veux, maintenant? et non : Qu'est-ce que l'autre personne veut, maintenant?

C'est l'idée la plus fascinante que j'aie jamais reçue à propos de la façon de fonctionner dans les relations humaines. Elle va également à l'encontre de tout ce qu'on m'a jamais enseigné.

Je sais. Mais la raison pour laquelle tes relations sont si

désastreuses, c'est que tu essaies toujours de te figurer ce que l'autre *personne* veut et ce que les autres *gens* veulent, au lieu de ce que *tu* veux vraiment. Alors, tu dois décider s'il faut le leur donner. Et voici comment tu décides : Tu décides en jetant un regard sur ce que tu peux vouloir de *leur* part. S'il n'y a rien que tu penses vouloir d'eux, ta première raison de leur donner ce qu'ils veulent disparaît, et ainsi tu le fais rarement. Si, par contre, tu vois qu'il y a quelque chose que tu veux ou que tu peux vouloir d'eux, alors ton mode de survie entre en jeu, et tu essaies de leur donner ce qu'ils veulent.

Alors, tu en gardes du ressentiment, surtout si l'autre personne ne finit pas par te donner ce que tu veux.

Dans ce troc, tu établis un équilibre très délicat. Réponds à mes besoins et je répondrai aux tiens.

Mais le but de toute relation humaine, les relations entre les nations autant que les relations entre les individus, n'a rien à voir avec cela. Le but de ta Sainte Relation avec chaque autre personne, endroit ou chose n'est pas d'imaginer ce que l'autre veut ou ce dont il a besoin, mais ce que *tu* veux ou désires maintenant afin de *grandir*, afin d'être Qui tu *veux* Être.

C'est pourquoi J'ai *créé* la Relation avec les autres choses. Si ce n'était de cela, tu aurais pu continuer de vivre dans le vide, dans le Tout Éternel d'où tu viens.

Mais dans le Tout, tu ne fais *qu'être* et tu ne peux *faire l'expérience* de ta «conscience» en tant que *quoi que ce soit en particulier* parce que, dans le Tout, il n'y a *rien que tu ne sois pas*.

Alors, J'ai conçu pour toi une façon de te créer à nouveau, et de *Savoir* Qui Tu Es *dans ton expérience*. Je l'ai fait en te fournissant:

1. La relativité, un système au sein duquel tu pouvais exister en tant que chose en relation avec autre chose.

2. L'oubli, un processus par lequel tu te soumets volontairement à l'amnésie totale, afin de *ne pas savoir* que la relativité n'est qu'un stratagème, et que tu es Tout Cela.

3. La conscience, un état d'Être dans lequel tu croîs jusqu'à ce que tu atteignes la pleine conscience, devenant alors un Dieu Véritable

et Vivant, créant et faisant l'expérience de ta propre réalité, étendant et explorant cette réalité, changeant et *re*-créant cette réalité à mesure que tu étends ta conscience jusqu'à de nouvelles limites, ou, dirons-nous, sans *aucune limite.*

Dans ce paradigme, la *Conscience est tout.*

La conscience, tout ce dont tu es véritablement conscient, est la base de toute vérité et ainsi de toute véritable spiritualité.

Mais quel est le but de tout cela? D'abord, Tu me fais *oublier* Qui Je Suis, afin que je puisse me rappeler Qui Je Suis?

Pas tout à fait. Afin que tu puisses créer Qui Tu Es et Qui Tu veux Être.

C'est l'acte de Dieu étant Dieu. C'est Moi étant Moi, à travers *toi*!

C'est le sens de toute la vie.

À travers toi, Je fais *l'expérience* d'être Qui et Ce Que Je Suis.

Sans toi, Je pourrais le savoir, mais pas en faire l'expérience.

Savoir et faire l'expérience, ce sont deux choses. Je choisis l'expérience à chaque fois.

En effet, c'est ce que Je *fais*. À travers *toi.*

J'ai l'impression d'avoir perdu la question originelle.

Eh bien, il est difficile de garder Dieu sur une seule piste. Je suis en quelque sorte expansif.

Voyons si nous pouvons revenir sur nos pas.

Ah, oui, que faire à propos des moins fortunés.

D'abord, décide Qui et Ce Que Tu Es en Relation avec eux.

Deuxièmement, si tu choisis de faire l'expérience de toi-même en tant que Secours, Aide, Amour, Compassion et Bienveillance, alors vois comment tu peux le *mieux être ces choses.*

Et remarque que ta capacité d'être ces choses n'a rien à voir avec ce que d'autres sont ou font.

Parfois, la meilleure façon d'aimer quelqu'un et la plus grande aide que tu puisses lui donner, c'est de le *laisser seul* ou de lui donner le pouvoir de s'aider.

C'est comme un festin, un buffet, et tu peux lui donner *une grosse portion de lui-même.*

Rappelle-toi que le plus grand service que tu puisses rendre à quelqu'un, c'est *de le réveiller*, de lui rappeler Qui Il Est Vraiment. Il y a bien des façons de le faire. Parfois, avec un petit peu d'aide; une poussée, un petit coup... et parfois avec une décision de le laisser suivre son cours, son chemin, sa voie, sans aucune interférence ni intervention de ta part. (Tous les parents sont au courant de ce choix et se tourmentent tous les jours à ce propos.)

Ce que tu as l'occasion de faire pour les moins fortunés, c'est de les *r-appeler*. C'est-à-dire de faire en sorte qu'ils soient d'un Esprit Nouveau à propos d'*eux*-mêmes.

Et toi aussi, tu dois avoir un Esprit Nouveau à leur égard, car si *tu les considères comme des infortunés, c'est ainsi qu'ils se verront.*

Le grand cadeau de Jésus était qu'il voyait chacun comme celui qu'il était vraiment. Il refusait d'accepter les apparences; il refusait de croire ce que d'autres croyaient d'eux-mêmes. Il avait toujours une pensée plus élevée, et il y invitait toujours les autres.

Mais il respectait également l'espace où les autres choisissaient d'Être. Il ne les obligeait pas à accepter son idée supérieure, il la tendait tout simplement comme une invitation.

Il avait affaire, aussi, à la compassion, et si d'autres choisissaient de se voir eux-mêmes comme des Êtres ayant besoin d'assistance, il ne les rejetait pas à cause de leur mauvaise évaluation, mais leur permettait d'aimer leur Réalité, et les aidait avec amour à courir leur chance.

Car Jésus savait que, pour certains, la voie la plus rapide vers Qui Ils Sont était la voie qui passait *par* Qui Ils Ne Sont Pas.

Il ne qualifiait pas cette voie d'imparfaite et ainsi ne la condamnait pas. Il voyait plutôt cela, aussi, comme étant «parfait», et ainsi, encourageait chacun à être exactement qui il voulait être.

Par conséquent, tous ceux qui demandaient de l'aide à Jésus en recevaient.

Il ne refusait personne, mais il prenait toujours soin de voir à ce que l'aide qu'il donnait soutenait le plein et honnête désir d'une personne.

Si une personne recherchait l'illumination de façon authentique, exprimant honnêtement son ouverture à passer au niveau suivant, Jésus lui donnait la force, le courage, la sagesse de le faire. Il se donnait, à juste titre, en exemple et encourageait les gens, en premier lieu, à avoir foi en *lui*. Il disait qu'il ne les égarerait pas.

Beaucoup mirent leur foi en lui, et à ce jour, il aide ceux qui invoquent son nom. Car son âme s'est engagée à réveiller ceux qui cherchent à Être pleinement éveillés et pleinement vivants en Moi.

Mais le Christ avait *pitié* de ceux qui ne le faisaient pas. Par conséquent, il rejetait toute attitude hautaine et, comme son Père au ciel, ne porta jamais aucun jugement.

L'idée que Jésus se faisait de l'Amour Parfait était d'accorder exactement à toutes les personnes toute l'aide qu'elles demandaient, après leur avoir dit le genre d'aide qu'elles pouvaient obtenir.

Il ne refusait jamais d'aider qui que ce soit, et surtout pas en pensant «maintenant que tu as fait ton lit, tu peux t'y coucher».

Jésus savait que s'il donnait aux gens l'aide qu'ils demandaient, plutôt que tout simplement l'aide qu'il voulait donner, qu'il leur donnait le pouvoir *au niveau auquel ils étaient prêts à recevoir ce pouvoir personnel*.

C'est ainsi que font tous les grands maîtres. Ceux qui ont parcouru votre planète dans le passé, et ceux qui la parcourent maintenant.

Je suis confus, à présent. Quand va-t-il à l'encontre de la prise de pouvoir personnel que d'offrir de l'aide? Quand est-ce à l'encontre de la croissance d'un autre, plutôt qu'à son avantage?

Lorsque ton aide est offerte de telle façon qu'elle crée une dépendance continue, plutôt qu'une indépendance rapide.

Lorsque tu permets à un autre, au nom de la compassion, de

commencer à compter sur toi plutôt que sur lui-même.

Ce n'est pas de la compassion, c'est de la compulsion. Tu ressens de la compulsion envers le pouvoir. Parce que ce genre d'aide est en réalité une passion du pouvoir. Cette distinction peut être très subtile ici et, parfois, tu ne sais même pas que tu entretiens cette passion du pouvoir. Tu crois vraiment que tu fais de ton mieux pour aider quelqu'un d'autre... mais fais attention de ne pas tout simplement chercher à créer ta propre valeur personnelle. Car dans la mesure où tu laisses les autres te rendre responsable d'eux, dans cette mesure, tu leur a permis de te rendre puissant. Et cela, bien sûr, te fait te sentir précieux.

Cependant, ce genre d'aide est *un aphrodisiaque qui séduit les faibles.*

Le but est d'aider les faibles à devenir forts, et non à laisser les faibles s'affaiblir davantage.

C'est le problème de bien des programmes gouvernementaux d'assistance, car ils font souvent la deuxième chose, plutôt que la première. Les programmes gouvernementaux peuvent s'auto-perpétuer. Leur objectif peut être tout autant de justifier leur existence que d'aider ceux qu'ils sont censés aider.

S'il y avait une limite à toute assistance gouvernementale, les gens recevraient de l'aide lorsqu'ils en auraient véritablement besoin mais ne pourraient pas s'accrocher à cette aide, et *la* substituer à leur propre autonomie.

Les gouvernements comprennent que l'aide, c'est du pouvoir. C'est pourquoi les gouvernements offrent autant d'aide à autant de personnes qu'ils le peuvent, car plus le gouvernement aide de gens, plus les gens aident le gouvernement.

Celui que le gouvernement soutient soutient le gouvernement.

Alors, il ne *devrait* y avoir aucune redistribution de la richesse. Le Manifeste communiste est *vraiment* satanique.

Bien sûr, Satan *n*'existe *pas*, mais Je comprends ce que tu veux dire.

L'idée qui se trouve derrière l'affirmation «De chacun selon ses capacités à chacun selon ses besoins» n'est pas mauvaise, mais belle. C'est tout simplement une autre façon de dire que tu es le gardien de ton frère. C'est l'application de cette idée magnifique qui peut devenir laide.

Partager doit être un mode de vie, et non un édit imposé par le gouvernement. Le partage devrait être volontaire, et non forcé.

Mais, nous y voilà encore! À son meilleur, le gouvernement *est le peuple*, et ses programmes ne sont que des mécanismes par lesquels les gens partagent avec bien d'autres, au sein de leur «mode de vie». Et j'affirmerais que les gens, collectivement à travers leurs systèmes politiques, ont choisi de le faire parce que les gens ont observé, et l'histoire l'a montré, que les nantis ne partagent *pas* avec les démunis.

Le paysan russe aurait pu attendre jusqu'aux calendes grecques que la noblesse russe partage sa richesse, habituellement accumulée et accrue grâce au dur labeur des paysans. Les paysans ne recevaient que le strict minimum pour survivre, et l'«incitatif» pour continuer à cultiver la terre, et à enrichir les barons fonciers. Tu parles d'une *relation de dépendance*! C'était un arrangement du genre «je ne t'aiderai que si tu m'aides», plus exploiteur et plus obscène que tout ce qui a *jamais* été inventé par un gouvernement!

C'est contre cette obscénité que les paysans russes se sont révoltés. Un gouvernement qui faisait en sorte que tous les gens étaient traités de façon égale est né de la frustration des gens que les nantis ne donnaient *pas volontairement* aux démunis.

Comme le disait Marie-Antoinette des masses affamées qui criaient sous sa fenêtre en haillons, tandis qu'elle se reposait dans une baignoire sertie d'or et posée sur un piédestal décoré de pierres précieuses, en grignotant des raisins importés : «Qu'ils mangent de la galette!»

Voilà l'attitude contre laquelle les opprimés ont protesté. C'est la situation qui a causé la révolution et créé des gouvernements dits oppressifs.

Les gouvernements qui prennent aux riches et le donnent aux pauvres sont qualifiés d'oppressifs, tandis que les gouvernements qui ne font rien alors que les riches *exploitent* les pauvres sont répressifs.

Demande aux paysans du Mexique, même aujourd'hui. On dit que vingt ou trente familles, l'élite riche et puissante, *dirigent* littéralement le Mexique (principalement parce qu'elles le *possèdent!*), tandis que vingt ou trente *millions* de Mexicains vivent dans une privation extrême. Alors, en 1993-94, les paysans ont entrepris une révolte, cherchant à obliger le gouvernement élitiste à reconnaître son devoir d'aider les gens en leur fournissant les moyens de vivre avec au moins un peu de dignité. Il y a une différence entre des gouvernements élitistes et des gouvernements «du, par et pour le peuple».

Les gouvernements du peuple ne sont-ils pas créés par des gens en colère, frustrés par l'égoïsme fondamental de la nature humaine? Les programmes gouvernementaux ne sont-ils pas créés comme remède pour le manque de volonté de l'homme de fournir lui-même un remède?

N'est-ce pas la genèse des lois sur le logement équitable, les statuts sur le travail de l'enfant, les programmes de soutien aux mères et aux enfants dépendants?

La Sécurité sociale n'était-elle pas une tentative pour le gouvernement de fournir aux gens âgés quelque chose que leurs propres familles ne voulaient ou ne pouvaient fournir?

Comment réconcilions-nous notre haine du contrôle gouvernemental avec notre manque de volonté de *faire* quoi que ce soit que nous n'avons *pas* à faire lorsqu'il n'y *a aucun* contrôle?

On dit que certains mineurs de charbon travaillaient dans des conditions *horribles* avant que les gouvernements n'exigent des propriétaires de mines, riches à craquer, de nettoyer leurs sales mines. Pourquoi les propriétaires ne le faisaient-ils pas eux-mêmes? Parce que cela aurait réduit leurs *profits!* Et les riches ne se souciaient pas du nombre de pauvres qui *mouraient* dans des mines dangereuses pour entretenir la circulation et la croissance des profits.

Les compagnies versaient des salaires *d'esclaves* aux employés débutants avant que les gouvernements n'imposent des exigences salariales minimales. Ceux qui appuient un retour au «bon vieux temps» disent : «Et alors? Ils fournissaient des emplois, non? Et qui prend les *risques*? Le travailleur ? Non! L'*investisseur*, le *propriétaire*, prend tous les risques! Alors, c'est lui qui doit récolter la plus grande récompense!»

Quiconque croit que les ouvriers dont dépendent les propriétaires doivent être traités avec dignité se fait appeler *communiste*.

Quiconque croit qu'il ne faut pas refuser un logement à quelqu'un à cause de la couleur de sa peau se fait traiter de *socialiste*.

Quiconque croit qu'il ne faut pas refuser à une femme des occasions d'emploi ou une promotion tout simplement parce qu'elle n'est pas du bon sexe se fait appeler *féministe radical*.

Et quand les gouvernements, à travers leurs représentants élus, procèdent à la résolution de ces problèmes que les gens de pouvoir dans la société refusent mordicus de régler eux-mêmes, ces gouvernements se font qualifier d'oppressifs. (Jamais par les gens qu'ils aident, incidemment. Seulement par les gens qui refusent de fournir l'aide *eux-mêmes*.)

C'est plus évident que jamais dans le domaine des soins de santé. En 1992, un président américain et sa femme ont décidé qu'il était injuste et inconvenant que des millions d'Américains n'aient aucun accès aux soins de santé préventifs; cette idée lança un débat sur les soins de santé qui catapulta même la profession médicale et l'industrie de l'assurance dans la mêlée.

La question véritable n'est pas quelle solution était la meilleure : le plan proposé par l'Administration ou le plan proposé par l'industrie privée. La question véritable, c'est : *Pourquoi l'industrie privée n'a-t-elle pas proposé sa propre solution il y a longtemps?*

Je vais Te *dire* pourquoi. Parce qu'elle n'avait *pas* à le faire. Personne ne se plaignait. Et l'industrie était menée par le profit.

Le profit, le profit, *le profit*.

Voici donc où je veux en venir. Nous pouvons railler, crier et nous plaindre autant que nous voulons. En vérité, les gouvernements fournissent des solutions lorsque le secteur privé ne veut pas en fournir.

Nous pouvons également prétendre que les gouvernements font ce qu'ils font à l'encontre des volontés des gens, mais aussi longtemps qu'ils contrôleront le gouvernement, comme c'est le cas aux États-Unis, celui-ci continuera de produire et de requérir des solutions aux problèmes sociaux parce que la *majorité des gens* ne sont pas riches et puissants, et par conséquent ne peuvent *légiférer pour eux-mêmes ce que la société ne leur donne pas volontairement.*

Ce n'est que dans les pays où la majorité des gens ne contrôlent pas le gouvernement que le gouvernement fait peu de chose ou rien du tout à propos des inégalités.

À quel moment, donc, le gouvernement devient-il excessif? Et à quel moment est-il insuffisant? Et où et comment atteindrons-nous l'équilibre?

Ouf! Je ne t'ai jamais entendu parler *autant*! C'est ta plus longue intervention.

Tu as dit que ce livre allait traiter de certains des grands problèmes planétaires qu'affronte la famille de l'homme. Je crois bien en avoir exposé un gros.

Et de façon éloquente, oui. Tout le monde, de Toynbee à Jefferson et à Marx a essayé de le résoudre depuis des siècles.

D'accord, quelle est *Ta* solution?

Nous allons devoir revenir en arrière; nous allons devoir repasser de la vieille matière.

Vas-y. J'ai peut-être besoin de l'entendre deux fois.

Alors, nous allons commencer par le fait que Je n'ai *aucune* «solution». Et c'est parce que Je ne considère rien de cela comme un problème. C'est comme ça, tout simplement et Je n'ai aucune préférence à cet égard. Je me contente de décrire ici ce qui est

observable; ce que chacun peut voir de toute évidence.

D'accord, Tu n'as aucune solution et Tu n'as aucune préférence. Peux-Tu au moins m'offrir une observation?

J'observe qu'il manque encore au monde un système de gouvernement qui fournirait une solution totale, bien que le gouvernement des États-Unis en soit l'exemple le plus proche à ce jour.

La difficulté, c'est que la bonté et la justice sont des questions morales et non politiques.

Le gouvernement est la tentative humaine de mandater la bonté et d'assurer la justice. Mais il n'y a qu'un endroit où naisse la bonté, et c'est dans le coeur humain. Il n'y a qu'un endroit où l'on puisse faire véritablement l'expérience de l'amour, et c'est dans l'âme humaine. Parce que l'âme humaine *est amour*.

Tu ne peux légiférer sur la moralité. Tu ne peux adopter une loi disant «aimez-vous les uns les autres».

Nous tournons en rond, car nous avons déjà parlé de tout cela. Mais comme la discussion est bonne, continue de bûcher. Même si nous revenons deux ou trois fois sur les mêmes questions, c'est bien. Ce que nous essayons de faire, ici, c'est d'arriver au fond des choses; vois comment tu veux le créer maintenant.

Eh bien, alors, je vais poser la même question. Toutes les lois ne sont-elles pas tout simplement la tentative de l'homme de codifier des concepts moraux? La «législation» n'est-elle pas tout simplement notre accord combiné sur ce qui est «bien» et «mal»?

Oui. Et certaines lois civiles, des réglementations, sont requises dans votre société primitive. (Tu comprends que dans les sociétés non primitives, ces lois sont inutiles. Tous les êtres ont les règles en eux.) Dans votre société, vous êtes encore confrontés à certaines questions très élémentaires. Vous arrêterez-vous au coin de la rue avant de continuer? Achèterez-vous et vendrez-vous selon certaines conditions? Y aura-t-il des restrictions sur la façon dont vous vous comportez les uns envers les autres?

Mais à la vérité, même ces lois fondamentales, l'interdiction de tuer, de nuire, de tricher ou même de brûler un feu rouge, ne devraient pas être nécessaires et ne *seraient pas* nécessaires si tout le monde, partout, suivait tout simplement les *Lois de l'Amour.*

C'est-à-dire la Loi de Dieu.

Ce qu'il faut, c'est une croissance dans la conscience, et non une croissance du gouvernement.

Tu veux dire que si nous nous contentions de suivre les Dix Commandements, tout irait bien!

Les Dix Commandements n'existent pas. (Voir le Tome 1 pour un exposé complet là-dessus.) La Loi de Dieu est l'Absence de Loi. C'est quelque chose que tu ne peux comprendre.

Je n'exige rien.

Bien des gens sont incapables de croire Ta dernière affirmation.

Dis-leur de lire le Tome 1. Il explique tout cela.

Qu'est-ce que Tu proposes pour le monde actuel? L'anarchie complète?

Je ne propose rien. J'observe tout simplement ce qui fonctionne. Je te fais part de l'évidence observable. Non, Je n'observe pas que l'anarchie, l'absence de gouvernement, de règles, de lois ou de limites d'aucune sorte, fonctionnerait. Un tel arrangement n'est praticable qu'avec des êtres avancés et, selon Mes observations, les êtres humains n'en sont pas.

Alors, un certain niveau de gouvernement sera requis jusqu'à ce que votre race évolue jusqu'au point où vous *ferez naturellement* ce qui est *naturellement vrai.*

Entre-temps, vous vous gouvernez d'une façon très intelligente. Les points que tu as soulevés il y a un moment sont saillants, indiscutables. Souvent, les gens ne font *pas* ce qui est «bien» lorsqu'ils sont laissés à leurs propres moyens.

La question véritable n'est pas : pourquoi les gouvernements imposent-ils autant de lois et de réglementations aux gens, mais :

pourquoi les gouvernements *doivent*-ils le faire?

La réponse a quelque chose à voir avec votre Conscience de la Séparation.

Le fait que nous nous considérons séparés les uns des autres?

Oui.

Mais si nous ne sommes pas séparés, alors nous *sommes* Un. Et cela ne veut-il pas dire que nous *sommes* responsables les uns des autres?

Oui.

Mais cela ne nous enlève-t-il pas le pouvoir d'atteindre à la grandeur individuelle? Si je suis responsable de tous les autres, alors le Manifeste communiste visait juste! «De chacun selon ses capacités à chacun selon ses besoins.»

Comme Je l'ai déjà dit, c'est une idée très noble. Mais on la dépouille de sa noblesse lorsqu'on l'applique de façon impitoyable. C'était la difficulté du communisme. Pas le concept, mais son application.

Il y a ceux qui disent que le concept *devait* être appliqué de force parce que le concept viole la nature fondamentale de l'homme.

Tu as enfoncé le clou. Ce qu'il faut changer, c'est la nature fondamentale de l'homme. C'est là qu'il faut travailler.

Pour créer le changement de conscience dont Tu as parlé?

Oui.

Mais nous tournons en rond à nouveau. Une conscience de groupe n'aurait-elle pas pour conséquence d'enlever du pouvoir aux individus?

Examinons cela. Si les besoins de chaque personne de la planète étaient satisfaits, si la masse des gens pouvaient vivre dans la dignité et échapper à la lutte pour la simple survie, cela n'ouvrirait-il pas la voie pour que toute l'humanité s'engage dans des poursuites plus nobles?

La grandeur individuelle serait-elle vraiment supprimée si la survie individuelle était garantie?

La dignité universelle doit-elle être sacrifiée à la gloire individuelle?

Quel genre de gloire récolte-t-on lorsqu'on l'atteint aux dépens d'un autre?

J'ai placé plus de ressources que nécessaire sur votre planète pour assurer des réserves adéquates à tous. Comment se peut-il que des milliers de gens meurent de faim chaque année? Que des centaines soient sans abri? Que des millions réclament à cor et à cri la simple dignité?

Le genre d'aide qui mettrait fin *à cela* n'est pas le genre d'aide qui enlève du pouvoir.

Si vos gens aisés disent qu'ils ne veulent pas aider les affamés et les sans-abri pour ne pas leur enlever du pouvoir, alors vos gens aisés sont des hypocrites. Car personne n'est vraiment «aisé» s'il est aisé pendant que d'autres sont en train de mourir.

L'évolution d'une société se mesure à sa façon de traiter les plus petits de ses membres. Comme Je l'ai dit, le défi consiste à trouver l'équilibre entre le fait d'aider les gens et celui de leur nuire.

Peux-Tu offrir des consignes?

Une consigne générale pourrait être celle-ci : en cas de doute, errez toujours du côté de la compassion.

Le test pour savoir si vous aidez ou si vous nuisez : Vos semblables sont-ils grandis ou réduits à la suite de votre aide? Les avez-vous rendus plus grands ou plus petits? Plus capables ou moins capables?

On dit que si on donne tout aux individus, il y aura moins de gens qui voudront le gagner eux-mêmes au prix de leur travail.

Mais pourquoi devraient-ils avoir à travailler pour la dignité la plus simple? N'y en a-t-il pas suffisamment pour tout le monde? Pourquoi devrait-il être question du «prix de leur travail»?

La dignité humaine fondamentale n'est-elle pas le droit que chacun acquiert en naissant? *Ne devrait-elle* pas l'être?

Si on cherche *davantage* que les niveaux minimums, plus de nourriture, de plus grandes maisons, de beaux vêtements, on peut chercher à atteindre ces buts. Mais quelqu'un devrait-il lutter pour même *survivre*, sur une planète où il y en a plus que suffisamment pour chacun?

Voilà la question centrale qu'affronte l'humanité.

Le défi n'est pas de rendre tout le monde égal, mais de donner à chacun au moins l'assurance d'une survie de base dans la dignité, afin que chacun puisse ensuite avoir la chance de choisir ce qu'il veut de plus.

Il y en a qui prétendent que certains ne saisissent pas cette chance même lorsqu'on la leur donne.

Et leur observation est juste. Cela soulève encore une autre question : à ceux qui ne saisissent pas les occasions qu'on leur présente, doit-on donner une autre chance, puis une autre?

Non.

Si j'adoptais cette attitude, vous seriez perdus à jamais.

Je te dis ceci : La compassion est sans fin, l'amour ne cesse jamais, la patience n'a pas de limite dans le Monde de Dieu. Ce n'est que dans le monde de l'homme que la bonté est limitée.

Dans Mon Monde, la bonté est infinie.

Même si on ne la mérite pas.

Vous la méritez *toujours!*

Même si nous Te jetons Ta bonté au visage?

Surtout dans ce cas («Si un homme te frappe sur la joue droite, présente-lui la gauche. Et si un homme te demande de parcourir un mille avec lui, accompagne-le.») Lorsque vous Me jetez Ma bonté au visage (ce que, en passant, la race humaine a fait à Dieu depuis des millénaires), Je vois que vous êtes tout simplement dans *l'erreur*. Vous ne savez pas ce qui est dans le meilleur de vos intérêts. J'ai de la compassion car votre erreur prend racine non pas dans le mal mais dans l'ignorance.

Mais certaines personnes sont *fondamentalement* mauvaises. Certaines personnes sont intrinsèquement mauvaises.

Qui t'a dit ça?

C'est ma propre observation.

Alors, tu ne vois pas bien. Je te l'ai déjà dit : Personne ne fait rien de mal, étant donné son modèle du monde.

Autrement dit, tout le monde fait du mieux qu'il peut à tout moment.

Toutes les actions de chacun dépendent de l'information disponible.

J'ai déjà dit cela, la conscience est tout. Qu'est-ce que tu sais? Qu'est-ce que tu connais?

Mais quand les gens nous attaquent, nous blessent, nous font du tort, et même nous tuent à leurs propres fins, n'est-ce pas mauvais?

Je t'ai déjà dit que *toute attaque est un appel à l'aide.*

Personne ne veut vraiment faire du tort à qui que ce soit. Ceux qui en font, y compris vos propres gouvernements, en passant, croient à tort que c'est la seule façon d'obtenir ce qu'ils veulent.

J'ai déjà souligné dans ce livre la *solution supérieure* à ce problème. Contentez-vous de ne *rien* vouloir. Ayez des préférences, mais aucun *besoin.*

Mais c'est un état d'être très élevé; c'est l'espace des Maîtres.

En termes géopolitiques, pourquoi ne pas travailler ensemble au niveau mondial pour répondre aux besoins les plus fondamentaux de chacun?

C'est ce que nous faisons, ou que nous essayons.

Après tous ces millénaires d'histoire humaine, c'est tout ce que tu peux dire?

En réalité, vous avez à peine évolué. Vous fonctionnez encore selon la mentalité primitive du «chacun pour soi».

Vous pillez la Terre, violez ses ressources, exploitez ses gens, et privez systématiquement du droit électoral ceux qui sont en désaccord avec vous pour avoir fait tout cela, en les appelant les «radicaux».

Vous faites tout cela à vos propres fins égoïstes, parce que vous avez développé un mode de vie que vous *ne pouvez maintenir d'aucune autre façon.*

Chaque année, vous *devez* abattre des millions d'hectares d'arbres, sous peine de ne pas pouvoir lire votre journal du dimanche. Vous *devez* détruire des kilomètres de l'ozone protecteur qui recouvre votre planète, sous peine de vous priver de votre fixatif pour cheveux. Vous *devez* polluer vos rivières et ruisseaux de façon irréversible, sinon vos industries ne pourront vous donner plus grand, meilleur et davantage. Et vous *devez* exploiter le plus petit d'entre vous, le moins avantagé, le moins éduqué, le moins conscient, sous peine de ne pouvoir vivre au sommet de l'échelle humaine dans un luxe inouï (et inutile). Finalement, vous devez *nier que vous faites cela,* sous peine de ne pouvoir vous supporter.

Vous ne pouvez trouver dans votre coeur de «vivre simplement, afin que les autres puissent tout simplement vivre». Cette sagesse d'autocollant est trop simple pour vous. C'est trop demander. Trop donner. Après tout, vous avez travaillé si fort pour ce que vous avez! *Vous n'abandonnez rien de cela!* Et si le reste de la race humaine, pour ne rien dire des enfants de vos propres enfants, doit souffrir pour cela, après vous le déluge, non? Vous avez fait ce que vous deviez faire pour survivre, pour «réussir», ils peuvent bien faire la même chose! Après tout, c'*est* vraiment chacun pour soi, non?

Y a-t-il une façon de sortir de ce désastre?

Oui. Dois-je le dire à nouveau? Un *changement de conscience.*

Vous ne pouvez résoudre les problèmes qui affligent l'humanité par une action gouvernementale ou par des moyens politiques. Vous avez essayé depuis des milliers d'années.

Le changement qui doit se faire ne peut se faire que dans le cœur des hommes.

Peux-Tu exprimer en une seule phrase le changement qui doit se faire?

Je l'ai déjà fait plusieurs fois.

Vous devez cesser de voir Dieu comme étant séparé de vous, et de vous voir comme étant séparés les uns des autres.

La *seule* solution est l'Ultime Vérité : rien, dans l'univers n'est séparé de quoi que ce soit. *Tout* est intrinsèquement relié, irrévocablement interdépendant, interactif, entremêlé dans le tissu de toute la vie.

Tout gouvernement, toute politique doivent être fondés sur cette vérité. Toutes les lois doivent s'y enraciner.

C'est l'espoir futur de votre race; le seul espoir de votre planète.

Comment fonctionne la Loi de l'Amour dont Tu as parlé plus tôt?

L'amour donne tout et n'exige rien.

Comment pouvons-nous ne rien exiger?

Si tous les gens de votre race donnaient tout, de quoi aurais-tu besoin? La seule raison pour laquelle tu exiges *quoi que ce soit*, c'est parce que quelqu'un d'autre se retient. *Cessez de vous retenir*!

Cela ne pourrait fonctionner que si nous le faisions tous en même temps.

En effet, ce qu'il faut, c'est une conscience planétaire.

Cependant, comment cela se produira-t-il? *Quelqu'un doit commencer.*

L'occasion t'est offerte.

Tu peux être la source de cette Nouvelle Conscience.
Tu peux en être l'inspiration.
En effet, il *faut* que tu le sois.

Moi?

Qui d'autre y a-t-il?

13

Comment puis-je commencer?

Éclaire le monde et ne lui fais rien de mal. Cherche à bâtir et non à détruire.

Ramène Mon peuple chez lui.

Comment?

Par ton exemple lumineux. Ne recherche que le Divin. Ne dis que la vérité. N'agis que dans l'amour.

Vis la Loi de l'Amour, à présent et à jamais. Donne tout, n'exige rien.

Évite le trivial.

N'accepte pas l'inacceptable.

Enseigne à tous ceux qui veulent Me connaître.

Fais de chaque instant de ta vie un débordement d'amour.

Utilise chaque instant pour penser la pensée la plus élevée, prononcer la parole la plus élevée, accomplir le geste le plus élevé. En cela, glorifie ton Soi Sacré, et par conséquent, aussi, glorifie-Moi.

Apporte la paix à la Terre en apportant la paix à tous ceux dont tu atteins la vie.

Sois la paix.

Sens et exprime à chaque instant ton Rapport Divin avec le Tout, et avec chaque personne, endroit et chose.

Embrasse chaque circonstance, assume chaque défaut, partage chaque joie, contemple chaque mystère, mets-toi à la place de chaque personne, pardonne chaque offense (y compris la tienne), guéris chaque cœur, respecte la vérité de chaque personne, adore le Dieu de chaque personne, protège les droits de chaque personne, préserve la dignité de chaque personne, favorise les intérêts de chaque personne, réponds aux besoins de chaque personne, présume de la sainteté de chaque personne, présente les plus grands dons de chaque personne, produis la grâce de chaque personne, et prononce l'avenir de chaque personne en sécurité dans l'amour assuré de Dieu.

Sois un exemple vivant et animé de la Vérité la Plus Élevée qui réside en toi.

Parle humblement de toi-même, afin que personne ne prenne ta Vérité la Plus Élevée pour de la vantardise.

Parle doucement, afin que personne ne croie que tu ne fais qu'attirer l'attention.

Parle gentiment, afin que tous puissent connaître l'Amour.

Parle ouvertement, afin que personne ne croie que tu as quelque chose à cacher.

Parle avec sincérité, afin de ne pas être mal compris.

Parle souvent, afin que ta parole puisse avancer véritablement.

Parle respectueusement, afin que personne ne soit déshonoré.

Parle avec amour, afin que chaque syllabe puisse guérir.

Parle de Moi à chaque fois que tu prononces un mot.

Fais de ta vie un cadeau. Rappelle-toi toujours, c'est toi, le cadeau!

Sois un cadeau pour tous ceux qui entrent dans ta vie, et pour tous ceux dans la vie desquels tu entres. Prends garde de ne pas entrer dans la vie d'un autre si tu ne peux être un cadeau.

(Tu peux toujours être un cadeau, parce que tu es toujours le cadeau, mais parfois, tu ne te permets pas de le savoir.)

Lorsque quelqu'un entre dans ta vie de façon inattendue, *cherche le cadeau que cette personne est venue recevoir de toi.*

Quelle façon extraordinaire de l'exprimer!

Pourquoi, sinon, cette personne est-elle venue vers toi?

Je te dis ceci: *chaque* personne qui est jamais venue vers toi l'a fait pour recevoir un cadeau de toi. En même temps, elle t'en fait un, le cadeau d'éprouver et d'accomplir Qui Tu Es.

Lorsque tu verras cette simple vérité, lorsque tu la comprendras, tu verras la plus grande vérité entre toutes :

**JE NE T'AI ENVOYÉ
QUE DES ANGES.**

14

Je suis confus. Pouvons-nous revenir un tout petit peu en arrière? Il y a une contradiction, on dirait. Tu as dit, je crois, que parfois la meilleure façon d'aider les gens est de les laisser seuls. Puis, je crois que Tu as dit de ne jamais négliger d'aider quelqu'un si on voit qu'il a besoin d'aide. Ces deux affirmations semblent contradictoires.

Laisse-Moi clarifier ta pensée là-dessus.

N'offre jamais le genre d'aide qui enlève son pouvoir à l'autre. N'insiste jamais pour offrir l'aide que tu crois nécessaire. Fais connaître à celui ou à ceux qui sont dans le besoin tout ce que tu as à donner, puis écoute ce qu'ils veulent; vois ce qu'ils sont prêts à recevoir.

Offre l'aide voulue. Souvent, la ou les personnes diront, ou montreront par leur comportement, qu'elles veulent tout simplement qu'on les laisse seules. Malgré ce que tu crois vouloir donner, le fait de les laisser seules est peut-être le Plus Grand Cadeau que tu puisses alors leur offrir.

Si, plus tard, on veut ou on désire autre chose, on te fera remarquer que c'est à toi de le donner. Si c'est le cas, donne.

Mais efforce-toi de ne rien donner qui enlève du pouvoir à l'autre. Ce qui enlève du pouvoir est ce qui favorise ou produit la dépendance.

En vérité, il y a *toujours* une façon d'aider les autres qui leur donne également du pouvoir.

Il ne s'agit pas d'*ignorer* complètement l'épreuve de celui qui cherche vraiment ton aide, car en faire trop peu ne donne pas plus de pouvoir à l'autre qu'en faire trop. Pour agir selon une conscience supérieure, tu ne peux ignorer délibérément l'affliction authentique des frères ou des sœurs, en prétendant que le fait de les laisser «mariner dans leur propre jus» est le plus grand cadeau que tu puisses leur faire. C'est une attitude de vertu et d'arrogance au niveau suprême. Elle te permet tout simplement de justifier ton absence d'engagement.

Je te réfère à nouveau à la vie de Jésus et à ses enseignements.

Car c'est Jésus qui t'a dit que Je dirais à ceux qui seraient à Ma droite : Venez, Mes enfants bénis, hériter du royaume que j'ai préparé pour vous.

Car J'avais faim et vous M'avez donné à manger; J'avais soif et vous M'avez donné à boire; J'étais sans abri et vous M'avez trouvé un toit.

J'étais nu et vous M'avez vêtu; J'étais malade et vous M'avez rendu visite; J'étais en prison et vous M'avez apporté du réconfort.

Et ils Me diront : Seigneur, quand T'avons-nous vu avoir faim, et T'avons-nous nourri? Ou avoir soif, et donné à boire? Et quand T'avons-nous vu sans abri et T'avons-nous trouvé un toit? Ou nu, et vêtu? Et quand T'avons-nous vu malade, ou en prison, et T'avons-nous réconforté?

Et Je leur répondrai ainsi :

En vérité, en vérité, Je vous le dis : ce que vous avez fait au plus petit d'entre vous, Mes frères, c'est à Moi que vous l'avez fait.

Voilà Ma vérité, et elle est éternelle.

15

Je T'aime, Tu sais?

Je sais. Et Je t'aime, moi aussi.

16

Puisque nous parlons des aspects plus vastes de la vie à une échelle planétaire, et que nous revoyons certains des éléments de notre vie individuelle que nous avons explorés dans le Tome 1, j'aimerais Te poser des questions sur l'environnement.

Que veux-tu savoir?

Est-il vraiment en train d'être détruit, comme le prétendent certains écologistes, ou ces gens sont-ils tout simplement des radicaux enflammés, des gauchistes qui ont tous étudié et fumé à Berkeley?

Oui aux deux questions.

Comm...?

Je plaisantais. Alors, oui à la première question, non à la seconde.

La couche d'ozone *est* vraiment épuisée? Les forêts tropicales *sont* vraiment décimées?

Oui. Mais il ne s'agit pas seulement de choses aussi évidentes. Il y a des questions moins évidentes dont vous devriez vous inquiéter.

Éclaire-moi.

Eh bien, par exemple, il est en train de se développer rapidement une pénurie de sol sur votre planète. C'est-à-dire que vous allez manquer de bon sol sur lequel cultiver vos aliments. C'est parce que le sol a besoin de temps pour se reconstituer, et les gens qui gèrent vos fermes industrielles *n'ont* pas le temps. Ils veulent de la terre qui produit, produit, produit. Alors, la pratique ancienne qui consiste à alterner des champs cultivés d'une saison à une autre est en voie d'être abandonnée ou raccourcie. Pour compenser la perte de temps,

on décharge des produits chimiques dans le sol afin de le fertiliser plus rapidement. Mais en cela, comme en toutes choses, on ne peut développer de substitut artificiel pour Mère Nature qui équivaille le moindrement ce qu'Elle fournit.

Par conséquent, vous êtes en train d'éroder, jusqu'à quelques centimètres, vraiment, en certains endroits, la réserve d'humus nutritif disponible. Autrement dit, vous cultivez de plus en plus de nourriture dans un sol qui a de moins en moins de contenu nutritif. Pas de fer. Pas de minéraux. Rien de ce que vous escomptez tirer du sol. Pis encore, vous consommez des aliments pleins de produits chimiques qu'on a déversés dans le sol dans une tentative désespérée de le reconstituer. Même si ces produits chimiques, qui restent dans le corps, ne produisent aucun tort physique apparent à court terme, vous découvrirez à votre grande tristesse qu'à long terme, ils ne donnent pas la santé.

Ce problème d'érosion du sol par une rotation rapide de champs cultivés n'est peut-être pas une chose dont la plupart d'entre vous avez conscience, ni la réserve déclinante de sol cultivable un fantasme d'écologistes yuppies à la recherche de leur prochaine cause à la mode. Demandez à n'importe quel scientifique de la Terre et il vous en parlera abondamment. C'est un problème aux proportions épidémiques; il est mondial et sérieux.

Ce n'est qu'un exemple des nombreuses façons dont vous endommagez et épuisez votre Mère, la Terre, celle qui donne toute vie, par la négligence complète de ses besoins et des processus naturels.

Peu de choses vous préoccupent sur cette planète, à part la satisfaction de vos propres passions, de vos besoins les plus immédiats (et largement gonflés), et du désir humain infini d'avoir Plus Gros, Plus Grand, Plus. Mais vous feriez bien de vous demander, en tant qu'espèce, à quel moment il faut vous arrêter.

Pourquoi n'écoutons-nous pas nos écologistes? Pourquoi n'écoutons-nous pas leurs avertissements?

En cela, comme dans toutes les questions vraiment importantes qui affectent la qualité et le style de vie sur votre planète, il y a un pattern facile à déceler. Vous avez inventé, dans votre monde, une expression qui répond parfaitement à la question : «Regardez où va l'argent.»

Comment pouvons-nous commencer à espérer résoudre ces problèmes alors que nous combattons quelque chose d'aussi massif et insidieux que cela?

C'est simple. Éliminez l'argent.

Éliminer l'argent?

Oui. Ou du moins, éliminez son invisibilité.

Je ne comprends pas.

La plupart des gens cachent les choses dont ils ont honte ou qu'ils veulent garder à l'abri des regards. C'est pourquoi la plupart d'entre vous cachez votre sexualité, et c'est pourquoi vous cachez presque tous votre argent. C'est-à-dire que vous n'êtes pas ouverts à cet égard. Vous considérez votre argent comme une chose très privée. C'est là que réside le problème.

Si chacun savait *tout* de la situation financière de *chacun*, il y aurait un soulèvement dans votre pays et sur votre planète, un soulèvement comme vous n'en avez jamais vu. Et le lendemain, il y aurait de la justice et de l'équité, de l'honnêteté et le bien commun serait une priorité véritable dans la conduite des affaires humaines.

À présent, il n'est pas possible d'apporter la justice ou l'équité, l'honnêteté ou le bien commun sur la place du marché, car l'argent est si facile à cacher. Vous pouvez vraiment, matériellement, le prendre et le *cacher*. Il y a aussi toutes sortes de moyens par lesquels des comptables pleins d'imagination peuvent faire en sorte que l'argent des compagnies puisse être «caché» ou «disparaître».

Puisqu'on peut cacher l'argent, personne ne peut savoir exactement combien possède tel autre ou ce qu'il fait avec. Cela rend possibles une foule d'inéquités, sans parler de l'hypocrisie. Par exemple, des corporations peuvent verser à deux personnes des salaires fort différents pour le même travail. Elles peuvent verser à une personne 57 000$ par année tout en offrant à l'autre 42 000$ pour accomplir la même fonction identique, donnant davantage à un employé qu'à l'autre, tout simplement parce que le premier a quelque chose que le second n'a pas.

Qu'est-ce que c'est?

Un pénis.

Oh.

Oui. Oh, en effet.

Mais Tu ne comprends pas. Le fait d'avoir un pénis donne une plus grande valeur au premier employé; il a l'esprit plus agile, il est plus intelligent et, de toute évidence, plus compétent.

Hmmm. Je ne me souviens pas de vous avoir construits de cette façon. C'est-à-dire inégaux en termes de compétence.

Eh bien, c'est vraiment ce que Tu as fait, et je m'étonne que Tu ne le saches pas. Tout le monde sait ça, sur cette planète.

Arrêtons-nous tout de suite, sinon les gens vont s'imaginer que nous sommes vraiment sérieux.

Comment, Tu ne l'es pas? Eh bien, nous *sommes* sérieux! Les gens de cette planète le sont. C'est pourquoi des femmes ne peuvent être des prêtres catholiques romains ou mormons, ni apparaître du mauvais côté du Mur des Lamentations à Jérusalem, ni grimper jusqu'au sommet dans les 500 plus grandes compagnies américaines, ni piloter d'avions de lignes, ni...

Oui, on comprend. Et ce que *Je* veux dire, c'est que la discrimination dans la rémunération, du moins, serait beaucoup plus difficile si toutes les transactions financières étaient dévoilées au lieu d'être cachées. Peux-tu imaginer ce qui arriverait dans chaque lieu de travail de la planète si toutes les compagnies étaient obligées de publier tous les salaires de tous les employés? Pas les échelles de salaires pour des catégories d'emplois particulières, mais la *compensation réelle accordée* à chaque individu.

Alors, fini de jouer les uns contre les autres.

Ouais.

Et adieu à «Ce qu'il ne sait pas ne peut pas lui nuire».

Ouais.

Et adieu à «Dis donc, si on peut l'avoir pour un tiers moins cher, pourquoi payer davantage?»

Hmm, hmm.

Et adieu au chouchoutage, au léchage de bottes, aux complots internes, aux jeux de pouvoir et...

Et beaucoup, beaucoup d'autres choses disparaîtraient du lieu de travail et du monde : il suffirait de montrer où va l'argent.

Penses-y. Si tu savais exactement combien d'argent détient chacun de vous et les gains véritables de toutes vos industries et corporations et de chacun de leurs dirigeants, ainsi que de la *façon* dont chaque personne et compagnie utilise l'argent qu'elle a, ne crois-tu pas que cela changerait les choses?

Penses-y. De quelles façons, selon toi, les choses change-raient-elles?

Le fait est que les gens ne supporteraient plus 90 pour cent de ce qui se passe dans le monde s'ils *savaient* ce qui se passe. La société ne sanctionnerait jamais la distribution extraordinairement disproportionnée de la richesse, et beaucoup moins les moyens par lesquels on la gagne, ou la manière dont on l'utilise pour en gagner davantage, si ces faits étaient connus, de façon précise et immédiate, de tous les gens, partout.

Rien n'engendre un comportement approprié plus rapidement que de l'exposer à la lumière de l'examen public. Voilà pourquoi ce que vous appelez les «Sunshine Laws» ont fait tant de bien en nettoyant une partie de l'affreux désordre de votre système politique et gouver-nemental. Les audiences publiques et la publicité qu'elles ont imposée aux débats administratifs ont eu pour effet, dans une large mesure, d'éliminer les espèces de singeries d'arrière-boutique qui se déroulaient dans les années vingt, trente, quarante et cinquante dans vos hôtels de ville, vos commissions scolaires et vos circonscriptions politiques, et votre gouvernement national aussi.

Il est temps, à présent, de mettre un peu de «soleil» dans votre façon de traiter la compensation pour les biens et services sur votre planète.

Que suggères-Tu?

Ce n'est pas une suggestion, c'est un défi. Je vous mets au défi de vous débarrasser de tout votre argent, de vos papiers, de votre monnaie et de vos devises nationales et de recommencer. Développez un système monétaire international qui soit grand ouvert, totalement visible, immédiatement retraçable, dont la responsabilité serait complètement assumée. Établissez un Système Mondial de Compensation, au moyen duquel les gens recevraient des Crédits pour les services rendus et les produits livrés, et des Débits pour les services utilisés et les produits consommés.

Tout appartiendrait au système des Crédits et Débits. Les retours sur les investissements, les héritages, les gains des employés, les salaires, pourboires et gratuités, tout. Et on ne pourrait rien acheter sans Crédits. Il n'y aurait aucune autre monnaie négociable. Et les registres de chacun seraient ouverts à tous.

Quelqu'un a dit : Montre-moi le compte bancaire d'un homme et je te dirai qui il est. Ce système se rapproche de ce scénario. Les gens en sauraient ou, du moins, pourraient en savoir bien plus long sur vous que maintenant. Mais non seulement en sauriez-vous davantage les uns sur les autres, vous en sauriez davantage à *propos de tout*. Davantage à propos de ce que les compagnies versent et dépensent, et de ce que leur coûte chaque article, de même que son prix. (Peux-tu imaginer ce que deviendraient les compagnies si elles devaient inscrire deux nombres sur chaque étiquette, leur prix de vente et *leur* prix de revient? Cela ferait baisser les prix, dis donc!

Cela augmenterait la concurrence et donnerait un coup de pouce au commerce juste. Tu ne peux même pas imaginer les conséquences d'une telle chose.)

Selon le nouveau Système mondial de Compensation, SMC, le transfert de Débits et de Crédits serait immédiatement et totalement visible. C'est-à-dire que tout le monde pourrait, en tout temps, inspecter le compte de toute autre personne ou organisation. Rien ne serait gardé secret, rien ne serait «privé».

Chaque année, le SMC déduirait dix pour cent de tous les revenus de ceux qui *demanderaient volontairement* une telle déduction. Il n'y aurait ni impôt sur le revenu, ni formulaires à classer, ni déductions à calculer, ni «porte de sortie» à construire, ni camouflage à fabriquer! Puisque tous les registres seraient ouverts, chaque personne, dans la société, pourrait observer qui choisirait d'offrir les dix pour cent pour le bien général de tous, et qui ne le ferait pas. Cette déduction volontaire serait destinée à soutenir tous les programmes et services gouvernementaux sur lesquels le peuple aurait voté.

Tout le système serait très simple, très visible.

Le monde ne s'entendrait jamais sur une telle chose.

Bien sûr que non. Et sais-tu pourquoi? Parce qu'un tel système empêcherait quiconque *de faire ce qu'il ne veut pas que les autres sachent*. Mais pourquoi voudrais-tu faire une telle chose, de toute façon? Je vais te dire pourquoi. Parce qu'actuellement, tu vis dans un système social interactif fondé sur «le fait de profiter», d'«obtenir le maximum», de «tirer le plus grand profit» et sur «la survie du soi-disant plus fort».

Lorsque le but et l'objectif principal de votre société (comme c'est le cas de toutes les sociétés vraiment éclairées) seront la survie de *tous*; le bénéfice, également, de *tous*; le fait de d'accorder une bonne vie à *tous*, alors votre besoin de confidentialité, de transactions discrètes, de manœuvres sous la table et d'argent caché disparaîtra.

Comprends-tu combien la bonne *corruption* à l'ancienne, sans parler des injustices et iniquités moindres, serait éliminée par l'application d'un tel système?

Le secret, ici, le mot clé, ici, est *visibilité*.

Houlà! Quel concept! Quelle idée! La visibilité absolue dans la conduite de nos finances. Je continue d'essayer de trouver une raison pour laquelle ce serait «mauvais», pourquoi ce ne serait pas «correct», mais je ne peux en trouver une seule.

Bien sûr que tu ne peux pas, *car tu n'as rien à cacher*. Mais peux-tu imaginer la réaction des gens d'argent et de pouvoir, dans le monde, et les cris qu'ils pousseraient, si n'importe qui, tout simplement en regardant l'indice de profit, pouvait examiner chaque décision, chaque achat, chaque vente, chaque transaction, chaque action commerciale, choix de prix et négociation salariale, chaque décision?

Je te dis ceci : *rien* n'engendre la justice plus rapidement que la *visibilité*.

Visibilité n'est qu'un synonyme de *vérité*.

Connais la vérité, et la vérité te libérera.

Les gouvernements, les compagnies, les gens de pouvoir savent cela, et c'est pourquoi ils ne laisseront jamais la vérité, la pure et simple vérité, être la base de n'importe quel système politique, social ou économique qu'ils concevraient.

Dans les sociétés éclairées, il n'y a *aucun secret*. Chacun sait ce que tous les autres possèdent, ce que tous les autres gagnent, ce que tous les autres paient en salaires, en impôts et en avantages sociaux, ce que chaque autre compagnie demande et achète, vend, pour combien et en faisant quel profit, tout. *TOUT*.

Sais-tu pourquoi ce n'est possible que dans les sociétés éclairées? Parce que personne, dans les sociétés éclairées ne veut *rien obtenir*, ni *avoir* aux *dépens d'un autre*.

C'est un mode de vie radical.

Il semble radical dans les sociétés primitives, oui. Dans les sociétés éclairées, il semble de toute évidence approprié.

Je suis intrigué par ce concept de «visibilité». Pourrait-il s'étendre au-delà des affaires monétaires? Pourrait-il également être un mot clé de nos relations?

Il faut l'espérer.

Mais ce n'est pas le cas.

En règle générale, non. Pas encore sur votre planète. La plupart des gens ont encore trop de choses à cacher.

Pourquoi? Qu'est-ce qui se passe?

Dans les relations personnelles (et dans toutes les relations, en fait), c'est une question de *perte*. On craint pour ce qu'on pourrait perdre ou ne pas gagner. Mais les meilleures relations personnelles, et certainement les meilleures relations amoureuses, sont des relations dans lesquelles chacun sait tout; dans lesquelles la *visibilité* est non seulement le mot clé, mais le *seul mot*; dans lesquelles il n'y a tout simplement aucun secret. Dans ces relations, rien n'est retenu, rien n'est obscurci ou teinté, caché ou déguisé. Rien n'est omis ni passé sous silence. Il n'y a aucune devinette, on ne joue pas de rôle; personne ne «fait son numéro» pour t'«épater».

Mais si chacun savait tout ce qu'on est en train de penser...

Minute. Il ne s'agit pas de ne pas avoir de confidentialité mentale, d'espace sécuritaire dans lequel suivre son processus personnel. Ce n'est pas ce dont Je parle ici.

Il s'agit d'être tout simplement ouverts et honnêtes dans vos relations avec les autres. Il s'agit, tout simplement, de dire la vérité quand vous parlez, et de ne retenir aucune vérité lorsque vous savez qu'il faut la dire. Il s'agit de ne plus mentir, ni d'obscurcir, ni de manipuler verbalement ou mentalement, ni de déformer votre vérité en mille autres contorsions typiques de la plupart des communications humaines.

Il s'agit d'être clairs et nets, de dire les choses comme elles sont, de les livrer telles quelles. Il s'agit de faire en sorte que tous les individus aient toute l'information et sachent tout ce qu'ils ont besoin de savoir sur un sujet. Il s'agit de justice, d'ouverture et... eh bien, de *visibilité*.

Mais cela ne veut pas dire que la moindre pensée, chaque peur intime, chaque mauvais souvenir, chaque jugement, opinion ou réaction fugace doivent être placés sur la table pour être discutés et examinés. Ce n'est pas de la visibilité, c'est de la folie, et cela va vous rendre fous.

Nous parlons ici de communication simple, directe, ouverte, honnête et complète. Mais tout de même, c'est un concept saisissant et rarement utilisé.

Peux-tu répéter?

Mais tout de même, c'est un concept saisissant et rarement utilisé.

Tu aurais dû te lancer dans le vaudeville.

Tu plaisantes? C'est ce que je fais.

Blague à part, c'est une idée magnifique. Imagine, une société entière construite autour du Principe de la Visibilité. Es-Tu certain que cela fonctionnerait?

Je te dis ceci. La moitié des maux du monde disparaîtraient demain. La moitié des soucis du monde, la moitié des conflits du monde, la moitié de la colère du monde, la moitié de la frustration du monde...

Oh, au début, il y aurait de la colère et de la frustration, ne te fais pas d'illusion. Lorsqu'on finirait par découvrir à quel point l'individu moyen *se* fait vraiment duper, utiliser comme un objet jetable, manipuler, mentir et carrément tromper, il y aurait énormément de frustration et de colère. Mais la «visibilité» nettoierait la majeure partie de tout cela en 60 jours, la ferait disparaître.

Permets-moi de t'inviter à nouveau, réfléchis.

Crois-tu que tu pourrais vivre une vie pareille? Plus de secrets? Une visibilité absolue?

Sinon, pourquoi pas?

Qu'est-ce que tu caches aux autres que tu ne veux pas leur montrer?

Quelles faussetés dis-tu à quelqu'un?

Quelles vérités caches-tu à quelqu'un?

Le fait de mentir par omission ou par commission a-t-il mené votre monde là où vous voulez vraiment qu'il soit? La manipulation (du marché, d'une situation particulière, ou tout simplement d'une personne) par le silence et le secret vous a-t-elle vraiment rendu service? La «confidentialité» est-elle vraiment ce qui fait fonctionner vos vies à l'échelle gouvernementale, commerciale et individuelle?

Qu'arriverait-il si chacun pouvait tout voir?

La situation est ironique. Ne vois-tu pas que c'est la seule chose que tu craignes à propos de ta première rencontre avec Dieu? Ne comprends-tu pas que ce dont tu as eu peur, c'est que le numéro soit terminé, que la partie soit finie, que la danse à claquettes prenne fin, que la boxe contre ton ombre arrive à terme, et que la longue, longue piste de tromperies, grandes et petites, mène, littéralement, à un *cul-de-sac*?

Mais la bonne nouvelle, c'est qu'il n'y a aucune raison d'avoir peur, rien à craindre. Personne ne va te juger, personne ne va te donner «tort», personne ne va te jeter aux feux éternels de l'enfer.

(Et vous, catholiques romains: non, vous n'irez même pas au purgatoire.)

(Et vous, mormons: non, vous ne serez pas à jamais enfermés dans le ciel le plus bas, incapables d'atteindre le «ciel le plus élevé», et vous ne serez pas classés Fils de Perdition, ni bannis à jamais vers des royaumes inconnus.)

(Et vous...)

Eh bien, tu saisis l'idée. Chacun de vous s'est construit, dans le cadre de sa propre théologie, une idée, un concept de la Pire Punition de Dieu. Et Je déteste vous dire cela, car je vois le plaisir que vous tirez de tout ce drame, mais... eh bien... *c'est pas ça du tout.*

Lorsque vous perdrez la peur que votre vie devienne complètement visible à l'instant de votre mort, vous pourrez peut-être surmonter cette peur alors que vous vivez.

Çà, ce serait quelque chose...

N'est-ce pas? Alors, voici la formule qui peut t'aider à démarrer. Reviens au tout début de ce livre et revois les *Cinq Niveaux de la Sincérité*. Entreprends de mémoriser ce modèle et de l'appliquer. Cherche la vérité, dis la vérité, vis la vérité à chaque jour. Fais cela avec toi-même et avec chaque personne dont tu touches la vie.

Puis prépare-toi à être nu. Attends-toi à la *visibilité*.

Ça me fait peur. Ça me fait vraiment peur.

Regarde bien : de quoi as-tu peur?

J'ai peur que tout le monde sorte de la pièce. J'ai peur que plus personne ne m'aime.

Je vois. Tu as l'impression d'avoir à mentir pour amener les gens à t'aimer?

Pas exactement à mentir. Juste à ne pas *tout* leur dire.

Rappelle-toi ce que je t'ai dit. Il ne s'agit pas de proférer chaque petit sentiment, pensée, idée, peur, souvenir, aveu, peu importe. Il s'agit tout simplement de toujours dire la vérité, de te montrer complètement. Avec tes proches bien-aimés, tu peux être nu physiquement, n'est-ce pas?

Oui.

Alors, pourquoi ne pas être nu émotionnellement, aussi?

La seconde éventualité est beaucoup plus difficile que la première.

Je comprends. Mais ce n'est pas une raison suffisante pour ne pas le recommander, car les récompenses seront grandes.

Eh bien, Tu as certainement soulevé des idées intéressantes. Abolir les intentions cachées, bâtir une société sur la visibilité, dire la vérité en tout temps à chacun à propos de chaque chose. Ouf!

Sur ces concepts ont été bâties des sociétés entières. Des sociétés éclairées.

Je n'en ai trouvé aucune.

Je ne parlais pas de votre planète.

Oh.

Ni même de votre système solaire.

OH.

Mais tu n'as pas à quitter la planète ni même à sortir de chez toi pour commencer à faire l'expérience de ce genre de système de Pensée Nouvelle. Commence par ta propre famille, chez toi. Si tu possèdes une entreprise, commence par ta propre compagnie. Dis précisément à chacun, dans ta firme, combien tu fais, combien la compagnie fait et dépense, et combien fait chacun des employés. Tu vas les rendre furieux. Littéralement. Tu vas les rendre *furieux*. Si chaque propriétaire de compagnie faisait cela, le travail ne serait plus un enfer pour tant de gens, car un plus grand sens de l'équité, de la justice et de la compensation appropriée s'installerait automatiquement dans le lieu de travail.

Dis à tes clients combien te coûte, exactement, tel produit ou tel service. Mets ces deux chiffres sur ton étiquette : ton prix de revient et ton prix de vente. Peux-tu encore être fier de ce que tu demandes? As-tu peur que quelqu'un ne pense que tu le «voles» si on en vient à connaître le ratio de son coût de revient sur son prix de vente? Si oui, examine quelle sorte d'ajustement tu voudrais apporter à ton prix pour le ramener dans le domaine de la justice fondamentale, plutôt que de «prendre ce que tu peux pendant que ça passe».

Je te mets au défi de le faire. Je mets au défi.

J'exigerai un changement complet de ta pensée. Tu devras te préoccuper autant de tes clients que de toi-même.

Oui, tu peux commencer à construire cette Nouvelle Société maintenant, ici même, aujourd'hui. Le choix t'appartient. Tu peux continuer à soutenir le vieux système, le paradigme actuel, ou tu peux ouvrir le sentier et montrer à ton monde une voie nouvelle.

Tu peux être cette voie nouvelle. En tout. Pas seulement en affaires, pas seulement en politique, en économie, en religion, ou en tel ou tel aspect de l'expérience générale de vie, mais en *tout*.

Sois la voie nouvelle. Sois la voie supérieure. Sois la voie la plus grandiose. Alors, tu pourras véritablement dire : *Je suis la voie et la vie. Suivez-moi.*

Si le monde entier te suivait, serais-tu content de l'endroit où tu l'amènerais?

Que ce soit ta question pour aujourd'hui.

17

Je reçois Ton défi. Je l'entends. Parle-moi davantage, s'il te plaît, de la vie sur cette planète, à une plus grande échelle. Dis-moi comment un pays peut s'entendre avec un autre afin qu'il n'y ait «plus de guerre».

Il y aura toujours des désaccords entre les pays, car le désaccord n'est qu'un signe, et un signe de santé, d'individualité. Mais la *résolution violente* de désaccords est un signe d'une extraordinaire immaturité.

Il n'y a aucune raison au monde de ne pas éviter la résolution violente, car les pays veulent l'éviter.

On aurait tendance à croire que le bilan massif des morts et des vies détruites serait suffisant pour engendrer une telle volonté, mais chez les cultures primitives comme la tienne, ce n'est pas le cas.

Tant que tu croiras pouvoir gagner une discussion, tu l'entreprendras. Tant que tu croiras pouvoir remporter une guerre, tu la mèneras.

Quelle est la réponse à tout cela?

Je n'ai aucune réponse, Je ne fais qu'...

Je sais, je sais! Une observation.

Oui. J'observe à présent ce que J'ai déjà observé. Une réponse à court terme pourrait être d'établir ce que certains ont appelé un gouvernement mondial, avec un tribunal mondial pour régler les disputes (tribunal dont on ne pourrait ignorer les verdicts, comme c'est le cas en ce qui concerne le présent Tribunal mondial) et une force de maintien de la paix mondiale pour garantir qu'aucun autre pays, peu importe son pouvoir ou son influence, ne pourra plus jamais en agresser un autre.

Mais comprends qu'il puisse encore y avoir de la violence sur Terre. La force de maintien de la paix peut *devoir* utiliser la violence pour amener quelqu'un à *cesser* de le faire. Comme Je l'ai fait remarquer dans le Tome 1, le fait de ne pas arrêter un despote donne du pouvoir à ce despote. Parfois, la seule façon d'éviter une guerre, *c'est de faire la guerre*. Parfois, il faut faire ce qu'on ne veut pas afin qu'on n'ait pas à continuer de le faire! Cette contradiction apparente fait partie de la Divine Dichotomie, qui dit que, parfois, la seule façon d'être quelque chose, en définitive, dans ce cas, «paisible», *c'est* peut-être, au départ, de *ne pas* l'être!

Autrement dit, la seule façon de te connaître en tant que Ce Que Tu Es, c'est souvent de faire l'expérience de toi-même en tant que Ce Que Tu N'es Pas.

Il est vrai, et on peut l'observer, que le pouvoir dans ton monde ne peut plus reposer de façon disproportionnée sur un pays en particulier, mais entre les mains du groupe total des pays de cette planète. Ce n'est qu'ainsi que le monde finira par atteindre la paix et se reposer sans crainte, sachant qu'aucun despote, même si son pays est grand ou puissant, ne peut ou ne va une fois de plus violer les territoires d'un autre pays, ni menacer ses libertés.

Les plus petits pays n'ont plus besoin de dépendre de la bonne volonté des plus grands, ayant souvent à se départir, dans la transaction, de leurs propres ressources et à offrir leurs meilleures terres pour des bases militaires étrangères afin de *la* gagner. Selon ce nouveau système, la sécurité des plus petits pays sera garantie non pas par les services rendus, mais par ceux qui *les* appuient.

Si un seul pays était envahi, les 160 pays se lèveraient ensemble. Si un seul pays était violé ou menacé d'une façon ou d'une autre, les 160 pays diraient *Non*!

De même, les pays ne seraient plus menacés économiquement, leurs plus gros partenaires économiques ne les feraient plus chanter pour qu'ils adoptent certaines voies, on n'exigeraient plus qu'ils répondent à certains «critères» afin de recevoir l'aide étrangère, ou qu'ils soient mandatés pour agir de certaines façons afin de se qualifier pour une simple assistance humanitaire.

Mais pour certains d'entre vous, un tel système de gouvernement mondial éroderait l'indépendance et la grandeur des pays. En vérité, il l'accroîtrait, et c'est précisément ce que craignent les plus grands pays, dont l'indépendance est assurée par le pouvoir et non pas la loi ou la justice. Car alors, non seulement le plus grand pays obtiendrait-il automatiquement gain de cause, mais les considérations de tous les pays devraient être également entendues. Et les plus grands pays ne pourraient plus contrôler ni détenir la masse des ressources mondiales, mais seraient tenus de les partager plus équitablement, de les rendre accessibles plus ouvertement, de fournir leurs bénéfices plus uniformément à tous les gens de la terre.

Un gouvernement mondial nivellerait le terrain de jeu, et cette idée, tout en nous amenant au cœur du débat sur la dignité humaine fondamentale, est un anathème pour les *nantis* du monde, qui veulent que les démunis atteignent leur *propre* fortune, ignorant, bien sûr, le fait que les nantis *contrôlent* tout ce que les autres voudraient atteindre.

Mais on dirait que nous parlons de redistribution de la richesse. Comment pouvons-nous maintenir les motivations de ceux *qui* veulent davantage, et qui sont prêts à travailler pour l'avoir, s'ils savent qu'ils devront partager avec ceux qui ne se soucient pas de travailler autant?

D'abord, la question ne se résume pas à ceux qui *veulent* «travailler fort» et aux autres. C'est une façon simpliste de soumettre l'argument (ainsi construit, habituellement, par les nantis). Il s'agit plus souvent d'occasion que de volonté. Alors, la tâche véritable, la première dans la restructuration de l'ordre social, est de faire en sorte que chaque personne et chaque pays aient une *chance* égale.

Cela ne pourra jamais se produire tant que ceux qui possèdent et contrôlent actuellement la masse de la richesse et des ressources du monde s'agrippent solidement à ce contrôle.

Oui. J'ai mentionné le Mexique, et sans vouloir blâmer un pays en particulier, je pense que ce pays en fournit un excellent exemple. Une poignée de riches et puissantes familles contrôlent la richesse et les ressources de ce pays entier, depuis 40 ans. Dans cette prétendue démocratie à l'occidentale, les «élections» sont une farce car les mêmes familles contrôlent le même parti politique depuis des décennies, n'assurant pratiquement aucune opposition sérieuse. Le résultat? «Les riches s'enrichissent et les pauvres s'appauvrissent.»

Si les salaires faisaient un bond de 1,75 $ à 3,15 $ l'heure, les riches souligneraient tout ce qu'ils ont fait pour les pauvres en leur fournissant des emplois et une chance d'avancement économique. Mais les seuls à faire des progrès quantiques sont les *riches*, les industriels et propriétaires de compagnies qui vendent leurs matières premières sur le marché national et mondial en faisant des profits énormes, étant donné le faible coût de leur main-d'œuvre.

Les riches Américains savent que c'est vrai; c'est pourquoi nombre de riches et puissants Américains sont en train de reconstruire leurs usines et leurs manufactures au Mexique et dans d'autres pays étrangers où les paysans considèrent des salaires d'esclaves comme une chance inouïe. Entre-temps, ces travailleurs peinent dans des conditions malsaines et tout à fait dangereuses, mais le gouvernement local, contrôlé par la même élite qui récolte les profits de ces entreprises, impose peu de réglementations. Les normes de santé et de sécurité et les formes de protection écologique sont, à toutes fins pratiques, inexistantes au travail.

On ne prend pas soin des gens, ni de la Terre sur laquelle on leur demande de vivre dans leurs taudis de papier, à côté de ruisseaux dans lesquels ils font la lessive et dans lesquels ils défèquent parfois, car souvent, la plomberie ne fait pas partie de leurs privilèges.

Ce que l'on crée, en négligeant autant les masses, c'est une population qui ne peut se payer les produits même qu'elle fabrique. Mais les riches propriétaires d'usines ne s'en font pas. Ils peuvent envoyer leurs biens dans d'autres pays où il y a des gens qui peuvent se les payer.

Mais je crois que, tôt ou tard, cette spirale se retournera sur elle-même, avec des conséquences dévastatrices. Pas seulement au Mexique, mais partout où l'on exploite des humains.

Les révolutions et la guerre civile seront inévitables, tout comme les guerres entre pays, aussi longtemps que les nantis continueront à exploiter les démunis sous prétexte de leur fournir des *occasions*.

Le fait de s'accrocher à la richesse et aux ressources est devenu tellement *institutionnalisé* qu'il semble à présent *acceptable* même aux yeux de certaines personnes soucieuses d'équité, pour qui ce n'est rien d'autre qu'une économie de marché ouvert.

Mais seul le *pouvoir* détenu par les individus et les pays riches du monde rend possible cette illusion de justice. En vérité, ce *n'est pas* juste pour la majorité des individus et des pays du monde, que l'on empêche même de tenter d'atteindre ce que les Puissants ont atteint.

Le système de gouvernement décrit ici déplacerait radicalement l'équilibre du pouvoir de ceux qui sont riches en ressources vers ceux qui sont pauvres en ressources, obligeant à un partage équitable des ressources mêmes.

Voilà ce que craignent les puissants.

Oui. Alors, la solution à court terme aux problèmes du monde, ce peut être une nouvelle structure sociale, un nouveau gouvernement mondial.

Certains de vos leaders ont eu suffisamment de clarté et de courage pour proposer les débuts d'un tel ordre mondial. Votre George Bush, que l'histoire jugera comme un homme d'une sagesse, d'une vision, d'une compassion et d'un courage bien plus considérables que la société contemporaine ne voulait ou ne pouvait lui reconnaître, était un leader de ce type. Tout comme le président soviétique Mikhail Gorbatchev, le premier chef d'État communiste à gagner le Prix Nobel de la Paix, un homme qui a proposé d'énormes changements politiques, mettant un terme, à toutes fins pratiques, à ce que vous avez appelé la Guerre Froide. Tout comme votre président Carter, qui a amené messieurs Begin et Sadate à signer des accords dont personne d'autre n'avait jamais rêvé et qui, longtemps après la fin de son mandat, a sauvé le monde d'une violente confrontation, par la simple affirmation d'une vérité élémentaire : le point de vue de personne n'est pas moins digne d'être entendu que celui d'un autre. Aucun être humain n'a moins de dignité qu'un autre.

Il est intéressant de constater que chacun de ces courageux leaders qui, à l'époque, ont sauvé le monde de l'abîme d'une guerre, épousé et proposé que l'on s'éloigne largement de la structure politique dominante, que chacun n'a servi qu'un mandat et a été retiré de son poste par les gens mêmes qu'ils cherchaient à élever. Incroyablement populaires partout dans le monde, ils ont été régulièrement rejetés chez eux. On dit que nul n'est prophète en son pays. Dans le cas de ces hommes, c'est parce que leur vision avait une bonne longueur d'avance sur celle de leurs électeurs, qui ne pouvaient voir que des préoccupations limitées, des problèmes de clochers et n'imaginaient de ces visions plus grandes que la perte qui pouvait en découler.

De même, chaque leader qui a osé sortir du rang et appeler la fin de l'oppression par les puissants a été découragé et sali.

Il en sera toujours ainsi jusqu'à ce que l'on applique une solution à *long terme, qui n'est pas une solution politique.* Cette solution à long terme, et la seule véritable, est une Nouvelle Prise de Conscience, une Nouvelle Conscience. Une prise de conscience de l'Unité et une conscience de l'Amour.

L'incitation à réussir, à tirer le plus grand parti de sa vie, ne doit pas être une récompense économique ou matérialiste. Elle n'est pas à sa place dans ce contexte. Cette priorité, voilà ce qui a créé tous les problèmes dont nous avons parlé ici.

Lorsque l'incitation à la grandeur ne sera pas économique, lorsque la sécurité économique et les besoins matériels fondamentaux seront garantis à tous, la motivation ne disparaîtra pas, mais elle sera d'un ordre différent *augmentant* en force et en détermination, produisant une grandeur *véritable*, et non le genre de «grandeur» transparente et transitoire que produisent les incitations actuelles.

Mais pourquoi le mieux-vivre, la création d'une meilleure vie pour nos enfants, n'est-il pas une bonne incitation?

Le «mieux-vivre» *est* une incitation convenable. Créer une «meilleure vie» pour vos enfants, c'*est* vraiment une bonne incitation. Mais la question, c'est : qu'est-ce qui rend la vie «meilleure»?

Quelle est ta définition de «meilleure»? Quelle est ta définition de «vie»?

Si, pour toi, «meilleure» veut dire plus *grosse, plus imposante, avec plus* d'argent, de pouvoir, de sexe et *d'objets* (maisons, autos, vêtements, collections de CD, n'importe quoi)... et si tu définis la «vie» comme la période qui se déroule entre ta naissance et la mort dans ta présente existence, alors tu ne fais rien pour sortir du piège qui a engendré les maux de votre planète.

Mais si, pour toi, «meilleure» veut dire l'expérience plus vaste et l'expression plus grande de ton plus grandiose état d'Être, et la «vie» comme un processus éternel, continu et infini *d'Être*, tu trouveras peut-être ton chemin.

Une «vie meilleure», ça ne vient pas de l'accumulation d'objets. La plupart d'entre vous savez cela. Vous dites tous comprendre cela, mais vos vies, et les décisions que vous prenez dans la conduite de vos vies, ont autant à voir avec les «objets» qu'avec tout le reste, et habituellement davantage.

Vous cherchez à obtenir des objets, vous travaillez pour obtenir des objets, et quand vous obtenez certains des objets que vous voulez, vous ne les abandonnez jamais.

La motivation de la plus grande partie de l'humanité est d'atteindre, d'acquérir, d'obtenir des *objets*. Ceux qui ne se soucient pas des objets les abandonnent facilement.

Parce que votre présente incitation à la grandeur a un rapport avec l'accumulation de tout ce qu'offre le monde, le monde entier est en lutte, à diverses étapes. *D'énormes* segments de la population sont encore en train de se battre pour la simple survie matérielle. Chaque journée est remplie de moments d'anxiété, de mesures désespérées. L'esprit se préoccupe de questions fondamentales, vitales. Y aura-t-il suffisamment de nourriture? Un abri est-il disponible? Serons-nous au chaud? Un nombre *énorme* de gens se préoccupent encore quotidiennement de ces questions. Chaque mois, des milliers de gens *meurent*, uniquement par manque de nourriture.

Certains, moins nombreux, peuvent compter raisonnablement sur les bases de survie qui apparaissent dans leur vie, mais s'efforcent d'y ajouter quelque chose, un minimum de sécurité, une maison modeste mais décente, un meilleur lendemain. Ils travaillent fort, en se demandant s'ils «avanceront» jamais et de quelle manière. Ils ont l'esprit préoccupé par des questions urgentes et inquiétantes.

Un nombre de gens encore bien moindre ont tout ce qu'ils pourraient jamais demander, en fait, tout ce que les deux autres groupes *demandent*, mais, curieusement, plusieurs d'entre eux demandent *encore davantage.*

Leur esprit veille à *s'accrocher à* tout ce qu'ils ont acquis et à augmenter la quantité de leurs biens.

À ces trois groupes, s'ajoute un quatrième. C'est le plus petit groupe de tous. En fait, il est minuscule.

Ce groupe s'est détaché du besoin d'objets matériels. Il se préoccupe de vérité spirituelle, de réalité spirituelle et d'expérience spirituelle.

Les membres de ce groupe considèrent la vie comme une rencontre spirituelle, un voyage de l'âme. C'est dans ce contexte qu'ils répondent à tous les événements humains. Ils entretiennent toute l'expérience humaine au sein de ce paradigme. Leur lutte a quelque chose à voir avec la recherche de Dieu, l'accomplissement du Soi, l'expression de la vérité.

À mesure qu'ils évoluent, cette lutte devient non plus une lutte mais un processus. C'est un processus de définition du Soi (et non de découverte de soi), de Croissance (et non d'apprentissage), d'Être (et non de faire).

La *raison* de la recherche, de la lutte, de la quête, de l'effort et de la *réussite* devient complètement différente. *Peu importe* ce qu'on fait, on le fait pour une raison différente et on change en même temps que cette raison. C'est le processus qui devient la raison de faire; au lieu de seulement faire, on en vient à être.

Tandis qu'auparavant c'était pour des objets matériels que l'on consacrait toute sa vie à l'effort, à la lutte, au dur travail, c'est maintenant pour faire l'expérience des choses célestes qu'on s'y livre.

Tandis qu'auparavant les préoccupations étaient largement celles du corps, à présent les préoccupations sont largement celles de l'âme.

Tout s'est déplacé, tout a changé. Le but de la vie a changé, tout comme la vie même.

L'«incitation à la grandeur» a changé, et avec elle a disparu le besoin de convoiter, d'acquérir, de protéger et d'augmenter le nombre de biens matériels.

La grandeur ne se mesurera plus selon la quantité de biens que l'on a accumulés. Les ressources mondiales seront à juste titre considérées comme appartenant à tous les habitants du monde. Dans un monde doté d'une abondance suffisante pour répondre aux besoins fondamentaux de tous, les besoins fondamentaux de tous *seront satisfaits*.

Chacun voudra qu'il *en soit* ainsi. Il ne sera plus nécessaire de soumettre quiconque à un impôt involontaire. Vous allez tous envoyer *volontairement* dix pour cent de votre récolte et de votre abondance à des programmes de soutien pour ceux dont la récolte est moindre. Il ne sera plus possible pour des milliers de gens de rester là à en regarder mourir de faim des milliers d'autres, non pas faute de nourriture, mais faute de volonté humaine suffisante pour créer un simple mécanisme politique au moyen duquel les gens pourraient *obtenir* de la nourriture.

De telles obscénités morales, maintenant courantes dans votre société primitive, seront effacées à jamais le jour où vous changerez votre incitation à la grandeur et la définition que vous en avez.

Votre nouvelle incitation : devenir ce pour quoi Je vous ai créés, l'image physique de la Déité même.

Lorsque vous choisirez d'Être Celui Que Vous Êtes Vraiment, Dieu rendu manifeste, vous n'agirez jamais plus d'une manière indivine. Vous n'aurez plus à exhiber des autocollants comme :

DIEU SAUVE-MOI
DE TES ADEPTES

18

Permets-moi de vérifier si je Te suis toujours. Ce qui semble émerger, c'est une vision du monde empreinte d'égalité et d'équanimité, où toutes les nations se soumettent à un seul gouvernement mondial, et où tous les gens se partagent les richesses du monde.

Rappelle-toi, quand tu parles d'égalité, que nous voulons dire *chance* égale, et non égalité *de fait*.

L'«égalité» réelle ne sera jamais atteinte, et sois-en reconnaissant.

Pourquoi?

Parce que l'égalité est l'uniformité, et la dernière chose dont le monde ait besoin, c'est l'uniformité.

Non, je ne suis pas en train de proposer un monde d'automates, dont chacun recevra des parts identiques d'un Gouvernement central à la «Big Brother».

Je parle d'un monde dans lequel deux choses seront garanties :
1. La satisfaction des besoins fondamentaux.
2. La chance de s'élever.

Malgré toutes les ressources de votre monde, malgré toute votre abondance, vous n'avez pas encore réglé ces deux choses simples. Au lieu de cela, vous avez piégé des millions de gens au bas de l'échelle socio-économique et conçu une vision du monde qui les y maintient systématiquement. Chaque année, vous laissez mourir des millions de gens par manque de choses simples et fondamentales.

Malgré toute la magnificence du monde, vous n'êtes pas arrivés à être suffisamment magnifiques pour empêcher les gens de mourir de faim et encore moins de s'entretuer. Vous laissez vraiment des *enfants* mourir de faim devant vous. Vous tuez vraiment des gens parce qu'ils sont en désaccord avec vous.

Vous êtes des primitifs.

Et nous nous croyons si avancés.

Le premier signe distinctif d'une société primitive, c'est qu'elle se croit avancée. Le premier signe distinctif d'une conscience primitive, c'est qu'elle se croit éclairée.

Alors, résumons. Pour grimper sur le premier barreau de l'échelle, où ces deux garanties fondamentales sont accordées à chacun...

Deux changements seront nécessaires, l'un de votre paradigme politique, l'autre de votre paradigme spirituel.

Le mouvement vers un gouvernement mondial unifié comprendrait un tribunal mondial grandement investi de pouvoirs afin de résoudre des conflits internationaux, ainsi qu'une force de maintien de la paix pour renforcer les lois selon lesquelles vous choisissez de vous gouverner.

Le gouvernement mondial comprendrait un Congrès des Nations, deux représentants de chaque pays de la Terre, et une Assemblée du Peuple, avec une représentation directement proportionnelle à la population d'un pays.

C'est exactement ainsi que le gouvernement américain est établi, avec deux chambres, l'une qui fournit une représentation proportionnelle et l'autre une voix égale à tous les États.

Oui. Votre constitution américaine a reçu l'inspiration de Dieu.

Il faut insérer le même équilibre des pouvoirs dans la nouvelle constitution mondiale.

Il y aurait donc un bras exécutif, un bras législatif et un bras judiciaire.

Chaque pays garderait sa police de maintien de la paix à l'interne, mais toutes les armées nationales seraient démobilisées, tout comme chacun de vos États a démobilisé son armée et sa marine en faveur d'une force fédérale de maintien de la paix au service de tout le groupe d'États que vous appelez maintenant un pays.

Les pays se réserveraient le droit de former et d'appeler leur propre milice à brève échéance, tout comme vos États ont chacun le droit constitutionnel de garder et d'activer une milice d'État.

Et, tout comme le font vos États à présent, chacun des 160 États-nations de l'Union des nations aurait le droit de se séparer de l'Union après un vote populaire (bien que leur raison éventuelle de le faire Me dépasse, car son peuple vivrait dans une plus grande sécurité et une plus grande abondance que jamais).

Et, une fois de plus, pour ceux d'entre nous qui sont lents, une telle fédération mondiale unifiée engendrerait...?

1. La fin des guerres entre pays et la résolution de conflits par le meurtre.

2. La fin de la pauvreté abjecte, de la mort par la faim, de l'exploitation massive des gens et des ressources par ceux qui sont au pouvoir.

3. La fin de la destruction systématique de l'écologie terrestre.

4. L'abandon de la lutte incessante pour acquérir plus gros, plus imposant et plus.

5. Une occasion, *véritablement* égale, pour *tous* les gens de s'élever à l'expression la plus élevée du Soi.

6. Une fin à toutes les formes de limitation et de discrimination qui retiennent les gens, que ce soit dans le logement, au travail, dans le système politique ou dans les relations sexuelles.

Ton nouvel ordre mondial exigerait-il une redistribution de la richesse?

Il n'exigerait rien. Il *produirait,* volontairement et automatiquement, une redistribution des *ressources.*

Par exemple, *tous* les gens pourraient recevoir une éducation convenable. *Tous* les gens pourraient avoir une chance égale d'utiliser cette éducation au travail, de mener des carrières qui leur apporteraient la *joie*.

Tous les gens auraient un accès garanti aux soins de santé chaque fois et de la manière dont ils en auraient besoin.

Tous les gens auraient la garantie de ne pas mourir de faim ou de ne pas devoir vivre sans vêtements ou logement adéquat.

Tous les gens auraient droit à la dignité fondamentale de la vie afin que la *survie* ne soit plus jamais un problème, de sorte que de simples formes de confort et de dignité fondamentales soient fournies à *tous* les êtres humains.

Même s'ils ne font rien pour les gagner?

Le fait que tu penses que ces choses doivent être *gagnées* est fondée sur l'idée que tu dois *gagner ta place au paradis*. Mais tu ne peux gagner ta place dans les bonnes grâces de Dieu, et tu n'as pas à le faire, car tu y es déjà. C'est une chose que tu ne peux accepter, car c'est une chose que tu ne peux *donner*. Lorsque tu apprendras à *donner* inconditionnellement (c'est-à-dire à *aimer* inconditionnellement), alors tu apprendras à *recevoir* inconditionnellement.

Cette vie a été créée en tant que véhicule de cette expérience.

Essaie d'épouser cette pensée : Les gens ont droit à la survie de base. Même s'ils n'ont *rien*. Même s'ils n'apportent *rien*. La survie dans la dignité est l'un des droits fondamentaux de la vie. Je t'ai donné suffisamment de ressources pour pouvoir garantir cela à chacun. Tout ce que tu as à faire, c'est de partager.

Mais alors, cela empêcherait les gens de gaspiller leur vie, de glander en récoltant des «avantages sociaux»?

Tout d'abord, il ne t'appartient pas de juger ce qu'est une vie gaspillée. Une vie est-elle gaspillée si une personne ne fait rien d'autre que de s'allonger à lire de la poésie pendant 70 ans, pour ensuite ne produire qu'un sonnet qui ouvrira une porte de compréhension et de clarté à des milliers de gens? Une vie est-elle gaspillée si une personne ment, triche, se livre à des combines, fait du tort, manipule et blesse d'autres gens toute sa vie, puis se rappelle ensuite quelque chose de sa nature véritable et par conséquent, se rappelle, peut-être, une chose qu'elle a passé des vies entières à essayer de se rappeler, et ainsi passe, à la fin, au Niveau Suivant de l'évolution? Cette vie est-elle «gaspillée»?

Il ne t'appartient pas de juger le cheminement d'une autre âme. Il t'appartient de décider qui Tu es, et non qui un autre a été ou n'a pas été.

Alors, tu demandes ce qui empêcherait les gens de se contenter de gaspiller leur vie, de glander en récoltant des «avantages sociaux» et la réponse est : rien.

Mais crois-Tu vraiment que ça fonctionnerait? Crois-tu que ceux qui contribuent vraiment ne développeraient aucun ressentiment vis-à-vis ceux qui ne contribuent pas?

Oui, ils en développeraient, s'ils ne sont pas éclairés. Mais ceux qui sont éclairés considéreraient ceux qui ne contribuent pas avec une grande compassion, et non avec du ressentiment.

De la compassion?

Oui, parce que ceux qui contribuent s'apercevraient que ceux qui ne contribuent pas manquent la plus grande chance et la plus grande gloire : la chance de créer et la gloire de faire l'expérience de l'idée *la plus élevée* de Qui Ils Sont Vraiment. Et ceux qui contribuent sauraient que c'était une punition suffisante pour leur paresse si, en effet, la punition était requise, ce qu'elle n'est pas.

Mais ceux qui contribuent vraiment ne seraient-ils pas vexés de voir que les fruits de leur labeur leur sont enlevés pour être donnés aux paresseux?

Tu n'écoutes pas. *Tous* recevraient des portions de survie minimales. Ceux qui ont davantage recevraient une chance d'offrir dix pour cent de leurs gains afin de rendre cela possible.

Quant à la façon dont on déciderait du revenu, le marché ouvert déterminerait la valeur des contributions, tout comme il le fait actuellement dans ton pays.

Mais alors, nous aurions *encore* des «riches» et des «pauvres», tout comme aujourd'hui! Ce n'est pas *de l'égalité*.

Mais c'est une chance égale. Chacun aurait la chance de vivre une existence de base sans s'inquiéter de la survie. Et chacun recevrait une *chance* égale d'acquérir la connaissance, de développer des habiletés et d'utiliser ses talents naturels dans le Lieu de Joie.

Le Lieu de Joie?

C'est ainsi qu'on appellera alors le «lieu de travail».

Mais n'y aura-t-il pas, tout de même, de l'envie?

De l'envie, oui. De la jalousie, non. L'envie est une émotion naturelle qui te pousse à lutter pour être davantage. C'est l'enfant de deux ans qui a hâte et qui s'empresse d'atteindre la poignée de porte que son grand frère peut atteindre. Il n'y a rien de mal à cela. Il n'y a rien de mal à l'envie. C'est une motivation. C'est un pur désir. Elle donne naissance à la grandeur.

La jalousie, par contre, est une émotion alimentée par la peur, qui fait qu'on veut que les autres aient moins. C'est une émotion souvent fondée sur l'amertume. Elle provient de la colère et mène à la colère. Et elle tue. La jalousie peut tuer. Quiconque s'est trouvé dans un triangle de jalousie sait cela.

La jalousie tue, l'envie donne naissance.

Les envieux recevront toutes les chances de réussir à *leur* façon. Personne n'aura d'empêchement économique, politique, social. Pas pour des motifs de race, de sexe ou d'orientation sexuelle. Pas pour des motifs de naissance, de statut social ou d'âge. Pour aucune raison. La discrimination pour *quelque* raison que ce soit ne sera tout simplement plus tolérée.

Et oui, il y aura peut-être encore des «riches» et des «pauvres», mais il n'y aura plus d'«affamés» et d'«indigents».

Tu vois, on n'enlèvera *pas* l'incitation de la vie... *seulement le désespoir*.

Mais qu'est-ce qui garantira que nous aurons suffisamment de contributeurs pour «supporter» ceux qui ne fournissent pas de contribution?

La grandeur de l'esprit humain.

Oh?

Contrairement à ta sombre croyance apparente, la personne moyenne ne se satisfera pas de la simple subsistance. De plus, toute l'incitation à la grandeur changera lorsque viendra le second changement de paradigme, le changement spirituel.

Qu'est-ce qui pourrait provoquer une tel changement? Il ne s'est pas encore produit en 2 000 ans d'histoire...

Plutôt deux *milliards* d'années d'histoire...

... de la planète. Pourquoi se produirait-il maintenant?

Parce qu'avec le changement par rapport à la survie matérielle, avec l'élimination du besoin de réussite forte afin d'acquérir un minimum de sécurité, il n'y aura pas d'autre raison d'atteindre, de se détacher, de devenir magnifique, sinon *l'expérience de la magnificence elle-même!*

Et ce sera une motivation suffisante?

L'esprit humain s'élève; devant une chance véritable, il ne tombe pas. L'âme cherche une expérience plus élevée d'elle-même, et non une expérience inférieure. Quiconque a fait l'expérience de la *vraie magnificence*, ne serait-ce qu'un instant, sait cela.

Et le pouvoir? Dans cette réorganisation particulière, il y en aurait encore qui posséderaient une richesse et un pouvoir extraordinaires.

Les gains financiers seraient limités.

Dis donc... c'est reparti. Veux-Tu expliquer comment ça pourrait fonctionner, avant que je t'explique pourquoi ça ne marchera pas?

Oui. Tout comme il y aurait des limites inférieures aux revenus, il y aurait également des limites supérieures. D'abord, presque tout le monde versera dix pour cent de ses revenus au gouvernement mondial. C'est la déduction volontaire de dix pour cent que j'ai déjà mentionnée.

Oui... la vieille proposition de l'«impôt uniforme».

Dans votre société actuelle, à cette époque-ci, cela devrait prendre la forme d'un impôt parce que vous n'êtes pas suffisamment éclairés pour voir que cette déduction volontaire, pour le bien commun de tous, est dans le meilleur de vos intérêts. Mais lorsque se produira le changement de conscience que J'ai décrit, vous trouverez tout à fait normale cette déduction ouverte, bienveillante et librement offerte à même votre récolte.

Il faut que je Te dise une chose. Puis-je T'interrompre ici pour Te dire quelque chose?

D'accord, vas-y.

Cette conversation me semble très étrange. Je n'ai jamais pensé que j'aurais une conversation avec Dieu dans laquelle Dieu se mettrait à recommander des politiques. Non mais, vraiment. Comment vais-je convaincre les gens que *Dieu est en faveur de l'impôt uniforme?*

Eh bien, Je vois que tu continues d'insister pour considérer cela comme un «impôt», mais Je comprends cela, car l'idée de tout simplement offrir de partager dix pour cent de ton abondance te semble étrangère. Mais pourquoi trouves-tu difficile de croire que J'aurais une idée là-dessus?

Je croyais que Dieu n'avait ni jugement ni opinion et ne se préoccupait pas de ce genre de choses.

Attends, mettons les choses au clair. Au cours de notre conversation précédente, que tu as appelée *Tome 1*, J'ai répondu à toutes sortes de questions. Des questions à propos des conditions de fonctionnement des relations, à propos du mode de vie juste, des questions de régime alimentaire, même. En quoi est-ce différent de ceci?

Je ne sais pas. Ça *paraît* différent, c'est tout. Écoute, as-Tu vraiment un point de vue politique? Es-tu membre en règle du Parti Républicain? Ce livre nous offre toute une vérité! Dieu est *Républicain.*

Tu préférerais que je sois Démocrate? Bonté divine!

C'est malin. Non, je préférerais que tu sois *apolitique.*

Je suis apolitique. Je n'ai aucun point de vue politique, quel qu'il soit.

Un peu comme Bill Clinton.

Ah, elle est bonne! Maintenant, c'est *toi* qui es malin! J'aime l'humour, pas toi?

Je crois que je ne m'attendais pas à ce que Dieu soit drôle *ou* politique.

Ou quoi que ce soit d'humain, hein?

D'accord, permets-Moi de situer à nouveau, à ton intention, ce livre ainsi que le Tome 1, d'ailleurs.

Je n'ai aucune préférence en ce qui concerne ta façon de mener ta vie. Mon seul désir est que tu fasses pleinement l'expérience de toi-même en tant qu'être créatif, afin que tu puisses connaître Qui Tu Es Vraiment.

Bien. Je comprends cela. Jusqu'ici, tout va bien.

Chacune des questions auxquelles J'ai répondu ici et chacune des demandes auxquelles J'ai répondu dans le Tome 1 a été entendue et a reçu une réponse dans le contexte de ce que toi, en tant qu'être créatif, tu dis tenter d'être et de faire. Par exemple, dans le Tome 1, tu M'as posé de nombreuses questions sur la façon dont les relations pourraient enfin fonctionner. T'en souviens-tu?

Oui, bien sûr.

Mes réponses t'ont-elles causé des problèmes? As-tu trouvé difficile de croire que J'aurais un point de vue là-dessus?

Je n'ai jamais pensé à cela. Je me contente de lire les réponses.

Mais tu vois, Je plaçais Mes réponses dans le contexte de tes questions. C'est-à-dire : compte tenu de ton désir d'être ou de faire ceci ou cela, comment procéder à ce propos? Et je t'ai montré une façon.

Oui, c'est vrai.

Je suis en train de faire la même chose ici.

Seulement, c'est... je ne sais pas... plus difficile de croire que Dieu dirait ces choses-ci que ce ne l'était de croire que Dieu dirait ces choses-là.

Trouves-tu plus difficile d'être *d'accord* avec certaines des choses qui sont dites ici?

Eh bien...

Parce que si c'est le cas, c'est très bien.

Vraiment?

Bien sûr.

C'est bien d'être en désaccord avec Dieu?

Certainement. Qu'est-ce que je suis en train de faire, selon toi : t'écraser comme un insecte?

Je n'étais pas rendu si loin dans ma pensée, en fait.

Regarde, le monde est en désaccord avec Moi depuis que tout a commencé. Presque personne n'a agi à Ma Façon depuis le début.

C'est vrai, j'imagine.

Tu parles si c'est vrai. Si les gens avaient suivi Mes instructions, que Je vous ai laissées grâce à des centaines d'enseignants pendant des milliers d'années, le monde serait très différent. Alors, si tu veux être en désaccord avec Moi à présent, ne te gêne pas. D'ailleurs, J'ai peut-être tort.

Quoi?

J'ai dit : d'ailleurs, J'ai peut-être tort. Oh, bonté... tu ne prends pas tout cela pour un *évangile*, j'espère?

Tu veux dire que je ne suis pas censé accorder foi à ce dialogue?

Holà, minute. Je crois que tu as loupé une grande partie de tout cela. Revenons à la case départ : tu es en train d'inventer tout cela.

Oh, alors, quel soulagement. Un moment, j'ai cru que je recevais vraiment des conseils réels.

Les conseils que tu reçois sont de *suivre ton cœur*. Écoute ton âme. Écoute ton *soi*. Même lorsque Je te donne une option, une idée, un point de vue, tu n'as aucune obligation de l'accepter comme si c'était à toi. Si tu es en désaccord, alors sois en *désaccord*. C'est *le seul but de cet exercice*. Il ne s'agissait pas de substituer à ta dépendance envers tout et tout le monde une *dépendance envers ce livre*. Il s'agissait de t'amener à *penser*. À penser tout seul. Voilà qui Je Suis à présent. Je suis toi, en train de *penser*. Je suis toi, en train de penser tout haut.

Tu veux dire que le contenu de ce livre ne provient pas de la Source la Plus Élevée?

Bien sûr que si! Mais voici la seule chose que tu ne puisses pas encore croire : *tu es la Source la Plus Élevée*. Et voici la seule chose que tu ne sembles pas encore saisir : *tu es en train de créer tout cela, toute ta vie, ici même, à l'instant même*. C'est toi... TOI... qui le crées. Pas Moi. TOI.

Alors, y a-t-il des réponses à ces questions purement politiques que tu n'aimes pas? *Dans ce cas, change-les*. Fais-le. Maintenant. Avant de te mettre à les prendre pour des *évangiles*. Avant de te mettre à les rendre *réelles*. Avant de te mettre à croire que ta dernière pensée à propos d'une chose est plus importante, plus valide, plus vraie que ta *prochaine* pensée.

Rappelle-toi, c'est toujours ta *nouvelle pensée* qui crée ta réalité.

Toujours.

Alors, trouves-tu quoi que ce soit dans notre discussion politique que tu veuilles changer?

Eh bien, pas vraiment. Je suis plutôt d'accord avec Toi, d'ailleurs. Je ne savais tout simplement pas quoi faire de tout cela.

Fais-en ce que tu veux. Ne comprends-tu pas? *C'est ce que tu fais de toute la vie!*

D'accord, très bien... je crois que j'ai pigé. J'aimerais poursuivre cette conversation, ne serait-ce que pour voir où elle s'en va.

Bien, faisons donc cela.

Tu étais sur le point de dire...

J'étais sur le point de dire que dans d'autres sociétés, des sociétés éclairées, le fait de mettre de côté un montant fixe de ce qu'on reçoit (de ce que vous appelez le «revenu»), destiné à servir au bien commun de la société, est une pratique plutôt courante. Selon le nouveau système que nous explorons pour votre société, chacun gagnerait autant que possible à chaque année, et retiendrait ses gains, jusqu'à une certaine limite.

Quelle limite?

Une limite arbitraire, sur laquelle tout le monde s'entendrait.

Et au-delà de cette limite?

Tout irait à la fiducie de charité mondiale *au nom du donateur*, pour que le monde entier connaisse ses bienfaiteurs.

Les bienfaiteurs auraient l'option d'un contrôle direct sur le déboursement de 60 pour cent de leur contribution, ce qui leur donnerait la satisfaction de mettre la plus grande part de leur argent exactement là où ils veulent.

Les autres 40 pour cent seraient alloués à des programmes promulgués par la fédération mondiale et administrés par elle.

Si les gens savaient qu'après une certaine limite de revenus, tout leur serait enlevé, quel serait leur incitation à continuer à travailler? Qu'est-ce qui les pousserait à ne pas s'arrêter à mi-chemin, une fois qu'ils auraient atteint leur «limite» de revenus?

Certains s'arrêteraient. Et alors? Qu'ils s'arrêtent. Le travail obligatoire au-delà de la limite de revenu, avec des contributions à la fiducie charitable mondiale, ne serait pas exigé. L'argent économisé à partir de l'élimination de la production massive d'armes de guerre serait suffisant pour subvenir aux besoins fondamentaux de chacun. La dîme de dix pour cent de tout ce qui est gagné dans le monde entier, en sus de ces épargnes, élèverait toute la société, pas seulement les privilégiés, à un niveau de dignité et d'abondance. Et les contributions excédant la limite convenue produiraient tant de chances et de satisfaction pour chacun que la jalousie et les colères sociales disparaîtraient presque.

Alors, *certains* cesseraient vraiment de travailler, surtout ceux qui considéraient leur activité comme un *véritable travail*. Mais ceux qui considéraient leur activité comme une *joie absolue* ne cesseraient jamais de travailler.

Un pareil emploi n'est pas à la portée de tout le monde.

Ce n'est pas vrai. C'est à la portée de tout le monde.
La joie au travail n'a rien à voir avec la fonction, et tout à voir avec le but.

La mère qui se réveille à quatre heures du matin pour changer la couche de son bébé comprend parfaitement cela. Elle chantonne et roucoule devant le bébé, et ce qu'elle fait ne lui semble absolument pas être du travail. Mais c'est son attitude à propos de ce qu'elle fait, c'est son intention à cet égard, c'est son *but*, lorsqu'elle entreprend cette activité, qui rend son activité vraiment joyeuse.

J'ai *déjà* utilisé cet exemple de maternité, car l'amour d'une mère pour son enfant, c'est ce qui se rapproche le plus de certains des concepts dont Je parle dans ce livre et dans cette trilogie.

Mais encore, quel serait le but de l'élimination d'un «potentiel de gains illimités»? Cela n'enlèverait-il pas à l'expérience humaine l'une de ses plus grandes chances, l'une de ses plus glorieuses aventures?

Tu aurais encore l'occasion et la chance de gagner une somme ridicule d'argent. La limite supérieure des retenues sur le revenu serait très élevée, plus élevée que les besoins de l'individu moyen... de dix individus moyens... Et la somme de tes revenus possibles serait sans limite : ce qui serait limité, ce serait uniquement la somme que tu choisirais de retenir pour ton usage personnel. Le reste, disons tout ce qui dépasse 25 millions $ par année (J'utilise un chiffre strictement arbitraire pour illustrer un argument), serait dépensé pour des programmes et des services qui bénéficieraient à toute l'humanité.

Quant à la raison, au *pourquoi* de cela...

La limite supérieure de revenu contrôlable serait le reflet d'un changement de conscience sur la planète; d'une prise de conscience que le but le plus élevé de la vie n'est pas d'accumuler la plus grande richesse, mais de faire le plus grand bien, et d'une prise de conscience corollaire que, en effet, la *concentration de la richesse*, et non son partage, est le plus grand facteur dans la création des dilemmes sociaux et politiques les plus durables et les plus frappants du monde.

L'occasion d'accumuler de la richesse, une richesse illimitée, est la pierre d'assise du système capitaliste, un système de libre entreprise et de compétition ouverte qui a produit la plus grande société que le monde ait jamais connue.

Le problème, c'est que tu crois cela.

Non, je ne le crois pas Mais je l'ai exprimé ici au nom de ceux *qui* le croient vraiment.

Ceux qui le croient vraiment se font d'immenses illusions et ne voient rien de la réalité actuelle sur votre planète.

Aux États-Unis, la fraction la plus élevée de la population, un et demi pour cent, détient plus de richesse que les 90 pour cent inférieurs. La valeur nette des 834 000 personnes les plus riches est supérieure de presque un trilliard de dollars à celle de *l'ensemble des*

84 millions de gens les plus pauvres.

Et alors? Ils ont travaillé pour l'avoir.

Vous autres, Américains, avez tendance à considérer le statut de classe comme une fonction de votre effort individuel. Comme certains ont «réussi», vous prenez pour acquis que n'importe qui le peut. Cette vision est simpliste et naïve. Elle prend pour acquis que chacun a une chance égale, tandis qu'en fait, en Amérique autant qu'au Mexique, les riches et les puissants luttent et se battent pour s'agripper à leur argent et à leur pouvoir *et pour les faire augmenter.*

Alors? Qu'y a-t-il de mal à cela?

Ils *le* font en *éliminant* systématiquement la compétition, en réduisant au *minimum*, par voie institutionnelle, les chances véritables et en *contrôlant* collectivement la circulation et la croissance de la richesse.

Ils le font par toutes sortes de moyens : des pratiques de travail injustes qui permettent d'exploiter les masses des pauvres du monde, jusqu'aux pratiques concurrentielles du réseau de vieux copains, qui réduisent au minimum (et détruisent presque) les chances d'un nouveau venu d'entrer dans le Cercle restreint des gens qui réussissent.

Ils cherchent alors à contrôler la politique et les programmes gouvernementaux dans le monde entier, afin de s'assurer *encore davantage* que les masses de gens demeurent réglés, contrôlés et soumis.

Je ne crois pas que les riches fassent cela. Pas la majorité. Il y a peut-être une poignée de conspirateurs, je suppose…

Dans la plupart des cas, ce ne sont pas les riches en tant qu'*individus* qui le font, mais les systèmes sociaux et les institutions qu'ils représentent. Ces systèmes et institutions ont été *créés* par les riches et les puissants, et ce sont les riches et les puissants qui continuent de les soutenir.

En appuyant de tels systèmes sociaux et institutions, ces individus peuvent se laver les mains de toute responsabilité personnelle quant aux conditions qui oppriment les masses tout en favorisant les riches et les puissants.

Par exemple, revenons aux soins de santé en Amérique. Des millions de pauvres en Amérique n'ont aucun accès aux soins médicaux préventifs. On ne peut pas pointer du doigt un individu médecin en disant : «C'est toi, c'est ta faute» si, dans le pays le plus riche du monde, des millions de gens ne peuvent entrer voir un médecin à moins d'être en sérieuse difficulté dans une salle d'urgence.

Aucun *individu* médecin n'est à blâmer pour cela, mais *tous les médecins en bénéficient*. Toute la profession médicale, et toute l'industrie alliée, jouit de profits sans précédents provenant d'un système de livraison des soins qui a *institutionnalisé* la discrimination envers les travailleurs pauvres et les chômeurs.

Et ce n'est qu'un exemple de la façon dont le «système» maintient les riches riches et les pauvres pauvres.

L'essentiel, c'est que ce sont les riches et les puissants qui soutiennent de telles structures sociales et qui *résistent obstinément à tout effort réel de les changer*. Ils s'opposent à toute approche politique ou économique qui cherche à fournir une chance véritable et une dignité authentique à tous les gens.

La plupart des riches et des puissants, pris individuellement, sont certainement des personnes sympathiques, dotées d'autant de compassion et de sympathie que quiconque. Mais mentionne un concept aussi menaçant pour *eux* que les limites annuelles de revenu (même des limites ridiculement élevées, telles que 25 millions $ annuellement), et ils commenceront à se plaindre de l'usurpation des droits individuels, de l'érosion de l'«American way» et de la «perte de motivation».

Mais que dire du droit de *tous* les gens à vivre dans un cadre d'une décence minimale, avec suffisamment de nourriture pour ne pas mourir de faim, suffisamment de vêtements pour rester au chaud? Et les droits des gens *de partout* à recevoir des soins de santé adéquats, le droit de ne pas avoir à souffrir ou à mourir de complications médicales relativement mineures, que les possédants surmontent en claquant du doigt?

Les ressources de votre planète, *y compris les fruits du labeur* des masses, des indescriptiblement pauvres qui sont continuellement et systématiquement exploités, appartiennent à tout le monde et non seulement à ceux qui sont suffisamment riches et puissants pour procéder à l'exploitation.

Voici comment fonctionne l'exploitation : vos riches industriels vont dans un pays ou une région où il n'y a aucun travail, où les gens sont démunis, où il existe une pauvreté abjecte. Les riches y établissent une usine, offrant à ces pauvres gens des emplois, parfois des emplois de dix, douze et quatorze heures par jour, pour des salaires inférieurs aux normes, pour ne pas dire *inférieurs à la dignité humaine*. Ce n'est pas suffisant, dis donc, pour permettre à ces travailleurs d'échapper à leurs villages infestés par les rats, mais juste assez pour les laisser vivre ainsi, par opposition à *n'avoir ni nourriture ni abri*.

Et lorsqu'on les interpelle là-dessus, ces capitalistes disent : «Eh, ils vivent tout de même mieux *qu'avant*, non? Nous avons *amélioré leur situation!* Les gens acceptent ces emplois, non? Dites donc, nous leur avons accordé des *chances!* Et c'est nous qui prenons tous les risques!»

Mais quel risque y a-t-il à payer des gens 75 cents l'heure pour fabriquer des souliers de course qui vont se vendre 125 $ la paire?

Est-ce un risque ou de l'exploitation pure et simple?

Un tel système d'obscénité crasse ne pourrait exister que dans un *monde motivé par l'avidité, où la marge de profit, et non la dignité humaine, est la première considération.*

Ceux qui disent que «par rapport aux normes de leur société, ces paysans se portent à *merveille!*» sont des hypocrites du pire acabit. Ils jetteraient une corde à un noyé, mais *refuseraient de le tirer vers la rive*. Puis ils se vanteraient du fait qu'*une corde vaut mieux qu'une pierre*.

Plutôt que d'élever les gens à la dignité véritable, ces possédants donnent aux démunis du monde juste assez pour les rendre dépendants, mais jamais suffisamment pour leur donner de pouvoir véritable. Car les gens qui ont un pouvoir économique véritable ont la capacité, ensuite, *d'agir* sur «le système», au lieu d'y être tout simplement soumis. Et c'est la dernière chose que veulent les créateurs du système!

Alors, la conspiration continue. Et pour la plupart des riches et des puissants, ce n'est pas une conspiration d'action, mais une *conspiration du silence*.

Alors, va, maintenant, poursuis ton chemin, et surtout, ne dis rien de l'obscénité d'un système socio-économique qui récompense un dirigeant de compagnie d'une prime de 70 millions de dollars pour avoir fait augmenter les ventes d'une boisson gazeuse, tandis que 70 millions de *gens* ne peuvent se permettre le luxe d'en boire, et encore moins de manger suffisamment pour rester en santé.

N'en vois *pas* l'obscénité. Appelle cela l'Économie mondiale de Libre Marché, et dis à chacun à quel point tu en es *fier*.

Mais il est écrit :
Si tu veux être parfait,
vends ce que tu as, et donne-le aux pauvres,
et tu auras un trésor au ciel.
Mais lorsque le jeune homme entendit cela, il partit,
plein de regrets,
car il avait un grand nombre de biens.

19

Je T'ai rarement vu si indigné. Dieu ne s'indigne pas. Cela prouve que Tu n'es pas Dieu.

Dieu est *tout* et Dieu *devient* tout. Il n'y a rien que Dieu ne soit pas et, tout ce dont Dieu fait l'expérience de Lui-même, Dieu en fait l'expérience en toi, en tant que toi, et à travers *toi*. C'est ton *indignation* que tu ressens à présent.

Tu as raison. Car je suis d'accord avec tout ce que Tu as dit.

Sache que chaque pensée que Je t'envoie, tu la reçois à travers le filtre de ta propre expérience, de ta propre vérité, de ta propre compréhension, et de tes propres décisions, choix et déclarations en ce qui concerne Qui Tu Es et Qui Tu Choisis d'Être. Tu n'as aucune autre façon de la recevoir. Tu n'as pas à la recevoir autrement.

Alors, c'est reparti. Es-Tu en train de me dire qu'aucune de ces idées et de ces sentiments ne sont les *Tiens*, que *tout ce livre* pourrait être faux? Es-Tu en train de me dire que toute cette expérience de ma conversation avec Toi n'est peut-être rien d'autre qu'une compilation de *mes* pensées et sentiments à propos d'une chose?

Envisage la possibilité que *Je sois en train de te donner* tes pensées et sentiments sur quelque chose (d'où supposes-tu qu'ils viennent?); que Je sois en train de co-créer tes expériences avec toi; que Je fasse partie de tes décisions, choix et déclarations. Considère la possibilité que Je t'aie choisi, en même temps que bien d'autres, pour être Mon messager, longtemps avant que ce livre ne prenne forme.

J'ai de la difficulté à croire cela.

Oui, nous avons vu tout cela au Tome 1. Mais Je vais parler à ce monde, notamment à travers mes enseignants et mes messagers. Et dans ce livre, je vais dire à ton monde que ses systèmes économique, politique, social et religieux sont primitifs. Je remarque que tu as l'arrogance collective de croire que ce sont les meilleurs. Je vois que la majorité d'entre vous résiste à tout changement, ou à toute amélioration, qui vous retire quoi que ce soit, même s'il peut aider quelqu'un.

Je le redis : ce qu'il faut à ta planète, c'est un changement massif de conscience. Un changement de votre conscience. Un respect renouvelé pour toute la vie, et une compréhension approfondie de l'interrelation de tout.

Eh bien, c'est Toi, Dieu. Si Tu n'aimes pas les choses comme elles sont, pourquoi ne les changes-Tu pas?

Comme Je te l'ai déjà expliqué, Ma décision depuis le début a été de te donner la liberté de créer ta vie, et par conséquent, ton Soi – comme tu l'entends. Tu ne peux connaître ton Soi en tant que Créateur si Je te dis quoi créer, comment le créer, et si Je t'oblige, te force ou te pousse ensuite à le faire. Si Je faisais cela, Mon dessein serait anéanti.

Mais maintenant, remarquons seulement ce qui a été créé sur ta planète, et voyons si ça ne t'indigne pas un peu.

Regardons seulement quatre des pages intérieures de l'un de tes grands quotidiens, une journée typique.

Prends le journal d'aujourd'hui.

D'accord. Nous sommes le samedi 9 avril 1994, et j'ai devant moi le *San Francisco Chronicle*.

Bien. Ouvre-le à n'importe quelle page.

Bien. Voici la page A-7.

Très bien. Qu'est-ce que tu y vois?

Le titre dit LES PAYS EN DÉVELOPPEMENT VONT DISCUTER DES DROITS DES TRAVAILLEURS.

Excellent. Continue.

L'article parle de ce qu'il appelle un «vieux schisme» entre pays industrialisés et pays en voie de développement à propos des droits des travailleurs. Les leaders de certains pays en développement «craignent qu'une campagne en vue d'étendre les droits des travailleurs puisse provoquer une façon officieuse de tenir leurs produits fabriqués à bas salaires à l'écart des marchés de consommation des pays riches».

On dit ensuite que les négociateurs du Brésil, de la Malaisie, de l'Inde, de Singapour et d'autres pays en développement ont refusé d'établir un comité permanent de l'Organisation mondiale du commerce qui pourrait être chargé d'élaborer une politique des droits des travailleurs.

De quels droits l'article parle-t-il?

Il parle des «droits fondamentaux des travailleurs» tels que les interdictions sur le travail forcé, l'établissement de normes de sécurité au travail, et une garantie de la chance de négocier collectivement.

Et pourquoi les pays en développement ne veulent-ils pas que ces droits fassent partie d'un accord international? Je vais te *dire* pourquoi. Mais d'abord, soyons clairs : ce ne sont pas les *travailleurs* de ces pays qui résistent à ces droits. Ces «négociateurs» pour les pays en développement sont ceux-là mêmes ou sont alliés de près avec ceux-là mêmes qui *possèdent et dirigent les usines*. Autrement dit : les riches et les puissants.

Comme aux jours d'avant le mouvement syndical en Amérique, ce sont les gens qui, à présent, bénéficient de l'exploitation massive des travailleurs.

Tu peux être certain qu'ils reçoivent en douce l'aide des milieux financiers des États-Unis et d'autres pays riches, où les industriels, qui ne peuvent plus exploiter injustement les travailleurs dans leur

propre pays, font de la sous-traitance avec des propriétaires d'usines dans ces pays en développement (ou construisent leurs propres usines là-bas) afin d'exploiter les travailleurs étrangers qui n'ont encore aucune protection face à l'usage qu'en font les autres pour augmenter leurs profits déjà obscènes.

Mais l'article dit que c'est notre gouvernement, l'administration actuelle, qui appuie l'adoption des droits des travailleurs dans le cadre d'un accord commercial mondial.

Votre leader actuel, Bill Clinton, est un homme qui croit aux droits fondamentaux des travailleurs, même si vos puissants industriels n'y croient pas. Il lutte courageusement contre les intérêts acquis des milieux financiers. D'autres présidents américains et des leaders à travers le monde ont été tués pour moins que cela.

Es-tu en train de dire que le président Clinton va être assassiné?

Disons seulement que d'immenses pouvoirs tenteront de le faire destituer. Il faut qu'ils le fassent sortir de là, tout comme ils devaient écarter John Kennedy il y a 30 ans.

Comme Kennedy avant lui, Bill Clinton fait exactement tout ce que les milieux financiers détestent. Non seulement insiste-t-il pour faire valoir les droits des travailleurs à travers le monde, mais il se place du côté du «petit peuple» plutôt que de l'establishment, à propos de presque toutes les questions sociales.

Il croit que chaque personne a le droit, par exemple, d'avoir accès à des soins de santé adéquats, qu'elle puisse ou non se permettre de payer les prix et les frais exorbitants dont profite la communauté médicale américaine. Il a dit que ces coûts devaient baisser. Depuis, il n'est pas très apprécié d'une autre très large proportion des riches et des puissants de l'Amérique, des fabricants de produits manufacturiers aux conglomérats de l'assurance, des corporations médicales aux propriétaires de commerces ayant à fournir une couverture décente à leurs travailleurs; un grand nombre des gens qui font à présent beaucoup d'argent vont devoir en faire un petit peu moins si on accorde les soins de santé universels aux pauvres de l'Amérique. Cela ne fait pas de M. Clinton l'homme le plus apprécié du pays. Du moins, pas auprès de certains éléments, qui ont déjà prouvé en ce siècle qu'ils ont la capacité de faire destituer un président.

Es-Tu en train de dire...?

Je suis en train de dire que la lutte entre les nantis et les démunis se poursuit sans relâche et qu'elle est endémique sur votre planète. Il en sera toujours ainsi tant que les intérêts économiques, plutôt que les intérêts humanitaires, dirigeront le monde, aussi longtemps que le corps de l'homme, et non l'âme de l'homme, sera la préoccupation la plus élevée de l'homme.

Eh bien, j'imagine que tu as raison. À la page A-14 du même journal, il y a un titre : LA RÉCESSION PROVOQUE LA COLÈRE EN ALLEMAGNE. Le sous-titre dit : «Avec le taux de chômage le plus élevé depuis la guerre, l'écart s'élargit à nouveau entre les riches et les pauvres.»

Oui. Et que dit l'article?

Il parle de grands troubles chez les ingénieurs, professeurs, scientifiques, employés d'usines, menuisiers et cuisiniers mis à pied au pays. Il dit que le pays a été frappé par des épreuves économiques, et qu'il y a «des sentiments répandus que ces difficultés n'ont pas été distribuées équitablement».

C'est vrai. Elles ne l'ont pas été. L'article dit-il ce qui a provoqué autant de mises à pied?

Oui. Il dit que les employés en colère sont «des travailleurs dont les employeurs ont déménagé dans des pays où la main-d'œuvre est meilleur marché».

Aha! Je me demande si un grand nombre des lecteurs du *San Francisco Chronicle* d'aujourd'hui ont vu le rapport entre les articles des pages A-7 et A-14.

L'article indique également que lorsque viennent les mises à pied, les travailleuses sont les premières à partir. Il dit que «les femmes comptent pour plus de la moitié des chômeurs de tout le pays, et presque les deux tiers dans l'Est».

Bien sûr. Alors, Je continue de souligner, même si la plupart d'entre vous ne voulez pas le voir ou l'admettre, que votre mécanisme socio-économique établit *systématiquement* une discrimination contre certaines classes de gens. Vous ne fournissez pas une chance égale, malgré vos prétentions. Mais vous avez besoin de croire votre fiction à propos de cela, afin de continuer à vous sentir bien dans votre peau, et vous avez généralement du ressentiment envers quiconque vous montre la vérité. Vous nierez tous l'évidence même si on vous la présente.

Votre société est une société d'autruches.

Eh bien, qu'y a-t-il *d'autre* dans le journal, aujourd'hui?

À la page À-4, il y a un article qui annonce de NOUVELLES PRESSIONS DU GOUVERNEMENT FÉDÉRAL POUR METTRE FIN À UN PRÉJUGÉ CONCERNANT L'HABITATION. Il dit : «Les représentants du gouvernement fédéral concernant l'habitation sont en train d'établir un plan qui obligerait... les efforts les plus sérieux jamais entrepris afin d'éliminer la discrimination raciale dans le domaine du logement.»

Ce que tu dois te demander, c'est : Pourquoi de tels efforts doivent-ils être obligatoires?

Nous avons une Loi sur la Justice dans le logement qui interdit de refuser des locataires en se fondant sur la race, la couleur, la religion, le sexe, l'origine nationale, l'incapacité physique ou la composition familiale. Mais nombre de communautés locales ont fait bien peu pour éliminer de tels préjugés. Bien des gens dans ce pays croient encore qu'une personne devrait être capable de faire ce qu'elle veut avec sa propriété privée, y compris la louer ou non à qui elle veut.

Mais si on permettait à tous ceux qui possèdent une propriété à louer de faire de tels choix, et si ces choix avaient tendance à refléter une conscience de groupe et une attitude généralisée envers certaines catégories et classes de gens, alors des segments entiers de la population pourraient perdre systématiquement toute chance de trouver des *lieux d'habitation convenables et bon marché*. Et faute de de logements convenables et bon marché, les barons fonciers et les marchands de sommeil seraient capables d'exiger des prix exorbitants pour des logements affreux, ne fournissant que peu ou pas d'entretien. Et une fois de plus, les riches et les puissants exploitent les masses, cette fois sous l'appellation «droits sur la propriété».

Tout de même : les propriétaires doivent avoir *certains* droits.

Mais quand les droits d'une minorité enfreignent-ils ceux du plus grand nombre?

C'est, et ça a toujours été, la question qu'affronte toute société civilisée.

Vient-il un temps où le bien supérieur de tous prime sur les droits individuels? La société a-t-elle une responsabilité envers elle-même?

Vos lois sur l'équité dans le logement sont votre façon de dire oui.

Tous les échecs de ces démarches visant à suivre et à faire respecter ces lois, c'est une façon, pour les riches et les puissants, de dire : «Non, tout ce qui compte, ce sont *nos* droits.»

Une fois de plus, votre président actuel et son administration obligent à débattre de la question. Les présidents américains n'ont pas tous mis autant de volonté à s'opposer aux riches et aux puissants sur un front de plus.

Je vois. L'article du journal dit que les représentants de l'administration Clinton concernant les questions de logement ont lancé plus d'enquêtes sur la discrimination dans le logement dans la courte période où ils ont été en poste *qu'on ne l'avait fait au cours des dix années précédentes*. Un porte-parole de la Fair Housing Alliance, un groupe conseil national de Washington, dit que l'insistance de l'administration Clinton pour qu'on respecte les statuts sur l'équité en habitation était une chose qu'ils avaient essayé d'obtenir d'autres administrations pendant des années.

Ainsi, ce président actuel se fait encore plus d'ennemis chez les riches et les puissants : les fabricants et les industriels, les compagnies pharmaceutiques et les firmes d'assurance, les médecins et les conglomérats médicaux, et les propriétaires investisseurs. Tous des gens ayant de l'argent et de l'influence.

Comme on l'a observé plus tôt, attends-toi à ce que Clinton ait de la difficulté à rester en poste.

En ce moment même, en avril 1994, la pression monte contre lui.

Ton journal du 9 avril 1994 te dit-il autre chose à propos de la race humaine?

Eh bien, revenons à la page A-14 : il y a une photo d'un leader politique russe brandissant les poings. Sous la photo, il y a une dépêche intitulée JIRINOVSKI S'ATTAQUE À DES COLLÈGUES AU PARLEMENT. L'article fait remarquer que Vladimir Jirinovski «s'est lancé dans une autre bagarre aux poings hier», frappant un opposant politique et lui criant au visage : «Je te ferai pourrir en prison! Je t'arracherai la barbe poil par poil!»

Et tu te demandes pourquoi des *pays* déclarent la guerre? Voici un leader important d'un mouvement politique de masse et qui, dans les couloirs du Parlement, doit prouver sa virilité en *frappant ses opposants*.

Votre race est très primitive, et la force est tout ce que vous comprenez. Il n'y a pas de loi véritable sur votre planète. La Loi Véritable, c'est la Loi Naturelle, qui est inexplicable et qu'on n'a pas *besoin* d'expliquer ou d'enseigner. On peut *l'observer*.

La loi véritable est celle sur laquelle les gens s'entendent librement pour être gouvernés parce qu'ils sont gouvernés par elle, naturellement. Par conséquent, leur accord n'est pas tant un accord qu'une reconnaissance mutuelle de ce qui est Tel.

Il n'est pas nécessaire de faire respecter ces lois. Elles sont déjà en application, par le simple expédient de la conséquence indéniable.

Permets-Moi de te donner un exemple. Des êtres hautement

évolués ne se frappent pas sur la tête avec un marteau, parce que cela fait mal. Pour la même raison, ils ne frappent *personne* sur la tête avec un marteau.

Des êtres évolués ont remarqué que, si vous frappez quelqu'un d'autre avec un marteau, cette personne a mal. Si vous continuez de le faire, cette personne se met en colère. Si vous continuez de la mettre en colère, elle se trouve un marteau et finit par vous frapper. Les êtres évolués savent par conséquent que, si vous frappez quel-qu'un d'autre avec un marteau, c'est vous-même que vous frappez avec ce marteau. Peu importe si vous avez plus de marteaux ou un plus gros marteau. Tôt ou tard, vous allez vous faire faire mal.

Ce résultat, on peut l'observer.

Les êtres non évolués, des êtres *primitifs*, observent la même chose. Sauf qu'ils s'en fichent.

Les êtres évolués n'essaient pas de jouer à celui-qui-a-le-plus-gros-marteau-l'emporte. Les êtres primitifs ne jouent à rien d'autre.

Incidemment, c'est largement un jeu de mâles. Chez votre espèce, très peu de femmes veulent jouer aux marteaux-qui-font-mal. Elles jouent un nouveau jeu. Elles disent: «Si j'avais un marteau, je martèlerais la justice, je martèlerais la liberté, je martèlerais l'amour entre mes frères et mes sœurs, partout dans ce pays» [Chanson populaire].

Es-tu en train de me dire que les femmes sont plus évoluées que les hommes?

Là-dessus, je ne fais aucun jugement dans un sens ou un autre. Je me contente d'observer.

Tu vois, on peut observer la vérité, comme la loi naturelle.

Alors, toute loi qui n'est pas la loi naturelle n'est pas observable; il faut donc vous l'expliquer. Il faut vous dire pourquoi c'est dans votre intérêt. Il faut vous le montrer. Ce n'est pas une tâche facile, car si une chose est dans votre intérêt, *elle est évidente*.

Il ne faut vous expliquer que ce qui n'est pas évident.

Il faut une personne très rare et très déterminée pour convaincre les gens de quelque chose qui n'est pas évident. À cette fin, vous avez inventé les politiciens.

Et le clergé.

Les scientifiques ne parlent pas beaucoup. Ils n'ont pas l'habitude d'être très bavards. Ils n'ont pas à l'être. S'ils mènent une expérience, et si elle réussit, ils vous montreront tout simplement ce qu'ils ont fait. Les résultats en disent assez long. Donc, les scientifiques sont habituellement des gens discrets, pas très bavards. Pour eux, ce n'est pas nécessaire. La raison de leur travail est évidente. De plus, s'ils essaient une chose et qu'ils échouent, ils n'ont rien à dire.

Ce n'est pas le cas des politiciens. Même lorsqu'ils *échouent*, ils parlent. En fait, parfois, plus ils échouent, plus ils parlent.

La même chose est vraie des religions. Plus elles échouent, plus elles parlent.

Mais Je te dis ceci.

La Vérité et Dieu se retrouvent au même endroit : dans le silence.

Lorsque tu as trouvé Dieu, et lorsque tu as trouvé la vérité, il n'est pas nécessaire d'en parler. C'est évident.

Si tu *parles* beaucoup de Dieu, c'est probablement parce que tu cherches encore. Ça va. C'est bien. Sache seulement où tu te trouves.

Mais les maîtres parlent tout le temps de Dieu. C'est tout ce dont *nous* parlons dans ce *livre*.

Tu enseignes ce que tu choisis d'apprendre. Oui, ce livre parle de Moi, ainsi que de la vie, ce qui fait de ce livre un très bon exemple. Tu t'es engagé à écrire ce livre parce *que tu cherches encore*.

Oui.

En effet. Et la même chose est vraie de ceux qui sont en train de le lire.

Mais nous parlions de la création. Tu M'as demandé, au début de ce chapitre pourquoi Je ne change pas ce que Je n'aime pas et que Je vois sur Terre.

Je n'ai aucun jugement à propos de ce que tu fais. Je me contente de l'observer et, de temps à autre, comme Je l'ai fait dans ce livre, de le décrire.

Mais maintenant, Je dois te demander, oublie Mes observations et Mes descriptions, comment tu te sens à propos de ce que tu as observé des créations qui ont cours sur ta planète? Tu as pris des articles d'une même journée, et jusqu'ici tu as découvert que :

· Les pays refusent d'accorder les droits fondamentaux aux travailleurs.

· Les riches deviennent plus riches et les pauvres deviennent plus pauvres devant une crise économique en Allemagne.

· Le gouvernement doit obliger les propriétaires à obéir aux lois sur l'absence de discrimination dans le domaine du logement aux États-Unis.

· Un puissant leader dit à des adversaires politiques : «Je vais te faire pourrir en prison! Je vais t'arracher la barbe poil par poil!» tout en lui donnant des coups de poing au visage sur le parquet du parlement russe.

Ce journal peut-il Me monter autre chose à propos de votre société «civilisée»?

Eh bien, il y a un article en page A-13 intitulé CE SONT LES CIVILS QUI SOUFFRENT LE PLUS DE LA GUERRE CIVILE EN ANGOLA. Sous le titre, on dit : «Dans les zones rebelles, l'élite vit dans le luxe pendant que des milliers de gens meurent de faim.»

Ça suffit. Je commence à me faire une idée. Et c'est dans le journal d'une seule journée?

Une *section* du journal d'une journée. Je n'ai pas terminé la section A.

Alors, Je le répète : les systèmes économiques, politiques, sociaux et religieux de votre monde sont *primitifs*. Je ne ferai rien pour changer cela, pour les raisons que J'ai exposées. Vous devez avoir une *liberté de choix* et un *libre arbitre* concernant ces questions, afin de faire l'expérience de Mon dessein le plus élevé pour vous, qui est de vous connaître en tant que Créateur.

Et jusqu'ici, après tous ces millénaires, vous êtes rendus à ce point, voilà ce que vous avez créé.

Est-ce que ça ne vous indigne pas?

Mais vous avez fait une bonne chose. Vous êtes venus Me demander conseil.

À maintes reprises, votre «civilisation» s'est tournée vers Dieu, demandant : «Où nous sommes-nous trompés?» «Comment pouvons-nous mieux faire?» Le fait que vous ayez systématiquement ignoré Mon conseil à toute autre occasion ne M'empêche pas de vous l'offrir à nouveau. Comme un bon parent, Je veux toujours offrir une observation utile lorsqu'on me la demande. Également comme un bon parent, Je veux bien continuer de vous aimer même si vous m'ignorez.

Alors, Je décris les choses telles qu'elles sont vraiment. Et Je vous dis comment vous pouvez mieux faire. Je le fais d'une façon qui provoque une certaine indignation chez vous parce que Je veux attirer votre attention. Je vois que Je l'ai fait.

Qu'est-ce qui pourrait provoquer le changement de conscience massif dont Tu as parlé à maintes reprises dans ce livre?

Il se produit présentement un lent effritement. Nous sommes en train de débarrasser graduellement le bloc de granit qu'est l'expérience humaine de son excès inutile, comme un sculpteur enlève un éclat après l'autre pour créer et révéler la véritable beauté de la sculpture finale.

«Nous»?

Toi et Moi, à travers notre travail dans ces livres, et un très grand nombre d'autres, tous messagers. Des écrivains, des artistes, des producteurs de télévision et de cinéma. Des musiciens, des chanteurs, des acteurs, des danseurs, des enseignants, des chamanes, des gourous. Des politiciens, des leaders (oui, il y en a de très bons, de très sincères), des médecins, des avocats (oui, il y en a de très bons, de très sincères!), des mères et des pères, des grands-mères et des grands-pères dans les salons, les cuisines et les arrière-cours de toute l'Amérique et du monde entier.

Vous êtes des éclaireurs, des phares.

Et la conscience de bien des gens est en train de changer.

Grâce à vous.

Est-ce qu'il faudra une calamité mondiale, un désastre de proportions gigantesques, comme certains l'ont affirmé? La Terre devra-t-elle s'incliner sur son axe, se faire heurter par un météore, avaler des continents entiers, pour que les gens écoutent? Devons-nous recevoir la visite d'êtres de l'espace et avoir la frousse de notre vie avant d'avoir suffisamment de vision pour réaliser que nous ne faisons tous qu'Un? Nous faudra-t-il affronter une menace mortelle avant d'avoir le courage de trouver une nouvelle façon de vivre?

Des événements aussi draconiens ne sont pas nécessaires, mais pourraient se produire.

Se produiront-ils *vraiment*?

T'imagines-tu qu'on puisse prévoir l'avenir, même lorsqu'on est Dieu? Je te dis ceci : Ton avenir est à créer. Crée-le comme tu le veux.

Mais plus tôt Tu as dit que, dans la nature véritable du temps, il n'y avait aucun «futur»; que toutes les choses se passent dans l'Instant, dans l'Éternel Instant de Maintenant.

C'est vrai.

Eh bien, y a-t-il des tremblements de terre, des inondations et des météores qui frappent la planète «maintenant», ou non? Ne me dis pas qu'en tant que Dieu Tu ne sais *pas*.

Veux-tu que ces choses arrivent?

Bien sûr que non. Mais *Tu* as dit que tout ce qui *va* arriver *est* déjà arrivé, est en train d'arriver maintenant.

C'est vrai. Mais l'Éternel Instant de Maintenant est également en *changement perpétuel.* C'est comme une mosaïque; elle est toujours là, mais en changement constant. Tu ne peux cligner des yeux, car ce sera différent quand tu ouvriras les yeux à nouveau. Observe! Regarde! Tu vois? Elle repart!

JE SUIS EN CHANGEMENT CONSTANT.

Qu'est-ce qui Te fait changer?

L'idée que tu te fais de Moi! Ta pensée à propos de tout cela, voilà ce qui Le fait changer, *instantanément.*

Parfois, le changement dans le Tout est subtil, quasi impossible à discerner, selon le pouvoir de la *pensée.* Mais quand la pensée est intense, ou *collective*, il se produit alors un impact immense, un incroyable effet.

Tout change.

Alors, y *aura*-t-il le genre de calamité majeure, à l'échelle de la Terre, dont Tu as parlé?

Je ne sais pas. Aura-t-elle lieu?

C'est toi qui décides. Rappelle-toi, tu choisis ta réalité *maintenant.*

Je choisis qu'elle n'arrive pas.

Alors, elle n'arrivera pas. À moins qu'elle n'arrive.

C'est reparti.

Oui. Tu dois apprendre à vivre dans la contradiction. Et tu dois comprendre la plus grande vérité : Rien n'a d'importance.

Rien n'a d'importance?

Je t'expliquerai cela dans le Tome 3.

Alors... ça va, mais Je n'aime pas devoir attendre à propos de ces choses.

Il y a déjà tant de choses ici à absorber pour toi. Donne-toi du temps. Donne-toi de l'espace.

Pouvons-nous ne pas nous séparer encore? J'ai l'impression que Tu t'en vas. Tu commences toujours à parler ainsi quand Tu

es prêt à partir. J'aimerais parler de quelques autres choses...
comme, par exemple, les êtres de l'espace, *existent-ils* vraiment?

En fait, nous allons parler de cela, aussi, dans le Tome 3.

Oh, allez, donne-moi un aperçu, un indice.

Tu veux savoir s'il y a de la vie intelligente ailleurs dans l'univers?
Oui. Bien sûr.

Est-elle aussi primitive que la nôtre?

Certaines des formes de vie sont plus primitives, d'autres moins.
Et certaines sont beaucoup plus avancées.

Avons-nous reçu la visite de tels êtres extraterrestres?

Oui. De nombreuses fois.

Dans quel but?

Pour la recherche. Dans certains cas, pour aider en douce.

De quelle façon?

Oh, ils donnent un coup de main de temps à autre. Par exemple,
tu sais sûrement que vous avez fait plus de progrès technologique au
cours des 75 dernières années que dans *toute l'histoire humaine
antérieure*.

Oui, je suppose.

T'imagines-tu que toutes choses, des tomographies au vol super-
sonique en passant par les puces électroniques que vous implantez
dans votre corps pour régler votre cœur, que tout cela est venu de
l'esprit humain?

Eh bien... oui!

Alors, pourquoi l'homme ne les a-t-il pas inventées il y a des
milliers d'années?

Je ne sais pas. La technologie n'était pas disponible,
j'imagine. Je veux dire : une chose mène à une autre. Mais la
technologie de départ n'était pas là, jusqu'à ce qu'elle arrive.

Tout cela est un processus d'évolution.

Ne trouves-tu pas étrange qu'au cours de ce processus d'un milliard d'années d'évolution, il y a environ de 75 à 100 ans, il y ait eu une immense «explosion de compréhension»?

Ne trouves-tu pas *inhabituel* que nombre des gens, actuellement, sur la planète, aient vu le développement de tout, de la radio au radar à la radionique au *cours de leur vie*?

Ne vois-tu pas que ce qui s'est passé ici représente un saut quantique? Un pas en avant d'une telle ampleur et d'une proportion telle qu'il peut défier toute progression logique?

Qu'es-Tu en train de dire?

Je dis : envisage la possibilité que vous ayez reçu de l'aide.

Si nous avons «reçu de l'aide» technologique, pourquoi ne recevons-nous pas d'aide spirituelle? Pourquoi ne nous fournit-on pas d'assistance en ce qui concerne ce «changement de conscience»?

Tu es en train d'en recevoir.

Moi?

Qu'est-ce que c'est que ce livre, selon toi?

Hmmm.

De plus, chaque jour, de nouvelles idées, de nouvelles pensées, de nouveaux concepts sont placés devant toi.

Le processus de changement de la conscience, d'augmentation de la conscience spirituelle, d'une planète entière, est un lent processus. Il demande du temps et beaucoup de patience. Des vies. Des générations.

Mais lentement, vous y arrivez. Doucement, vous êtes en train de changer. Tranquillement, il y a un changement.

Et Tu es en train de me dire que des êtres de l'espace sont en train de nous aider à ce propos?

En effet. Ils sont parmi vous, actuellement, en grand nombre. Ils vous aident depuis des années.

Mais pourquoi ne se font-ils pas connaître? Pourquoi ne se révèlent-ils pas? Est-ce que ça ne doublerait pas leur impact?

Leur but est d'aider au changement que, selon eux, la plupart d'entre vous désirent, et non de le créer; d'engendrer, et non de forcer.

S'ils devaient se révéler eux-mêmes, vous seriez obligés, par le seul pouvoir de leur présence, de leur accorder un grand honneur et de donner un grand poids à leurs paroles. Il vaut mieux que la masse des gens atteignent leur propre sagesse. On ne se débarrasse pas aussi aisément, peu s'en faut, de la sagesse qui vient de l'intérieur que de la sagesse qui vient d'un autre. Vous avez tendance à vous accrocher beaucoup plus longtemps à ce que vous avez créé qu'à ce qu'on vous a dit.

Les verrons-nous jamais; arriverons-nous jamais à connaître ces visiteurs extraterrestres pour ce qu'ils sont vraiment?

Oh, oui. Le moment viendra où votre conscience s'élèvera et où votre peur se retirera, et alors, ils se révéleront à vous.

Certains d'entre eux l'ont déjà fait, avec une poignée de gens.

Et la théorie, qui devient maintenant de plus en plus répandue, selon laquelle ces êtres sont en réalité malveillants? Y en a-t-il qui nous veulent du mal?

Y a-t-il des humains qui vous veulent du mal?

Oui, bien sûr.

Certains de ces êtres, les moins évolués, vous pouvez les juger de la même façon. Mais rappelle-toi Mon injonction. Ne juge pas. Personne ne fait rien d'inconvenant par rapport à son modèle de l'univers.

Certains êtres sont avancés au point de vue technologique, mais pas au point de vue de la pensée. Votre race est plutôt de ce genre-là.

Mais si ces êtres malveillants sont si avancés technologiquement, ils pourraient sûrement nous détruire. Qu'est-ce qui les arrête?

Vous êtes protégés.

Vraiment?

Oui. On vous donne la chance de vivre votre propre destin. C'est votre propre conscience qui créera le résultat.

Ce qui veut dire?

Ce qui veut dire qu'en ceci, comme en toutes choses, ce que tu penses, c'est ce que tu obtiens.

Ce dont tu as peur, c'est ce que tu attires à toi.

Ce à quoi tu résistes persiste.

Ce que tu regardes disparaît, et te donne une chance de le recréer à partir de zéro, si tu veux, ou de le bannir à jamais de ton expérience.

Ce que tu choisis, tu en fais l'expérience.

Hmmm. Quoi qu'il en soit, ça ne semble pas s'appliquer à ma propre vie.

C'est parce que tu doutes du pouvoir. Tu doutes de Moi.

Ce n'est probablement pas une bonne idée.

Certainement pas.

20

Pourquoi les gens doutent-ils de Toi?

Parce qu'ils doutent d'eux-mêmes.

Pourquoi doutent-ils d'eux-mêmes?

Parce que c'est ce qu'on leur a dit; c'est ce qu'on leur a enseigné.

Qui a fait cela?

Des gens qui prétendaient Me représenter.

Je ne vois pas. Pourquoi?

Parce que c'était une façon, la seule, de contrôler les gens. Tu *dois* douter de toi-même, tu vois, sinon tu t'approprierais tout ton pouvoir. Ce ne serait pas bien. Ce ne serait pas bien du tout. Pas pour les gens qui détiennent actuellement le pouvoir. Ils détiennent le pouvoir qui t'appartient, et ils le savent. Et la seule façon de s'y agripper est de conjurer le mouvement du monde vers la prise de conscience, puis la résolution, des deux plus grands problèmes de l'existence humaine.

Qui sont?

Eh bien, J'en ai parlé à maintes reprises dans ce livre. Pour résumer, alors...

La plupart des problèmes et des conflits mondiaux, sinon tous, et tous vos problèmes et conflits en tant qu'individus, seraient résolus si, en tant que société, vous :

1. Abandonniez le concept de Séparation.
2. Adoptiez le concept de Visibilité.

Ne vous considérez plus jamais comme des êtres séparés les uns des autres, et ne vous considérez jamais séparés de Moi. Ne dites jamais que toute la vérité à quiconque, et n'acceptez plus jamais rien de moins que votre vérité la plus grandiose à Mon propos.

Le premier choix engendrera le second, car lorsque tu verras et comprendras que tu ne fais qu'Un avec Chacun, alors tu ne pourras ni mentir ni retenir d'information importante ni être rien d'autre que totalement visible avec tous les autres *parce que tu sauras clairement qu'il est dans le meilleur de tes intérêts de le faire.*

Mais ce changement de paradigme exigera une grande sagesse, un grand courage et une détermination massive. Car la Peur va frapper au cœur de ces concepts et les qualifier de faux. La Peur va dévorer le cœur de ces magnifiques vérités et les fera paraître vides. La Peur va déformer, dédaigner, détruire. Ainsi, la Peur sera votre plus grand ennemi.

Vous ne pourrez vivre dans, ni même créer, le monde dont vous avez toujours rêvé si vous ne reconnaissez pas, avec sagesse et clarté, la vérité ultime : ce que tu fais aux autres, c'est à toi-même que tu le fais; ce que tu négliges de faire aux autres, c'est à toi-même que tu négliges de le faire; la douleur des autres est tienne et la joie des autres est tienne, et lorsque tu désavoues quelque partie que ce soit, tu désavoues une partie de toi-même. Le temps est venu de te *réapproprier.* Le temps est venu de chercher à nouveau Qui Tu Es Vraiment, et ainsi, de te rendre à nouveau visible. Car lorsque toi et ta vraie relation à Dieu deviendrez visibles, alors Nous serons *indivisibles.* Et rien ne Nous divisera plus jamais.

Et même si tu vis encore dans l'illusion de la séparation, sers-t'en comme d'un outil afin de recréer ton Soi, et tu passeras de façon éclairée d'une incarnation à une autre, voyant l'illusion pour ce qu'elle est, l'utilisant de façon ludique et joyeuse pour faire l'expérience de tout aspect de Qui Nous Sommes dont il te plaise de faire l'expérience, mais sans jamais plus l'accepter comme une réalité. Tu n'auras plus jamais à utiliser le stratagème de l'oubli afin de recréer ton Soi, mais tu utiliseras la Séparation sciemment, tout simplement en choisissant de te manifester en tant que Ce Qui Est Séparé pour une raison et dans un but particuliers.

Et lorsque tu seras ainsi éclairé, c'est-à-dire, une fois de plus rempli de lumière, tu pourras même choisir, comme raison particulière de retourner à la vie physique, de r-appeler les autres. Tu pourras choisir de retourner à cette vie physique, non pas pour créer et faire l'expérience de tout nouvel aspect de ton Soi, mais pour apporter la lumière de la vérité en ce lieu d'illusion, afin que d'autres puissent voir. Puis tu seras un «messager de la lumière». Alors, tu feras partie de L'Éveil. D'autres l'ont déjà fait.

Ils sont venus ici pour nous aider à savoir Qui Nous Sommes.

Oui. Ce sont des âmes éclairées, des âmes qui ont évolué. Elles ne cherchent plus de meilleure expérience d'elles-mêmes. Elles ont déjà fait l'expérience la plus élevée. À présent, elles désirent seulement vous apporter la nouvelle de cette expérience. Elles vous apportent la «bonne nouvelle». Elles vous montreront la voie et la vie de Dieu. Elles disent : «Je suis la voie et la vie. Suivez-moi.» Puis elles vous donneront un exemple de ce que c'est que de vivre dans la gloire éternelle de l'union consciente avec Dieu, qui s'appelle la Conscience de Dieu.

Nous sommes toujours unis, toi et Moi. Nous ne pouvons pas ne pas l'être. C'est tout simplement impossible. Mais tu vis à présent l'expérience inconsciente de cette unification. Il est également possible de vivre dans le corps physique en union consciente avec Tout Ce Qui Est; dans la conscience de la vérité ultime; dans l'expression consciente de Qui Tu Es Vraiment. Lorsque tu fais cela, tu sers de modèle à tous les autres, les autres qui vivent dans l'oubli. Tu deviens un r-appel vivant. Et en cela, tu évites aux autres de se perdre à jamais dans leur oubli.

Voilà l'enfer : se perdre à jamais dans l'oubli. Mais Je ne le permettrai pas. Je ne permettrai pas à une seule brebis de se perdre, j'enverrai... un berger.

En effet, J'enverrai bien des bergers, et tu pourras choisir d'en être un. Et lorsque tu réveilleras les âmes de leur sommeil, qu'elles se r-appelleront une fois de plus Qui Elles Sont, tous les anges du ciel se réjouiront pour ces âmes. Car elles étaient perdues, et elles seront retrouvées.

Il y a des gens, des saints qui sont comme cela, maintenant, sur notre planète. N'est-ce pas? Pas seulement dans le passé, mais maintenant?

Oui. Il y en a toujours eu. Il y en aura toujours. Je ne vous laisserai pas dépourvus de maîtres; Je n'abandonnerai pas le troupeau; Je lui enverrai toujours Mes bergers. Il y en a actuellement un grand nombre sur votre planète, de même que dans certaines parties de l'univers. Dans certaines parties de l'univers, ces êtres vivent ensemble en communion constante et en expression constante de la vérité la plus élevée. Ce sont les sociétés éclairées dont J'ai parlé. Elles existent, elles sont réelles et elles vous ont envoyé leurs émissaires.

Tu veux dire que le Bouddha, Krishna et Jésus étaient des *êtres de l'espace*?

C'est toi qui le dis, pas Moi.

Est-ce vrai?

Est-ce la première fois que tu entends cette pensée?

Non, mais est-elle *vraie?*

Crois-tu que ces maîtres ont existé quelque part avant de venir sur Terre et sont retournés à cet endroit après leur mort apparente?

Oui, je le crois.

Et où se trouve cet endroit, selon toi?

J'ai toujours cru que c'était ce que nous appelons le «paradis». Je croyais qu'ils venaient du paradis.

Et où se trouve le paradis, d'après toi?

Je ne sais pas. Dans un autre royaume, je suppose.

Un autre monde?

Oui... Oh, je vois. Mais je l'aurais appelé le *monde des esprits*, pas un autre monde au sens où nous l'entendons, pas une autre planète.

C'est le monde des esprits. Mais qu'est-ce qui te fait penser que ces esprits, ces Esprits Saints, ne peuvent ou ne veulent pas choisir de vivre ailleurs dans *l'univers, tout comme ils l'ont fait lorsqu'ils sont venus dans votre monde*?

Je suppose que je n'y ai jamais pensé de cette façon. Ça n'a pas du tout fait partie de mes idées sur tout cela.

«Il y a plus de choses au ciel et sur la terre, Horatio, que n'en ont rêvé tes philosophes.»
C'est William Shakespeare, votre merveilleux métaphysicien, qui a écrit cela.

Alors, Jésus *était* un homme de l'espace!

Je n'ai pas dit cela.

Eh bien, en était-Il un, oui ou non?

Patience, Mon enfant. Tu cours trop vite. Il y a d'autres choses. Tellement d'autres choses. Nous avons tout un autre livre à écrire.

Tu veux dire que je devrai attendre le Tome 3?

Je te l'ai dit, Je te l'ai promis dès le départ. Je t'ai dit qu'il y aurait trois livres. Le premier traitera des vérités et des défis de la vie individuelle. Le deuxième discutera des vérités de la vie en tant que famille sur cette planète. Et le troisième, ai-Je dit, parlera des vérités les plus grandes, des questions éternelles. C'est dans celui-là que seront révélés les secrets de l'univers.

Oh, dis donc. Je ne sais pas si je pourrai encore supporter ça longtemps. Écoute : je suis vraiment fatigué de «vivre dans la contradiction», comme Tu le dis toujours. Je veux que ce qui est ainsi soit ainsi.

Alors, qu'il *en soit ainsi.*

À moins que non.

C'est ça! C'est ça! Tu l'AS! Maintenant, tu comprends la Divine Dichotomie. Maintenant, tu vois l'ensemble du tableau. Maintenant, tu comprends le plan.

Tout, *tout, ce qui a jamais été, est maintenant et sera jamais, existe maintenant.* Et ainsi, tout ce qui est... EST. Mais tout ce qui EST est en *changement* constant, car la vie est un *processus continuel de création.* Par conséquent, en un sens très réel, Ce Qui EST... N'EST PAS.

L'ÊTRE n'est JAMAIS LE MÊME. Ce qui veut dire que l'ÊTRE n'est PAS.

Alors, excuse-moi, Charlie Brown, mais *bonté divine.* Comment, alors, quoi que ce soit peut-il signifier quoi que ce soit?

Ce n'est pas le cas. Mais tu cours encore trop vite! Tout cela lorsque le moment sera venu, Mon fils. Tout cela lorsque le moment sera venu. Ces grands mystères, et d'autres, seront tous compris après la lecture du Tome 3. À moins... tous ensemble, maintenant...

À MOINS QUE NON.

Précisément.

D'accord, d'accord... ça va. Mais d'ici là, ou pour les gens qui ne liront peut-être jamais ces livres, quelles avenues peut-on utiliser ici et maintenant, pour revenir à la sagesse, pour revenir à la clarté, pour revenir à Dieu? Avons-nous besoin de retourner à la religion? Est-ce le lien manquant?

Retournez à la spiritualité. Oubliez la religion.

Cette affirmation va rendre furieux des tas de gens.

Les gens vont réagir avec colère à tout ce livre... à moins que non.

Pourquoi dis-Tu : oubliez la religion?

Parce qu'elle n'est pas bonne pour vous. Comprends que pour avoir du succès, la religion organisée doit faire croire aux gens qu'ils en ont *besoin*. Pour que les gens prêtent foi à quelque chose, ils doivent d'abord perdre la foi en eux-mêmes. Alors, la première tâche de la religion organisée est de vous faire perdre la foi en vous-mêmes. La seconde tâche est de vous faire voir qu'elle possède les réponses que vous n'avez pas. Et la troisième et la plus importante est de vous faire accepter ses réponses sans poser de questions.

Si vous posez des questions, vous commencez à penser! Si vous pensez, vous commencez à revenir à cette Source intérieure. La religion ne peut vous le permettre, car vous êtes susceptibles de trouver une réponse différente de celle qu'elle a cherchée. Alors, la religion doit vous faire douter de votre Soi; elle doit vous faire douter de votre propre capacité de penser clairement.

Le problème, avec la religion, c'est que très souvent, cela refoule, car si vous ne pouvez accepter sans le moindre doute vos propres pensées, comment pouvez-vous ne pas douter des nouvelles idées à propos de Dieu que la religion vous a données?

Bientôt, vous douterez même de *Mon existence*, dont, ironiquement, vous n'avez jamais douté auparavant. Lorsque vous viviez selon votre *connaissance intuitive*, vous ne me compreniez peut-être pas complètement, mais vous saviez certainement que J'étais là!

C'est la religion qui a créé les agnostiques.

Quiconque pense clairement et regarde ce que la religion a fait *doit* prendre pour acquis que la religion n'a aucun Dieu! Car c'est la religion qui a rempli les cœurs des hommes de la peur de Dieu, tandis qu'avant, l'homme aimait Ce Qui Est dans toute sa splendeur.

C'est la religion qui a ordonné aux hommes de s'incliner devant Dieu, tandis qu'avant l'homme se levait dans un joyeux mouvement.

C'est la religion qui a chargé l'homme d'inquiétudes à propos de la colère de Dieu, tandis qu'auparavant l'homme cherchait Dieu pour *alléger* son fardeau!

C'est la religion qui a dit à l'homme d'avoir honte de son corps et de ses fonctions les plus naturelles, alors qu'auparavant l'homme *célébrait* ces fonctions comme les plus grands cadeaux de la vie!

C'est la religion qui vous a enseigné que vous deviez avoir un *intermédiaire* afin d'atteindre Dieu, tandis qu'avant vous aviez l'impression d'atteindre Dieu vous-mêmes, en vous contentant de vivre votre vie dans la bonté et dans la vérité.

Et c'est la religion qui a *ordonné* aux humains d'adorer Dieu, tandis qu'avant les humains adoraient Dieu parce qu'il était impossible de ne pas le faire!

Partout où elle est passée, la religion a créé la division, qui est à *l'opposé* de Dieu.

La religion a séparé l'homme de Dieu, l'homme de l'homme, l'homme de la femme; certaines religions *disent* en fait à l'homme qu'il est *au-dessus* de la femme, alors même qu'elles proclament que Dieu est au-dessus de l'homme, mettant ainsi en place l'un des plus grands travestissements jamais imposé à la moitié de la race humaine.

Je te dis ceci: Dieu n'est *pas* au-dessus de l'homme, et l'homme n'est pas au-dessus de la femme, ce n'est *pas* «l'ordre naturel des choses». Mais tous ceux qui ont du pouvoir (c'est-à-dire les hommes) voulaient qu'il en soit ainsi lorsqu'ils ont fondé leurs religions sur le culte du masculin, écartant systématiquement de leur version finale des «écritures saintes» la moitié de leur contenu et déformant le reste pour l'adapter au moule de leur modèle masculin du monde.

C'est la religion qui prétend *encore aujourd'hui* que les femmes sont en quelque sorte inférieurs, en quelque sorte des citoyens spirituels de seconde zone, en quelque sorte mal «adaptées» à l'enseignement de la Parole de Dieu, à la prédication de la Parole de Dieu, ou à la prêtrise.

Comme des enfants, vous êtes encore en train de vous disputer à propos de l'ordination des femmes!

Je te dis ceci: Vous êtes *tous* des prêtres. *Chacun de vous.*

Il n'y a pas une personne ou une classe de gens qui soit mieux «adaptée» qu'une autre pour accomplir Mon œuvre.

Mais un si grand nombre de vos hommes ressemblent exactement à vos pays. Affamés de pouvoir, ils n'aiment pas le *partager*, ils ne veulent que l'exercer. Et ils ont construit le même genre de Dieu. Un Dieu affamé de pouvoir. Un Dieu qui n'aime pas partager le pouvoir mais tout simplement l'exercer. Mais Je te dis ceci : le plus grand cadeau de Dieu est le partage du pouvoir de Dieu.

Je préfère que vous soyez comme Moi.

Mais nous ne pouvons pas être comme Toi! Ce serait un blasphème.

Le blasphème, c'est qu'on vous ait dit cela. Je te dis ceci : *vous avez été faits à l'Image et à la Ressemblance de Dieu, c'est cette destinée que vous êtes venus accomplir.*

Vous n'êtes pas venus ici pour lutter, pour vous battre et pour ne jamais «y arriver». Et Je ne vous ai pas envoyés, non plus, en mission impossible.

Croyez à la bonté de Dieu, et croyez à la bonté de la création de Dieu, c'est-à-dire vos Soi sacrés.

Tu as dit quelque chose, plus tôt dans ce livre, qui m'a intrigué. J'aimerais y revenir car nous arrivons à la fin de ce volume. Tu as dit : «Le Pouvoir Absolu n'exige absolument rien.» Est-ce la nature de *Dieu?*

Tu as compris.

J'ai dit : «Dieu est tout et Dieu *devient* tout. Il n'y a rien que Dieu ne soit pas et tout ce dont Dieu fait l'expérience de Lui-même, Dieu en fait l'expérience en, en tant que, et à travers toi.» Sous ma forme la plus pure, Je suis l'Absolu. Je suis Absolument Chaque Chose, et par conséquent Je n'ai besoin de rien, Je ne veux et Je n'exige absolument rien.

Dans ma forme absolument pure, Je suis tel que tu Me fais. C'est comme si enfin tu voyais Dieu et que tu disais : «Eh bien, qu'est-ce que c'est que ça?» Mais peu importe ce que vous faites de Moi, Je ne peux oublier et je reviendrai toujours à ma Forme la Plus Pure. Tout le reste est une fiction. C'est quelque chose que tu es en train d'*inventer*.

Certains voudraient faire de Moi un Dieu jaloux; mais qui pourrait être jaloux alors qu'on a, et qu'on *est*, Tout?

Certains voudraient que Je sois un Dieu coléreux; mais qu'est-ce qui pourrait Me mettre en colère alors que Je ne peux être blessé ni estropié d'aucune façon?

Certains voudraient faire de moi un Dieu vengeur; mais sur qui jetterais-Je ma vengeance, puisque tout ce qui existe est Moi?

Et pourquoi Me punirais-Je pour avoir tout simplement créé? Ou, si tu dois considérer que nous sommes séparés, pourquoi t'aurais-Je créé, t'aurais-Je donné le pouvoir de créer, t'aurais-Je donné la liberté de créer ce dont tu veux faire l'expérience, pour ensuite te punir à jamais d'avoir fait le «mauvais» choix?

Je te dis ceci : je ne ferais rien de tel, et sur cette vérité repose ta liberté par rapport à la tyrannie de Dieu.

En vérité, il n'y a *pas* de tyrannie, sinon dans ton imagination.

Tu peux revenir chez toi chaque fois que tu le voudras. Nous pourrons être ensemble à nouveau chaque fois que tu le voudras. L'extase de ton union avec Moi est à nouveau à ta portée. En un clin d'œil. Quand tu sentiras le vent sur ton visage. Quand tu entendras un criquet sous un ciel de diamants par une nuit d'été.

À la première vue d'un arc-en-ciel et au premier cri d'un nouveau-né. Au dernier rayon d'un crépuscule spectaculaire et au dernier souffle d'une vie spectaculaire.

Je serai toujours avec toi, même jusqu'à la fin des temps. Ton union avec Moi est complète; elle l'a toujours été, l'est toujours et le sera toujours.

Toi et Moi ne *faisons* qu'Un, maintenant et à jamais.

Va, maintenant, et fais de ta vie une affirmation de cette vérité.

Fais en sorte que tes jours et tes nuits soient des reflets de l'idée la plus élevée qui soit en toi. Laisse tes instants présents se remplir de l'extase spectaculaire de Dieu qui se manifeste par toi. Fais-le par l'expression de ton Amour, éternel et inconditionnel, pour tous ceux dont tu atteins la vie. Sois une lueur dans l'obscurité, et ne maudis pas celle-ci.

Sois un messager de la lumière.
Tu *es* cela.
Ainsi soit-il.

En Terminant

Merci de m'avoir accompagné au cours de ce voyage. Pour certains d'entre vous, je le sais, cela n'a pas dû être facile. Nombre des idées présentées ici remettent en question une grande part de nos convictions et certains des comportements que nous avons entretenus avant de tomber sur ce livre. Celui-ci nous invite à créer des convictions nouvelles, à faire montre de comportements nouveaux, à embrasser des idées nouvelles sur une réalité possible. Nous sommes invités, de manière frappante et urgente, à repenser notre vie et notre façon de vivre.

C'est le «mouvement de la nouvelle pensée» dont nous avons entendu parler. Ce n'est ni une organisation ni un élément de société: c'est plutôt un *processus* par lequel la société entière passe d'une façon d'être à une autre. C'est une application de la théorie du centième singe. C'est une question de masse critique. J'ai présenté ce contenu exactement comme il m'a été donné, pout aider à faciliter ce mouvement, à atteindre une masse critique et à produire ce changement.

Et il nous faudra le produire. Car nous ne pouvons continuer de fonctionner comme avant. Les idées et concepts que nous avons adoptés à l'échelle de l'humanité ne nous ont pas servis. En fait, elles ont failli nous détruire. Nous *devons* changer; nous devons changer si nous voulons léguer un monde à nos enfants et aux leurs.

Cela étant dit, je tiens à vous dire que j'ai énormément d'espoir en vous. Nous, humains, sommes présentement confrontés à une occasion sans pareille de nous défaire des blocages qui nous ont si longtemps empêchés de réaliser nos possibilités les plus grandioses, et je vois partout une croissance non seulement dans la conscience individuelle, mais aussi (enfin) dans la conscience collective. Je sais que c'est cette conscience collective qui forme la masse et devient l'énergie qui propulse le moteur de notre expérience sur cette planète. Ainsi, c'est le niveau de notre conscience collective qui est crucial.

Le but divin de *Conversations avec Dieu,* je le vois à présent, est d'élever cette conscience collective. Le contenu de ces livres n'a jamais été destiné à moi seul, mais à *travers* moi au monde entier – *tout comme il l'est à travers vous.* Laisserez-vous ces mots s'arrêter là où ils se trouvent à présent, terminer leur voyage dans votre esprit? Ou vous joindrez-vous à moi en devenant messager, en les diffusant auprès d'un auditoire plus vaste? Ce qu'il y a d'intéressant à propos de la condition actuelle de la race humaine, selon moi, c'est que nous nous accordons, pour la plupart, sur un point: les choses ne vont pas bien. Mais si, pour la plupart, nous sommes d'accord individuellement, pourquoi ne pouvons-nous pas, tous, y faire quelque chose collectivement? C'est la question qui tourmente l'humanité. *Comment pouvons-nous passer de la conscience individuelle à l'action collective?*

Nous ne pouvons le faire, selon moi, qu'en vivant et en répandant le message de *Conversations avec Dieu* mais aussi en faisant un effort conscient pour nous joindre à d'autres gens qui se sont déjà rassemblés en groupes et en organisations à la recherche de changements et de solutions semblables, travaillant aux mêmes fins, partageant les mêmes buts. J'aimerais suggérer trois de ces groupes. (Évidemment, il y en a bien d'autres, je sais.)

Si vous êtes d'accord avec une partie de ce que vous avez lu ici, je vous encourage à rejoindre et à appuyer l'Institute of Ecolonomics (Institut d'Écolonomie), créé par mon ami Dennis Weaver. Cet institut entretient pour principe directeur l'idée que l'écologie et l'économie ne sont pas ennemies, et que pour améliorer la vie sur cette planète, il est indispensable de les unir.

Dennis et l'Institut consacrent actuellement une somme extraordinaire de temps et d'énergie à explorer de nouvelles voies de coopération et de communication entre le secteur commercial de notre société internationale et les individus et organisations voués à la surveillance et à l'amélioration de l'écologie mondiale. Dennis croit que le mouvement écologiste et le mouvement économique ne sont pas nécessairement antagonistes.

Ce qu'il faut, c'est développer une santé écologique et économique dans notre conduite des affaires, dans les produits que nous créons et dans les services que nous offrons. Pour concrétiser cette idée, et pour lui donner du pouvoir, Dennis a créé un mot: *l'écolonomie*. Par ces cinq syllabes, il affirme sa conviction que le bénéfice économique n'est ni intrinsèquement ni éternellement incompatible avec la vision de l'écologie. Ce qui est bon pour l'un n'est pas automatiquement désastreux pour l'autre.

Si vous voulez donner de l'énergie à cette idée, vous aussi, écrivez s'il vous plaît à:

The Institute for Ecolonomics
Post Office Box 257
Ridgeway, CO 81432

On vous enverra de l'information sur la façon dont vous pouvez vous y engager.

Une autre organisation qui a attiré mon attention (et mon admiration) est la Foundation For Ethics and Meaning (Fondation pour l'Éthique et la Signification), créée par Michael Lerner. Michael et moi avons discuté d'un grand nombre des questions soulevées dans *Conversations avec Dieu, Tome 2*, et il m'a dit avoir mis sur pied cette fondation pour qu'elle serve de véhicule au changement profond de la société américaine, afin qu'elle passe du paradigme de l'égoïsme et du cynisme à celui de la bienveillance et de la solidarité.

Michael cherche à transformer la définition même de notre société, pour que la productivité et l'efficacité des compagnies, des lois et des pratiques sociales ne se mesurent plus seulement en termes de maximisation de la richesse et du pouvoir, mais plutôt, également, à notre capacité de soutenir des relations affectueuses et bienveillantes et à notre ouverture aux points de vue éthique, spirituel et écologique.

Sa fondation a établi des sections locales aux États-Unis, et certaines d'entre elles explorent actuellement des moyens d'exiger des gouvernements, tant des États que des municipalités, qu'ils considèrent les antécédents de responsabilité sociale d'une compagnie avant de lui accorder des contrats gouvernementaux, ou même à exiger des corporations qu'elles refassent la demande de leur charte à tous les 20 ans : avant de leur accorder un renouvellement, on tiendrait compte de leur passé sous l'aspect de la responsabilité sociale. La fondation vise à la fois les besoins économiques et les droits individuels, et s'oppose aux forces commerciales ou gouvernementales qui voudraient nier les uns ou les autres.

Michael est l'auteur de *The Politics of Meaning*, un livre que je vous recommande sincèrement. Comme le dit Cornell West au dos de la jaquette : «...ayez le courage de le lire». Vous pourrez poursuivre vos lectures sur ces questions dans le magazine *Tikkun*, que la fondation publie régulièrement.

Pour vous abonner à ce périodique merveilleusement stimulant, et pour en savoir davantage sur le travail de Michael, contactez :

The Fondation For Ethics and Meaning
26 Fell Street
San Francisco, CA 94103
(415) 575-1200

Une troisième ressource dont j'ai eu connaissance: le Center for Visionary Leadership (Centre du Leadership visionnaire) fondé par Corinne McLaughlin et Gordon Davidson. Corinne et Gordon sont les coauteurs de deux autres livres que j'apprécie au plus haut point: *Spiritual Politics: Changing the World from the Inside Out et Builders of the Dawn*. Leur centre éducatif a pour but de fournir un éclairage spirituel sur des solutions innovatrices et intégrales aux problèmes sociaux. Le centre offre aux individus et aux organisations des programmes publics, des services de consultation et une formation en leadership fondée sur les valeurs. L'une de leurs idées les plus stimulantes, selon moi, est un programme de dialogues entre citoyens afin d'aider à guérir des problèmes qui nous divisent sur cette planète. Vous pouvez vous joindre à ce travail en contactant :

The Centrer for Visionary Leadership
3408 Wisconsin Ave NW
Suite 200
Washington, DC 20016
(202) 237-2800
e-mail: CVLDC@netrail.net

Certains d'entre vous choisirez peut-être, comme moi, d'appuyer ces trois initiatives. Peu importe votre décision, vous constaterez sans doute qu'il n'est pas vrai qu'un individu n'a aucun impact réel et durable sur les grands problèmes et défis auxquels nous sommes confrontés. L'éternelle plainte «Mais qu'est-ce que je peux faire?» trouve ici sa réponse. Vous pouvez faire bien des choses, et en bien des endroits.

Voilà donc un appel à la mobilisation. Voilà une demande de renforcements à la ligne de feu. Voilà votre invitation à vous joindre à moi pour former une armée de travailleurs spirituels, unis dans un désir commun d'apporter l'amour et la guérison (et de ramener la célébration) dans le monde.

Depuis la lecture des paroles qui m'ont été données dans les livres de CAD, je ne suis plus le même. Vous non plus. Nous sommes maintenant, vous et moi, attirés vers le précipice; amenés à nous mesurer à toutes nos convictions et nos façons d'agir antérieures.

Ces écrits mettront inévitablement nombre de gens mal à l'aise. Après tout, nous, les humains, prétendons être une race magnifique, une espèce supérieure, un peuple éclairé. Les livres de CAD examinent cette prétention et disent: *Hmm, désolé, ce n'est pas tout à fait ça.* Ils examinent nos buts déclarés et disent: *Ce n'est pas là que vous allez. Non. Pas du tout.* Ainsi, les livres (surtout, peut-être ce Tome 2) provoqueront peut-être un certain inconfort. Mais l'inconfort est toujours un signe de croissance. La vie commence à la limite de notre zone de confort.

Bien sûr, dans notre processus de croissance, nous n'allons pas accepter toutes les nouvelles idées que d'autres nous ont montrées et, il n'est certainement pas dit que les idées présentées dans la trilogie CAD doivent être acceptées comme un «évangile». En effet, c'est la dernière chose que Dieu voudrait que nous fassions. Car comme le dit Dieu, le trésor se trouve dans la question, et non dans la réponse. Ce livre nous invite à ne pas adopter ses réponses, mais à *continuellement et sans cesse poser ses questions*.

Les questions que nous montre CAD nous mèneront droit à la limite. Non seulement la limite de notre zone de confort, mais aussi celle de notre compréhension, de nos croyances et de notre expérience. Elles nous mettent au défi de faire une nouvelle expérience.

Si vous voulez vous joindre au processus de co-création de cette expérience; si vous vous considérez comme une personne d'action plutôt que de réaction, dans ce processus; si vous savez que vous faites partie des messagers (ceux qui donnent autant qu'ils reçoivent), alors joignez-vous à notre nouvelle armée. Devenez un Messager de la Lumière. Appuyez les efforts et les organisations ci-haut mentionnés (ou tout autre groupe ou cause valable).

Il y a un autre groupe dont je veux vous parler. C'est le groupe que Nancy et moi avons fondé, appelé ReCreation. Son but est de redonner les gens à eux-mêmes – et ainsi, de changer le monde.

Notre travail a débuté par un bulletin mensuel, envoyé à tous ceux qui s'y sont abonnés. (Des milliers de gens, partout dans le monde, l'ont fait depuis la publication du Tome 1.) Cela s'est poursuivi par un programme d'engagement personnel à apporter le message de CAD à des collectivités du pays et du monde entier. La culmination de notre travail est cette invitation que nous vous faisons à devenir un agent véritable de changement auprès des gens que vous fréquentez, en même temps que vous vous vous recréez.

La vie entière est un processus de recréation, et ce processus commence dans votre âme. Votre âme sait, à présent, s'il est temps pour vous d'élever à un nouveau stade le processus le plus dynamique de la vie: le changement et la création. Je sais que le temps est venu pour moi.

C'est pourquoi j'ai publiquement annoncé que l'un des buts de notre fondation est de commanditer et de produire le premier Symposium international sur l'Intégration de la Spiritualité et du Gouvernement (International Symposium on the Integration of Spirituality and Governance). Pour moi, si les gens de cette planète décidaient un jour de se gouverner à partir de leurs principes spirituels les plus élevés plutôt qu'à partir de leurs pensées les plus basses et leurs peurs les plus profondes, le monde pourrait changer du jour au lendemain.

Nous avons l'intention de tenir ce symposium en 1999, et nous voulons que les interventions, les présentations et les dialogues qui en découleront deviennent un catalyseur important de l'amélioration, de l'augmentation et de l'accélération d'un processus qui nous paraît déjà être en cours : des gens de bonne volonté et d'intention supérieure qui se rassemblent et s'assoient pour régler les questions qui nous séparent; pour célébrer les différences entre nous, et enrichir notre expérience de tout ce qui nous unit en tant qu'êtres grandioses et splendides habitant un endroit extraordinaire de l'univers.

Notre fondation produit également divers ateliers, séminaires, retraites, conférences et programmes partout dans le monde. Nous maintenons très bas les frais de tous les programmes commandités par la fondation, et au moins 20 pour cent des places, lors de ces événements, sont gratuites ou à tarif réduit, afin de les mettre à la portée du plus grand nombre de gens, sans égard à leurs capacités financières.

C'est ainsi que nous (Nancy, moi et quelques amis) avons décidé de travailler au changement de paradigme. Je voulais, dans ce commentaire final, vous présenter quelques-unes des façons dont vous pourriez vous engager dans le «changement de paradigme». Le Tome 3 de la trilogie Conversations avec Dieu va encore plus loin que les deux premiers, décrivant en détail le processus évolutionnaire d'êtres vivants et le fonctionnement de civilisations hautement évoluées de l'univers. Bref, un modèle extraordinaire pour ceux d'entre nous qui choisissons une façon nouvelle de vivre.

Notre bulletin présente des suggestions et observations sur la façon de procéder, et sur la manière de contribuer au changement de paradigme et à la création de nouvelles réalités, pour vous-même et pour les autres. Cette information se présente sous la forme de réponses aux questions des lecteurs du monde entier sur le contenu des livres CAD. Le bulletin contient également des nouvelles des activités de notre fondation, et indique comment vous pouvez devenir l'un de nos partenaires, si vous voulez. Ce bulletin n'est qu'une façon de «rester en contact» avec l'énergie de CAD.

Pour le recevoir, veuillez écrire à :

ReCreation
*The Foundation for Personal Growth
and Spiritual Understanding*
Postal Drawer 3475
Central Point, Oregon 97502
(541) 734-7222
e-mail: Recreating@aol.com

L'abonnement de $25 par année couvre nos dépenses de production et soutient le travail plus général que j'ai décrit. Si vous voulez rester en contact mais que vous vous trouvez actuellement dans l'impossibilité d'offrir une contribution à la fondation, il nous fera plaisir de vous envoyer un abonnement de faveur. Demandez-le tout simplement dans votre lettre.

Je veux terminer ici sur une note personnelle.

À la suite de la publication du Tome 1, nombre d'entre vous m'ont écrit des lettres remplies de compréhension, de compassion et d'amour à propos de mes commentaires sur ma propre vie. Je ne saurai jamais vous dire toute l'importance que cela a eu pour moi. Souvent, on me demandait comment ma vie avait changé depuis que j'avais reçu le contenu de ces livres. Cette réponse serait beaucoup trop longue ici. Mais je peux vous dire que les changements ont été profonds.

J'ai le sentiment d'être une nouvelle personne, intérieurement autant qu'extérieurement. J'ai commencé à me réconcilier avec mes enfants. J'ai rencontré et épousé la femme la plus extraordinaire que j'aie jamais connue, et j'ai reçu la grâce de son instruction, qui est sa vie telle qu'elle la vit, et de son amour. Je me suis pardonné mon passé, dans lequel, comme je vous l'ai dit, j'avais fait à maintes reprises des choses que bien des gens trouveraient impardonnables. Je me suis réconcilié non seulement avec qui j'étais, mais aussi avec Qui Je Suis, et avec celui qu'à présent je choisis d'Être. Je sais enfin que je ne suis pas mon passé, et que je crée mes plus merveilleux lendemains lorsque je vis ma vision la plus grandiose maintenant.

Comme vous m'avez accompagné et même aidé avec vos centaines de lettres, dans cette guérison et cette croissance, et comme vous m'avez accompagné en parcourant ce deuxième livre, j'espère que vous me tiendrez encore par la main dans la création de cette vision grandiose. Alors, elle deviendra notre vision. Et alors, nous pourrons véritablement changer le monde.

Cela pourrait être fort exigeant. Mais il sera exigé beaucoup de la part de ceux qui ont beaucoup reçu. Et lorsque nous serons poussés à la limite de notre confort (quelques-uns l'ont été par ce livre), nous devons tous nous rappeler que la limite est le lieu même de l'aventure. La limite est le lieu de notre nouvelle chance. La limite est le lieu de la création véritable. Et c'est là que nous devrons nous rencontrer, vous et moi, si nous voulons, selon les merveilleuses paroles de Robert Kennedy, chercher un nouveau monde.

Le poète-philosophe français Guillaume Apollinaire a écrit:

«Venez jusqu'au bord.»
«Nous ne pouvons pas. Nous avons peur.»
«Venez jusqu'au bord.»
«Nous ne pouvons pas. Nous allons tomber!»
«Venez jusqu'au bord.»

Et ils sont allés.
Et il les a poussés.
Et ils se sont envolés.

Venez. Envolons-nous ensemble.

Neale Donald Walsch

QUELQUES EXEMPLES DES LIVRES D'ÉVEIL
PUBLIÉS PAR ARIANE ÉDITIONS INC.

CONVERSATIONS AVEC DIEU
Tome 1

LA GRADUATION DES TEMPS

ALLER AU-DELÀ DE L'HUMAIN

L'ALCHIMIE DE L'ESPRIT HUMAIN

LES NEUF VISAGES DU CHRIST

LES MESSAGERS DE L'AUBE

ENSEIGNEMENTS NOUVEAUX
À UNE HUMANITÉ QUI S'ÉVEILLE